投融资规划理论与实务

彭　松　杨　涛　主编

中国金融出版社

责任编辑：王雪珂
责任校对：潘　洁
责任印制：陈晓川

图书在版编目（CIP）数据

投融资规划理论与实务（Tourongzi Guihua Lilun yu Shiwu）/彭松，杨涛主编著.—北京：中国金融出版社，2018.9
ISBN 978 - 7 - 5049 - 9628 - 2

Ⅰ.①投…　Ⅱ.①彭…②杨…　Ⅲ.①城市建设—投资—研究②城市建设—融资—研究　Ⅳ.①F293

中国版本图书馆 CIP 数据核字（2018）第 137872 号

出版
发行　**中国金融出版社**

社址　北京市丰台区益泽路 2 号
市场开发部　（010）63266347，63805472，63439533（传真）
网上书店　http://www.chinafph.com
　　　　　　（010）63286832，63365686（传真）
读者服务部　（010）66070833，62568380
邮编　100071
经销　新华书店
印刷　保利达印务有限公司
装订　平阳装订厂
尺寸　169 毫米 ×239 毫米
印张　18
字数　203 千
版次　2018 年 9 月第 1 版
印次　2018 年 9 月第 1 次印刷
定价　49.00 元
ISBN 978 - 7 - 5049 - 9628 - 2
如出现印装错误本社负责调换　联系电话（010）63263947

北京荣邦瑞明投资管理有限责任公司

北京荣邦瑞明投资管理有限责任公司成立于 2011 年，核心团队专注城市发展建设领域的投融资管理与顾问服务十余年。

公司秉承"让合作更简单"的经营理念；坚持"智慧＋科技＋资本"的发展路线，集咨询顾问、投资管理、科技研发于一体，在投融资规划、PPP 项目咨询、投资决策支持、行业大数据应用、融资服务等领域展开全方位服务。凭借不断增强的科技创新能力，突出灵活的项目服务能力，日趋完善的方案规划能力，赢得每一个客户的信任与合作。

公司总部位于北京，下设三大事业部和一个子公司：区域开发事业部、基础设施事业部、投资顾问事业部和北京信余科技有限公司，在上海、广州、长春等地设有分支机构。业务涵盖城镇综合开发、市政基础设施、生态环保、能源水利、农村农业、养老教育等十余个行业；遍及全国 23 个省、自治区和直辖市，服务项目 1000 多个，涉及项目投资额超 1 万亿元。

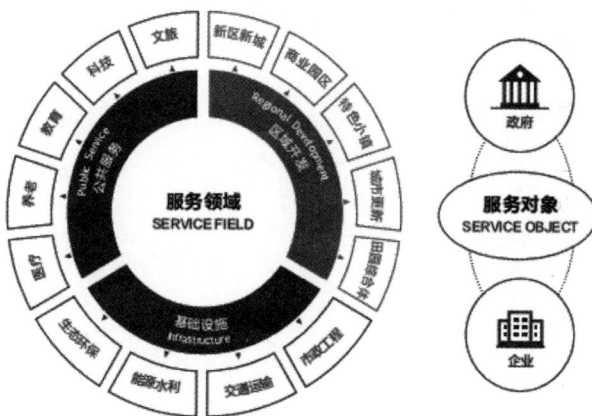

"荣"者，草木茂盛也，可引申为兴盛；"邦"者，邦国、国家也；"荣邦"取国家繁荣昌盛之意；"瑞"者，引《说文解字》所述，以玉为信也；"明"者，含明确、照亮之意；"瑞明"，意在将信用发扬光大。荣邦瑞明将以投融资管理为切入点，以信用昌明为己任，以国家繁荣为理想，立志为中国的社会经济发展贡献绵薄之力。

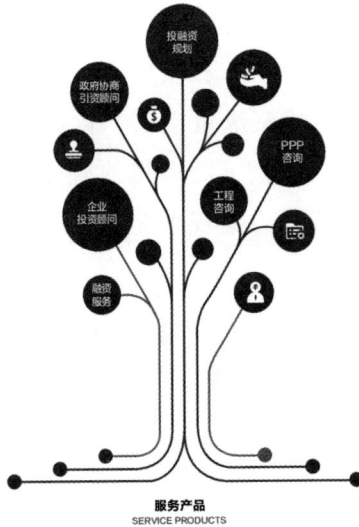

服务产品
SERVICE PRODUCTS

　　荣邦瑞明网址：http：//www.rbrmcn.com/

北京信余科技有限公司

北京信余科技有限公司是荣邦瑞明子公司，专注于城市建设领域内的科技产品研发，目前已自主研发"PPP有例数据服务＋投资决策支持平台""投资项目在线测算平台""区域开发投资策略决策支持平台"三款产品。

PPP 有例数据服务＋投资决策支持平台

该平台加载了全国自 2013 年起成交的 10000 多个 PPP 和类 PPP 项目信息；6000 多家 PPP 项目投资企业的详情；4000 多份 PPP 行业相关项目文件；800 多份全国建设领域内多个城市的相关政策及法规文件。

| 价值体现 | 助力企业 | 高效筛选项目 | 确定投资决策 | 制定投资战略 |

投资项目在线测算平台

本产品以公司财务测算引擎为基础，结合客户的业务特性、行业特征、投资模式等情况进行定制化财务建模，实现企业投资项目的在线评估。

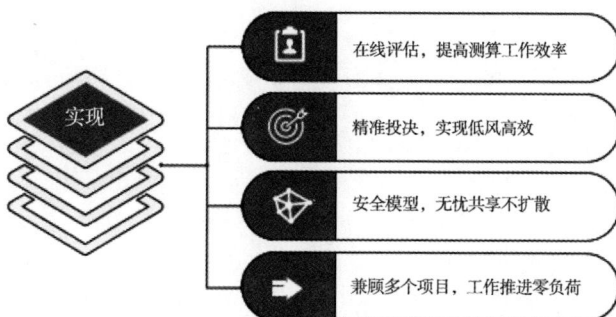

实现

- 在线评估，提高测算工作效率
- 精准投决，实现低风高效
- 安全模型，无忧共享不扩散
- 兼顾多个项目，工作推进零负荷

区域开发投资策略决策支持平台

本产品整合了 GIS 空间核心技术及企业投资决策财务模型，辅助各类区域开发项目，制定和优化项目的投资建设时序。

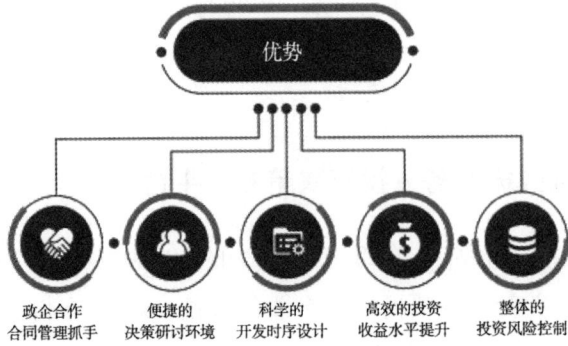

网址：https：//www.youlidata.com/

编 委 会

顾 问：李 伟 中国系统工程学会常务理事，北京荣邦瑞明投
资管理有限责任公司创始人、董事长，投融资
规划之父

彭 程 中国财政科学研究院 PPP 研究所所长

主 编：彭 松 北京荣邦瑞明投资管理有限责任公司副总经理

杨 涛 北京荣邦瑞明投资管理有限责任公司副总经理

副主编：陈 民 北京荣邦瑞明投资管理有限责任公司总经理

陈非迟 北京荣邦瑞明投资管理有限责任公司副总经理

胡 铭 北京荣邦瑞明投资管理有限责任公司投资顾问
事业部总经理

单红松 荣邦瑞明城市中国研究院执行院长

编写人员（按姓氏拼音排序）：

戴 维 郭 丽 雷 星 刘 山 史小辉 肖 锷

徐 亮 许正前 张文韬

序　一

十年前中国系统工程学会就参与组织过长阳镇投融资规划成果的评审工作。在我的前任陈光亚理事长的主持下，中国系统工程学会的几个老前辈参加了评审。参加评审时他们有些激动地评价说："当年周恩来总理和钱学森先生一直希望将系统工程理论应用于社会发展的实践，我们老一代系统工程工作者一直在探索，看到这项应用成果，感到欣慰。"几位老前辈还认为，成果虽然还有些粗糙，但其核心思想和未来前景是值得肯定的。从这件事起，我们就更加关注投融资规划的发展，更加关注系统工程方法在社会经济领域的落地问题，所以后来我也多次参加了投融资规划项目的评审工作。

李伟先生是中国系统工程学会的一名常务理事，一直致力于系统工程理论方法在城市建设管理领域的应用，他的团队在最近十余年间又做了不少投融资规划相关的工作，大部分都对区域经济社会发展起到了重要作用。尤其是形成了区域统筹发展的"长阳模式"，显示了成果的实际价值。

今天看到了他们编写的这本书，我心里很高兴。关于作序，我原有一些顾虑，怕我的评论会误导读者。另外，仓促作序难免让读者会先入为主，以为有什么定论，反而不利于鼓励思考和讨论。为了鼓励更多的讨论，我不妨提一些建议与作者及读者来讨论和共勉。

第一个建议，应与时俱进，更加关注并应用大数据等新的技术手段，使投融资规划更科学、更合理、操作性更强。

第二个建议，要进一步提炼和简化规划流程和方法。投融资规划方法应重在解决发展过程中的实际问题，尤其是案例本身包含有大量的权变处理。比如，这十个案例大多数都把土地作为一个核心的信用资源和融资载体，但土地显然并不能涵盖这个方法的核心。如果不把这些权变性处理甄别并剔除出去，规律性就不能凸显出来。

第三个建议，老一辈系统工程工作者特别关注钱学森先生提出的总体设计部问题，城市是中观系统，理应加强总体设计部的工作。投融资规划方法的出现让我们看到了在中观层面上建立城市发展总体设计部的曙光。希望李伟先生的团队发扬勇于创新精神以及理论与实践相结合的优良作风，把城市总体设计部体系框架尽早构建起来，让它在城市规划和发展中落地生根。

如上建议，权且代序。

中国系统工程学会理事长
发展中国家科学院院士
国际系统与控制科学院院士

二〇一七年十二月

序　二

　　我和李伟总的团队早在 2005 年就相识了。那时候我刚从区住建委调到长阳镇任党委书记不久，当时的镇长李军同志是从国土部门调来的，我们两人对开发建设这个领域都相当熟悉。在当时，"招拍挂"制度已经在推广，但"大盘模式"还没有彻底退出历史舞台。"大盘模式"有很多弊病：区域开发几乎完全没有统筹，项目之间互不联系，建设用地和相应的失地农民安置之间也没有联系；一片区域不开发是一穷二白，开发则是搞得七零八落，遗留问题成堆。相信很多地方都深有感触，长阳也不例外。面对这样的情况，我和李军同志一致认为，不能再这样下去了！

　　由于工作关系，和李总偶然结识。李总是系统工程专业出身，对城市和区域发展问题善于运用系统方法去理解和分析，这也正是我多年从事城建工作苦苦思考并欲寻求的方法。我们在交流探讨中共鸣越来越强烈，想法越来越清晰一致，并迅速变成了行动。不久，我们合作编制了长阳镇投融资规划。这是有史以来第一个投融资规划，标志着投融资规划方法的诞生。其后的那几年，长阳镇实现了跨越式大发展，长阳的发展成就迅速在北京市甚至全国造成了不小的影响。加上李总团队不断将投融资规划项目拓展到全国，长阳作为投融资规划的起源地而颇有名气。一时间，"长阳模式"充斥报头坊间，慕名而来的参观、考察、学习者络绎不绝。长阳从一个默默无闻的小镇成了现象级的区域。

投融资规划对于城市建设和发展的价值，不只体现在长阳镇。后来我到房山区主持城建工作，仍然一直与李总团队保持着良好的沟通与合作，投融资规划方法也变成了我得心应手的思维方法和用于指导城建工作的实践方法，切身感受到了它的强大威力，也不断有一些新的思考和体会。我对投融资规划的未来充满期待。

"长阳模式"诞生之初，投融资规划主要是用于指导基础设施和一级开发投融资的，我经常简单通俗地称之为"算账"，但这个词很快便不能再涵盖投融资规划的内容了。2013 年 5 月，我已在区政府主管城建工作，在区委区政府主要领导关心和长阳镇齐文东书记的主持下，长阳镇又和荣邦瑞明合作实施了长阳"生根行动计划"，这个计划的主要任务是产业开发与提升。当时我们共同作了这样一个初步探索，是投融资规划方法在解决区域产业发展动力和信用问题上的一种尝试。投融资规划方法在荣邦瑞明团队的推动下仍在不断演化和进化，希望它以后能更好地服务于新型城镇化，尤其是服务好产业发展。

我调到中航发动机集团以后，由政府进入了企业，更关注产业发展。根据我对投融资规划的理解，投融资规划方法对企业尤其是大企业发展也应该是很有帮助的，本书中的一个案例也说明了这一点。希望李总团队能进一步加强投融资规划方法的研究和研发，对大型企业优化自身资本结构，增强融资能力，对企业积极参与区域整体开发、城建投资、城市运营、基础设施建设等工作有更好的指导作用。

吴念杰

二〇一七年十二月

序　三

看到荣邦瑞明的这本新书，我感到非常亲切。我和荣邦瑞明的李伟董事长是老朋友，2006 年我们就认识了。当时我在中铁四局投资公司工作，负责淮南山南新区投资开发工作。那是四局由施工向投资转型的第一个大规模区域开发项目，我们和地方政府都很谨慎，在很多关键问题上一直拿不定主意，导致项目的推进不太顺利。

这个时候，有人向我推荐了李伟这个团队，当时他们已经在北京成功实施了地铁四号线、良乡大学城、长阳镇开发等多个城市建设投融资咨询项目，在业内小有名气，以专门解决"疑难杂症"著称。抱着试试看的心态，我约他们到淮南见面，结果第一次沟通就相见恨晚。李伟团队结合城市开发建设方面多年的经验，用投融资规划的方法对淮南项目"庖丁解牛"，很快就找到了问题的症结所在。2007 年元旦节三天，李伟陪着我们向四局领导和地方政府进行了多轮汇报沟通，彻底打消了政企双方的担忧和顾虑，推动项目进入实质性合作阶段。

这也是我第一次与系统工程结缘。后来，在李伟的推荐下，我加入了中国系统工程学会，并被推选为常务理事。随着对系统工程方法认识的不断深入，我对城市建设投资工作的理解也越来越深，结合我的工作实践，总结为以下几点。

第一，不要"讳疾忌医"。我一直在央企工作，对接的大多是地方政府，这些地方都是人才聚集的地方，都有自己的投资研究部门和政策研究部门，也有完善的协调机制和决策机制，对实际情况掌握到位，执行力也都很强。但即便如此，当面对中国新型城镇化这个影响世界发展的崭新课题时，也会有力所不逮的时候。如果遇到问题，还是凭经验、拍脑袋做决定，难免会造成失误，影响一个项目乃至一个区域的发展。这个时候，最好的做法就是积极寻求外脑的帮助，借助于专业咨询机构来协助决策，提高决策的科学性。

第二，不要"急于求成"。在淮南项目之后，我又先后操作了安徽亳州北部新区和山东滕州高铁新区开发项目，这几个项目都是在三四线城市，开发周期都在十年左右，如果要真正进入良性轨道，至少要十年以上的时间。而央企和地方政府的领导都是有任期的，每个有责任心的领导都希望"为官一任，造福一方"。所以，对于地方政府和投资人来讲，一定深刻理解和充分认识城市发展的客观规律，在尊重现实和规律的基础之上科学决策、理性投资，并且保持足够的耐心和信心，不能一味的要求"大干快上"。

第三，做好"顶层设计"。从我这么多年的从业经验来看，"规划先行"这个理念已经逐渐地被各地所接受并且落实到行动中了。但是我认为"规划"不仅仅是狭义上的空间规划和产业规划，应该是包括战略、空间、土地、产业、社会经济、投融资、运营等在内的系统性的规划，而其中"投融资规划"更为重要但也更容易被忽略。很多主政领导认为投融资是实施部门要考虑的问题，应该放到实施过程中去加以解决，殊不知如果不在初始阶段考虑好这个问题，会导致后期的实施只能是"走一步看一步"，顾此失彼。

第四，做到"合作共赢"。现在国家在大力倡导政府与社会资本合作，也就是俗称的PPP。其实我们早在十年前的淮南项目中就已经开始实践了，我们与地方政府一起把一片不毛之地建设为老百姓安居乐业的新城，为地方创造了大量的财政收入和新的经济增长点，我们也从中获取到了合理的回报。风险共担，利益共享，这才是PPP的应有之意。但在实际合作过程中，也需要充分认识到政府和企业是两个迥然不同的主体，政府是城市资产的所有者和管理者，企业是使用者和运营者；政府多关注长远发展，企业多关注短期利益；政府讲规则，企业谈风险……所以，政企合作一定要求同存异，换位思考，才能真正取得最后的成功。

谨以上述感想代序，预祝荣邦瑞明的新书大卖，预祝投融资规划真正得到社会各界的认可！

2017 年 12 月 22 日

序　四

投融资规划从问世到现在已整整十年。这十年，同时也是中国经历了重大变革的十年。中国在反思中前进，投融资规划方法同样需要在总结成败得失后完成一次重大进化。

对投融资规划进行一个十周年总结，起初只是我单位自己的想法，后来与一些政府领导和行业同仁交流，发现这也是行业的想法。之所以说是行业的想法，是因为这十多年间，研究和使用投融资规划方法的人不再限于我身边的小圈子，各地、各行业、各类机构对投融资规划方法用得越来越多。很多人听说了这个想法以后主动表达愿意以不同的方式参与进来，有的希望准备一堂讲座，有的愿意亲自动手写一些东西，有的则参加研讨并提供一些有价值的意见，在此一并表示感谢！

当彭松和杨涛——我的这两位合伙人正式提出要编写一部投融资规划案例集的时候，我起初的想法有些复杂：投融资规划出于系统工程方法，注重的是系统性和科学性，而案例很容易以偏概全，从而偏离方法的本质，用案例能否很好地说明投融资规划方法在这十年的发展历程，心中略感没底。

尽管如此，我还是同意出版这样一本案例集。虽然这个案例集在理论上的贡献也许是微不足道的，但是案例的选取具有一定的代表性和指导性，对于指导当前的城镇化建设实践还是很有实际意义的。于是，我转而开始鼓励他们的行动，并在不干扰他们自主写作的前提下，饶有兴致地作了一些个人思考。

本书包含十个案例，不算很多，但也代表了很多不同的复杂问题。其中有些问题需要重新解构，有些需要重新解读。温故而知新，站在新时代看老案例，我看到的是事关投融资规划方法进化的三个核心问题：第一个是土地问题，第二个是政企合作问题，第三个是地方立法权的落地问题。

首先说土地问题。土地是区域发展的主要载体，尤其是在经济发展水平较初级的阶段，发展成果主要附着在土地上，土地财政可能具有某种必然性，历史地去看也是个相对不错的制度安排。在投融资规划方法的初始阶段，它对土地的依赖性确实比较强，这使得很多政府现在有一种不恰当的认识，认为投融资规划方法不适用于现在了，起码需要重大改造才行。就这个问题，我在与同事多次交流时强调：投融资规划方法的本质是为区域发展打造信用，以土地作为投融资规划的核心"变量"，是当时城镇发展环境决定的，土地并不是投融资规划方法的"核心"。例如在长阳模式中，土地是区域发展重要的信用来源，以土地的产出来度量区域的信用，是这一时代突出的特点。随着时代的变迁、政策的调整，区域发展信用主要用什么来度量也就跟着改变了。

其次说政企合作，也就是PPP。正在土地财政模式穷途末路的时候，PPP为区域发展提供了另外的阵地，因为PPP项目绑定的发展权不主要是土地了，而是行政许可释放的各种资源和机会，有收费权，有经营权，有规划权，等等。PPP为区域发展提供了迥异于土地财政模式的另外的出路。但也要看到，PPP不是万能的，也不是完美的，它带来了新机遇，也造成了新问题：区域应该是统筹发展的，但是PPP加大了人为的区域割裂，使得本已岌岌可危的区域发展信用问题更有雪上加霜之势。在此再次呼吁地方政府要重视区域的整体信用，不要再通过PPP过分拆解区域，使得区域的投入与产出难以匹配，未来隐患很大。现在有些地方政府虽然看到了区域统筹发展问题的重要性，可是仍裹足不前，等待上级政府对整体信用给个说法，这是典型的"等、靠、要"思想。我个人认为，因为"等、靠、要"而错失区域发展的良机，也是对历史的不负责任。

最后说立法。前面说的地方政府"等、靠、要"，其实是守着聚宝盆要饭吃。区域信用完全不需要上级给个说法，新修订的《立法法》已经赋予所有地级市以上地方政府在城市建设等领域的立法权，地方政府事实上已经有了自己给自己增信的能力！可惜这一重大改革措施并没有得到大多数地方政府很好的重视。我个人判断，哪一个地方率先运用地方立法权把区域信用问题解决好，哪个地方的发展将占领极为有利的先机。以本书中的长阳案例为例，长阳的发展，不仅仅得益于投融资规划方法论的创立，更得益于率先解决了长阳发展的信用问题。在当时的历史条件下，能够创造自己的方法，解决区域发展的信用问题，就会有自己的典型意义，因为那是以点带面的时代，是"摸着石头过河"时代的典型做法。随着时代变迁，国家更注重顶层设计，赋予地方政府立法权是央地政府分工的重大进步。地方政府运用立法权为本区域增信，把区域信用问题摆到区域发展的首要位置，这是时代的趋势。可以断定，谁率先做了，谁就占有先机，甚至能为一个时代的进步垫上一块坚实的基石。

纵观这十年的投融资规划的发展，我们看到了中国地方政府管理的进步，也看到中国的地方政府管理问题理论研究的薄弱。在中国有个奇怪的现象，就是"两头多中间少"：研究宏观的多，研究微观问题的也多，研究中观问题的少，尤其是研究地方政府这个中观主体的少。客观地说，中观问题不好研究，一是数据少，二是缺乏好的理论框架。中观经济体没有宏观经济体好研究，这是理论上有共识的。宏观经济体，体现巨量经济体的宏观特征，因此拿些宏观数据就可以做研究，就容易出成果，而微观的数据就更多了，微观的理论也比较丰富。

在通过投融资规划方法进行中观经济管理问题的理论探索过程中，

我们得到了理论和实践界的积极支持，不断有人给我们打气，希望我们坚持，希望我们能够担当。反观投融资规划的发展逻辑，虽然我们没有进行主动的推介，但还是有更多的政府和更多的企业看到了这种方法论的价值，主动借鉴和采用这种方法进行区域和行业发展的管理。我们发现这种方法具有很强的生发能力，一是增强了我们团队的预见性，助力我们科学地预判了"政企合作"① （PPP）时代的到来；二是增强了我们服务的客户的预见性，协助他们"未雨绸缪"地摆脱了很多发展中的误区和陷阱。在中央政府强调治理能力现代化的今天，这种系统化的方法必将发挥越来越重要的作用，我们希望案例集的出版，可以带动学术界和实践领域共同发力，为中国地方政府的管理贡献我们的智慧。我们期待着同道的加入。

此外，在实际写作过程中，由于保密的需要，以及其他可能造成不便的原因，导致一些案例作了较为伤筋动骨的"脱敏化"处理，还有很多好的案例没能进入这个案例集，只能希冀以后再有机会弥补缺憾了。

中国系统工程学会常务理事
北京荣邦瑞明投资管理有限责任公司董事长
投融资规划创始人

---

① 李伟、陈民、彭松在 2013 年编写并出版了《政企合作——新型城镇化模式的本质》一书，首次使用了"政企合作"这个概念，科学地预判了 PPP 时代的到来。

前　　言

"不谋万世者，不足谋一时；不谋全局者，不足谋一域。"① 一个国家或一个区域的发展，离不开建设。但是"建设"这个词并非天然正确，在很大程度上受天时地利人和的制约。在中国历史上，有一些王朝在实施建设规划时，忽视了天时、地利与人和，突破民生经济的承受能力，在广袤的地域上进行大规模的开发建设，导致社会矛盾与问题丛生。"以史为镜，可以知兴替；以人为镜，可以明得失"，历史记录下的大量史实仍然值得今人借鉴与参考。

秦朝和隋朝有很多相似之处：都曾经十分强大，又都是短命王朝。二者在灭亡原因上也有共同点：都在开国后大兴土木，虽然不乏战略远见，为后世留下了功在千秋的宝贵遗产，但不顾眼前百姓死活的恶果就是直接导致王朝灭亡。秦朝修建的长城、直道、阿房宫和秦始皇陵，隋朝兴建的京杭大运河和壕沟，都是举世闻名的大工程。

据文献记载，隋炀帝时修建洛阳城总共用了大约 2 800 万名月工。隋朝人口最高时 4 600 万人，劳动力人口最多 1 840 万人。相当于全国全部劳动力有一个多月的时间是在修建洛阳城。并且当时工程没有考虑农闲农忙问题，是占用农忙季节一口气修建完成的，这样就等于直接耽误了农业生产。此后修长城、大运河占用的民力就更多了。再加上连年远征吐谷浑和高丽等地，终于耗尽了国力民力。

---

① 出自［清］陈澹然《寤言二·迁都建藩议》。

　　秦修长城、隋修大运河都对国家有巨大而长期的历史性功绩，但对当朝造成的直接后果却是加速了王朝的灭亡。如果浅显地总结，就是一个没有平衡好长远利益和眼前利益的问题。如果进一步总结，则是一个对各种资源和实施时序缺乏统筹规划而造成的目标正确、结果过程崩溃的问题。设想一下，如果当时能够对国家的可利用资源进行科学的计划统筹，合理设定工程期，避免短期内入不敷出、现金流中断、社会矛盾激化等情况，把国力难以支撑且几乎毫无意义的一些战争目标取消，恐怕完全可以做到大部分目标顺利达成，并且不会出现全盘崩溃的结果。

　　中国传统智慧虽然处处闪耀着以整体论为主的系统论的光辉，本应在社会经济统筹管理方面比西方更有优势，但由于墨家衰落、清流长期主导朝政及其他方方面面的复杂原因，工程理论长期停滞不前，日益落后于西方。至近现代，西方先进的生产生活方式通过通商口岸城市和租界输入中国，中国传统城市迅速被迫向西方城市形态趋近，传统的以儒家礼乐秩序、建筑理论和风水理论为基础的城市规划理论已经完全不能适应现代城市在建设规模、开放性、交通通达性、居住环境、现代工商业发展等方面的特点和发展需求，而照搬西方城市规划建设理论又明显水土不服。中国现代城市发展需要自己的指导理论。

　　新中国在苏联的帮助下全面启动了现代化进程，同时在以钱学森为杰出代表的各国归来学者的努力下，中西合璧，兼取众长，开始在一系列专业领域形成了独具中国特色的科学理论。钱学森在美国工作时是系统工程理论的主要创建者之一，归国后他将其用于指导新中国的航天航空事业，以"两弹一星"为标志，取得了举世瞩目的成功。在此巨大成功的基础上，周恩来总理提出了将系统工程理论应用于指导社会经济发展的殷切期望。周总理逝世后，钱学森晚年在这个方向上继续做出了艰苦的努力并取得了重要的成果，提出了总体设计部的大胆设想，并发起成立了"中国系统工程学会"。但是，由于一方面社会经济本身的极度复杂性，另一方面，我国社会经济也在经历另一场伟大变革——从计划经济到商品经济再到社会主义市场经济的转型，系统工程理论应用于指导社会经济发展的进程一再搁浅，总体设计部设想则直到钱老逝世也未能实现。

社会主义市场经济体制初步建立以后，我国经济发展日新月异，迅速成为"世界工厂"，经济总量接连超过英、法、德、日而直逼美国。但是在宏观经济基本面良好的总体形势下也有不少问题：发展方式粗放，过于依赖投资和出口，产业结构不合理，区域经济过度依赖房地产，地方政府债务高企，金融风险居高不下，等等。在2008年4万亿元投资保增长计划的激励下，地方政府债务激增，隐性债务规模庞大。审计署2013年对全国政府性债务进行了一次大规模全覆盖的审计，审计数据显示，截至2013年6月底，地方政府负有偿还责任的债务约为10.89万亿元，或有债务约为7.01万亿元。到了2014年底，这一债务数据又出现了明显的增长。在一年半间，地方政府负有偿还责任的债务增加4.5万亿元，增长约41.4%①。在很大程度上，债务规模的激增与我国地方政府大规模地进行城市开发是分不开的。尤其是老少边穷地区，面对财政收入少、基础设施底子薄等问题，通过负债和投资推动城市建设成为地方政府的无奈之举。万幸的是，中央政府已经意识到地方债务高企所产生的隐患。

2015年，全国人大对《预算法》进行了修订，对我国的财政体系进行了系统化、制度化的改良，实现了财政支出的公开化、透明化，杜绝了隐性负债。《国务院关于加强地方政府性债务管理的意见》（43号文）规范了地方政府负债，实现了债务的可管可控。整体来看，现如今中央政府已经意识到从宏观层面系统解决我国财政、城市运营、城市开发建设等相关问题的重要性。

经过多年的发展，在当前城市发展中，投融资仍然存在一些难题。例如，规划实现的路径和方法与现实的差距很大，城市开发实施主体角

---

① 审计署《全国政府性债务审计结果》（2013年12月30日公告）。

色定位不明确，城市开发各个相关主体的利益未能合理统筹，城市开发财政投资效率不高，城市开发工作要求与管理体制不匹配，招商政策效果不明显等。特别是我国当前的城市建设中存在着一个普遍性的问题——城市规划和建设之间缺乏统筹，规划的实施和落地难以保障。在解决上述种种难题的实践中，形成了以系统工程方法论来指导城市建设的"投融资规划"。投融资规划在城镇化建设领域一定意义上实现了周恩来总理和钱学森先生关于将系统工程方法应用到社会经济发展中去的伟大设想。

2006年，北京市房山区长阳镇政府委托李伟[①]率领的咨询团队做了第一个投融资规划项目。咨询团队经过详细、深入地剖析了长阳镇的现状和问题后认识到，长阳镇面临的问题应该是当时中国城市建设问题的一个缩影——城市规划和建设之间缺乏统筹，存在脱节。如果能够解决这个问题，必然会为中国的城镇化发展拓展出一条科学道路。在咨询团队的努力和地方政府的支持下，第一份投融资规划的成果——《长阳镇规划中心区及周边地区开发投融资规划方案》（以下简称《投融资规划方案》）诞生了！由于是初次探索，长阳镇政府特别慎重，特意邀请中国系统工程学会组织了专家鉴定会。专家组的鉴定意见为：长阳镇投融资规划方案，从资金层面上为有效避免无序开发、公共服务设施建设滞后及遗留城中村、旧村等问题提供了操作指南，为新城镇开发与建设工作的科学化、规范化做了一次有益的探索，对北京市和房山区新城镇建设有借鉴和推广的意义。有了权威部门的鉴定，长阳镇政府吃了一颗定心丸，并根据《投融资规划方案》优化了镇域总体规划和中心区控规后，连同《投融资规划方案》一起递交北京市规划委员会审批，并最终获批，成为长阳镇城镇建设和发展的纲领性文件。时至今日，这份《投融资规划方案》仍然珍藏在"走进长阳"主题文化宫内，同其他馆

---

① 李伟，北京荣邦瑞明投资管理有限公司创始人，董事长，投融资规划创始人。因重名者众，故特别注释，以下从略。——编者注。

藏文物一起见证着"长阳模式"的崛起。

2007 年，李伟等人在《系统工程理论与实践》上发表了《通过投融资规划优化城镇开发流程》一文，正式将"投融资规划"的概念、方法和应用进行了阐述，首次从学术层面对投融资规划进行了定义和总结，并因此被称为"投融资规划之父"。

2008 年，房山区政府发文要求每个乡镇必须编制投融资规划，并且将其作为土地报批的必备要件之一，在实际工作层面对于投融资规划进行了实质性的推广。

2009 年，李伟、陈民等人编著的《投融资规划》一书出版，时任中国系统工程学会理事长的陈光亚先生为该书作序，指出"李伟领导自己的团队，运用系统工程的方法，把统筹兼顾这个理念在城市科学发展实践中进行了一些有益的探索，提出运用总体设计部这一系统工程的核心思想和投融资规划的方法，来解决城市科学发展中的全面统筹问题，这应该说是一种创举。"

此后，投融资规划作为一种方法论，广泛地应用在各类新城建设、旧城改造、区域开发项目中。至今，已经在全国 20 余个省、自治区和直辖市的上百个项目中得到了应用，并取得了良好的实施效果。

回想起过往的十年，荣邦瑞明团队①坚守着对投融资规划方法的研究和推广工作，从当年作为少数派的"孤独呐喊"，到现在的"百家争鸣"，投融资规划已经在理论界和实践界取得了广泛的共识。程哲、蔡建明、杨振山、王守清在《城镇化背景下的投融资规划框架研究》② 中指出，"投融资规划作为较新的概念和方法，在（城市）开发过程和规划体系中的地位和定位一直比较模糊"，"李伟等较早地认识到投融资规划的重要性，从系统工程的角度对此进行了研究，并应用到实践中，

---

① 李伟、陈民、彭松、杨涛等人于 2011 年创办了北京荣邦瑞明投资管理有限责任公司，继续从事"投融资规划"的实践和研究工作。

② 发表于《工程管理学报》第 29 卷第 2 期，2015 年 4 月。

取得了重要的成果"。同时，文章提出"城镇化中新城新区整体开发PPP模式将是PPP应用的热点领域"，并基于PPP模式展开了投融资规划整体方法论设计及实证研究。

为借鉴美国地方债管理的有益经验，由国务院研究室牵头，来自有关部门和地方政府专家组成的考察组专程赴美进行专题调研，成员包括：国务院研究室综合一司巡视员范必、国务院研究室秘书司副司长翟俊武、河北省政府研究室副主任薛志敏、重庆市政府研究室副主任余从凤、国家开发银行研究院院长助理杜帅、财政部财政科学研究所金融研究室主任赵全厚、北京市发展改革委财政金融处处长黄林芝、中国人民银行研究局综合处处长莫万贵。考察结束后，课题组编写了《美国地方债管理借鉴》①一文，文中指出"中国地方政府中长期规划与年度财政预算缺少衔接，五年规划中的项目只是一个目录，内容比较笼统。大量建设性资金分布在财政、发改、水利、交通等各个部门，分散融资、碎片化使用、资金沉淀等问题长期得不到解决"。同时，"倡导各级政府编制'中长期建设投融资规划'。内容包括所有的地方政府投资项目，并与中长期财政规划相衔接。这样可以准确掌握未来建设的资金规模、明确资金来源，盘活资金存量，按照财政可承受能力，做好重大项目建设周期与不同融资工具之间的合理搭配与整体平衡，有利于用长期眼光开展当期建设"。

2013年，住房和城乡建设部办公厅在《关于公布2013年度国家智慧城市试点名单的通知》（建办科〔2013〕22号）中明确指出："指导试点城市编制重点项目投融资规划，将'政府引导、社会参与'的多渠道、多元投资落到实处，逐一落实项目投资规模、资金来源和建设时序，确保创建任务顺利完成。"这是"投融资规划"首次被写入国家部委的正式文件中，标志着投融资规划已经被国家层面所重视和认可。

2017年，住房和城乡建设部、国家开发银行《关于推进开发性金

---

① 该文首刊于2016年7月11日出版的《财经》杂志。

融支持小城镇建设的通知》（建村〔2017〕27号）中指出，要加大开发性金融支持力度，"国家开发银行将依据小城镇总体规划，适时编制相应的融资规划，做好项目融资安排，针对具体项目的融资需求，统筹安排融资方式和融资总量"。从金融机构的角度明确了投融资规划对于资金统筹和融资工作的重要性。

值此"投融资规划"诞生十周年之际，为了可以让更多的人更为系统地了解投融资规划的来龙去脉、基本原理、应用范围和实践经验，推动投融资规划在更多领域更大范围的应用，我们特意选取了十个投融资规划应用的典型案例，以历史的角度来全面展现投融资规划的价值和作用。

之所以采用案例集的形式，是因为我们不想让投融资规划显得过于理论化，毕竟它是一门来自实践并指导实践的方法论，只有放到实际应用场景中，才能深刻体会到它的价值和作用。

我们尽可能真实的还原这十个案例当时所处的背景、面临的问题以及我们的解决方案，但受制于我们与客户之间保密协议的约定，这些案例大都进行了大量的"脱敏处理"，使得有些案例看起来不太透彻，觉得"不过瘾"，甚至会觉得有些问题没有解决，在此向各位读者表示歉意。

另外，由于投融资规划属于中长期规划，其应用效果和价值需要时间的检验，所以我们选取的均为2015年之前的案例，有些案例年代比较久远，就连当时的项目负责人也很难全面系统地还原出所有的细节，所以难免会造成有些案例有情节缺失，甚至有与实际不符的情况，在此也向各位读者表示歉意。同时也欢迎这些案例的亲历者批评指正，及时向我们反馈信息，帮助我们来提高案例的真实性和完整性。

受时间和篇幅的限制，还有更多优秀的投融资规划案例没有收录在本书中，我们将在后续的工作中进一步跟踪并整理相关材料，择期出版，敬请期待！

目　　录

展望篇

投融资规划相关文章（2011年以来）

综合篇

投融资规划是解决城市开发统筹问题的方法论，自提出以来得到了很好的应用和推广。在解决城市规划落地的问题时，很多城市和地区选择了投融资规划。实践是检验真理的唯一标准。不断地应用于城市的开发建设，既验证了投融资规划方法的实用性、有效性，也充分完善了它的内涵、方法论、模型与工具。

　　本篇较为全面地概述了投融资规划的定义、理论依据、特点、本质等内涵，并结合区域开发中的实践经验，提炼出了编制依据、编制步骤和适用对象等，以便读者可以更直观、更宏观地阅读并掌握投融资规划的理论、方法以及沿革。

第一章　投融资规划的理论基础

什么是投融资规划呢？从技术角度来说，投融资规划就是以城市规划为基础，以科学落实城市发展战略为目标，以系统工程方法为手段，以城市开发建设所涉及的各类资源资产及各类基础设施、公共服务项目的投资、融资、建设工作为统筹对象，以政策、法规、资金等为输入，以管理体制设计、参与主体分工机制建立、参与主体利益平衡、各类建设时序安排、各种融资方式等为输出的系统方法论。

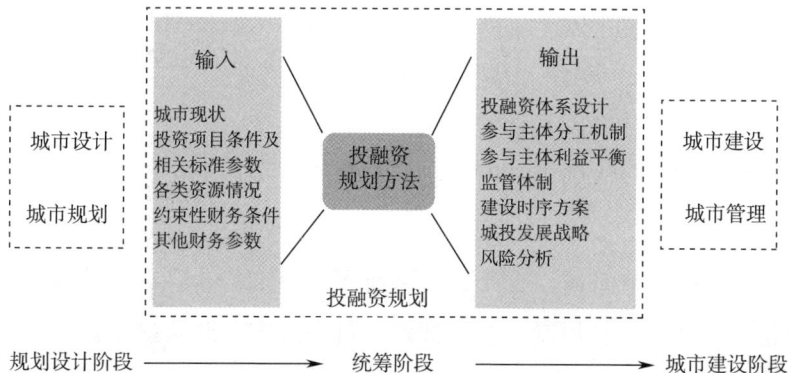

图 1 - 1　投融资规划方法体系示意图

通俗来说，投融资规划可以总结为："一个方法，两个信，三个桥梁"。"一个方法"就是系统工程方法；"两个信"，就是信心和信用；"三个桥梁"，就是规划和建设的桥梁、政府和企业的桥梁、项目和资金的桥梁。具体的内涵此处先不展开，在案例篇可以有更充分的体会。

投融资规划是系统工程方法在社会经济系统中的应用。系统工程方法始于钱学森提出的解决开放的复杂巨系统问题的综合集成方法。20世纪70年代末，钱学森提出了系统科学的结构体系，这个体系既包括基础理论层次上的系统学，也包括技术科学层次上的运筹学、控制论、信息论等。在应用层面，则包括应用技术或工程技术层次上的系统工程，以及社会科学与人文科学层次上的系统工程，即社会系统工程。

钱学森是中国航天之父，我国航天事业的发展就得益于成功地应用了系统工程技术。航天系统中每种型号都是一个工程系统，对每种型号都有一个总体设计部，总体设计部由熟悉这个工程系统的各方面专业人员组成，并由知识面比较宽广的专家负责领导。

根据系统总体目标要求，总体设计部设计的是系统总体方案，是实现整个系统的技术途径。总体设计部把系统作为它所从属的更大系统的组成部分进行研制，对它的所有技术要求都首先从实现这个更大系统的技术协调来考虑。总体设计部又把系统作为若干分系统有机结合的整体来进行设计，对每个分系统的技术要求都首先从实现整个系统技术协调的角度来考虑。

这个总体设计部所处理的对象是个工程系统，但在实践中，研制这些工程系统所要投入的人、财、物、信息等也构成一个系统，即研制系统。对这个系统的要求是以较低的成本、在较短的时间内研制出可靠的、高质量的型号系统。这个研制系统不仅有如何合理和优化配置资源的问题，还涉及体制机制、发展战略、规划计划、政策措施以及决策与管理等问题。这两个系统是紧密相关的，把两者结合起来又构成了一个新的系统。显然，这个系统要比工程系统复杂得多，属于社会系统范畴（见图1-1、图1-2）。

如果说工程系统主要依靠自然科学技术的话，那么这个新的系统除了自然科学技术外，还需要社会科学与人文科学。如何组织管理好这个系统，也需要系统工程，但工程系统处理不了这类系统的组织管理问

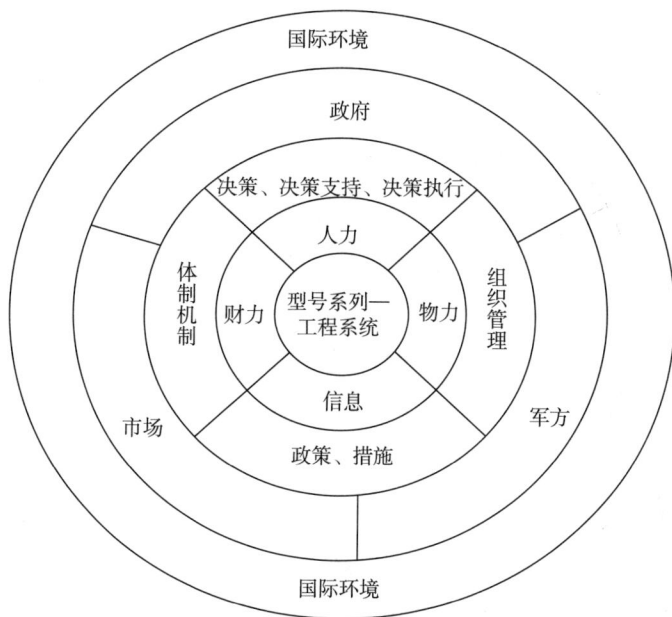

图 1-2 型号系统结构示意图

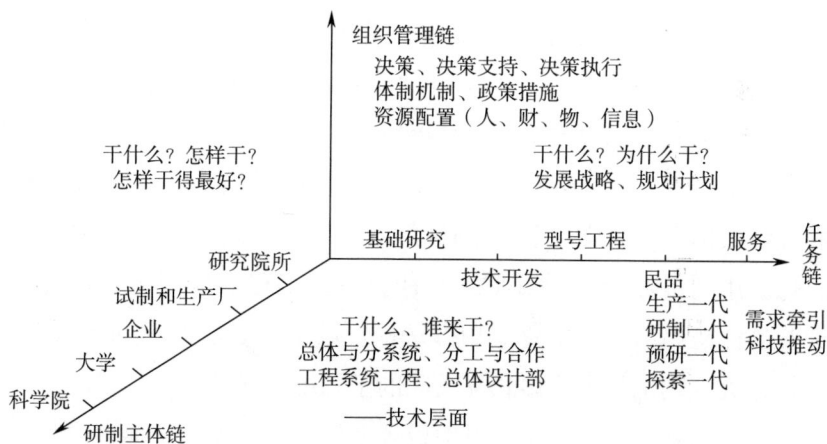

资料来源：于景元：钱学森综合集成体系，西安交通大学学报（社会科学版），2006 年 11 月第 26 卷第 6 期（总第 80 期）。

图 1-3 社会系统结构示意图

题，这类问题的解决需要的是社会系统工程。应用社会系统工程也需要有个实体部门，这个部门就是钱老提出的运用综合集成方法的总体设计部。这个总体设计部与航天型号的总体设计部比较起来已有很大不同，但从整体上来看，研究与解决问题的系统科学思想还是一致的。

1983 年 11 月 16 日，钱学森应邀在国家经济体制改革委员会所作的报告中讲到："为了把系统工程用于国民经济的管理，我国需要建立国民经济和社会发展的总体设计部。现在各方面提出的发展战略很多，有这个战略、那个战略，各说各的，但没有一个综合性的总体发展战略。因此，需要成立总体设计部，作为一个国务院的实体，而不是专家座谈会。这个实体要吸收多方面的专家参加，把自然科学家、工程师和社会科学家结合起来，收集资料，调查研究，进行测算，反复论证，使各种单项的发展战略协调起来，提出总体设计方案，供领导决策。……总之，国民经济和社会发展的总体设计部是党中央、国务院决策的参谋机构，在实施我国计划体制改革中，千万不要少了这一着棋。"①

1987 年，钱学森在中国人民大学"吴玉章学术讲座"上全面系统地阐述他提出的建立国民经济总体设计部思想。

1986—1989 年，李伟在中国科学院系统科学研究所学习，师从陈光亚先生和王毓云先生。中科院系统所是在钱学森先生倡议下创建的国际著名学术机构，她开创和从事的是一项建立在钱老的系统科学思想基础和理论架构上的科学事业。李伟继承了钱老的思想，率先将系统工程的思想应用到了城市建设领域，对社会系统工程的应用边界进行了拓展，开创性地提出了投融资规划方法论。城市建设所涉及的领域众多，因此投融资规划也是由众多相互关联的子系统构成的。

投融资规划是一个系统，投融资规划研究的对象——城市也是一个系统。不管是投融资规划，还是总体设计部，其主要的研究目的都是一样的：一是要认识系统，二是在认识系统的基础上去设计、改造和运用

① 《论系统工程》，钱学森，上海交通大学出版社，2007 年。

系统，这就要有科学方法论的指导和科学方法的运用。

另外，钱学森提出了人机结合、以人为主的思维方式和研究方式。从思维科学角度来看，人脑和计算机都能有效地处理信息，但两者有极大差别。人脑思维有三种：一种是逻辑思维（抽象思维），它是定量、微观处理信息的方式；另一种是形象思维，它是定性、宏观处理信息的方式；还有一种是创造思维，它是逻辑思维与形象思维的结合，也就是定性与定量相结合、宏观与微观相结合。在这三者中，创造思维是人脑创造性的源泉。

将人机结合、以人为主的思维方式和研究方式应用于投融资规划，就形成了投融资规划的方法论。投融资方法论非常重要，它是认识和解决城市复杂性问题的一扇窗口，可以让人们透过这扇窗口看到城市复杂性问题的光明前景。

当前，我们所面临的大量社会实践，特别是复杂的社会实践其实都是综合集成工程，比如城市开发，都不是单一理论和单一技术所能解决的。但是，用投融资规划的方法却可以健全、完善地解决这些问题。

tips：

_____

_____

_____

_____

_____

留下一些你的感想吧

第二章　投融资规划的现实意义

在全世界范围内，中国自古以来就是世界少有的热衷造城并既有完整的理论方法体系又有丰富经验积累的国家。《三国演义》中对中国古人神奇的造城技术有着生动的描写：曹操军队利用冬季滴水成冰的寒冷天气浇水造城，竟然在一夜之间用流沙造成了一座坚固的城池。新中国成立以来各种"油城""钢城""汽车城""航天城"等新型工业城市的平地而起，都向世界展示了中国在造城方面的能力，令世界惊叹。

钱学森认为，中国传统智慧中有着丰富的系统论思想。这一观点可以用于解释为什么中国在四大文明古国中是最年轻的，而在城市规划建设理论上却如此"早熟"，早在春秋战国时期的《周礼·考工记》中就已经有了完整的"营国"理论体系。战国以后，以阴阳五行学说为基础的风水理论成为城市规划建设的主要技术支撑，使城市建设的系统性架构日益完善。正因为如此，我国古代城市随王朝更替和河流泛滥而周期性兴废，不断全面重建，但都能在数年至一二十年之内建成大规模的城市，有的在特定的社会经济条件下还能实现城市的快速发展，例如北宋开封和南宋临安都是在几十年间便成长为上百万甚至数百万人口的世界级城市。

习近平总书记是一位具有系统观和大局观的国家领导人，系统思维是他强调的六大思维特点①之一。他在多个场合表达了希望将系统工程方法应用于深化改革和各个领域发展的想法。例如,他于 2013 年指出"全面深化改革是一项复杂的系统工程",2014 年 7 月指出"环境治理是一个系统工程"。

本世纪初以来,随着城市化进程的不断加快,我国各地城市新区的开发项目成为重要内容。新城开发是一项包含规划、建设、管理等许多环节的系统工程,涉及征地拆迁、基础设施建设、公共服务设施建设、市政公用设施建设、城市经营等多层面的问题。不同于一些单体项目工程,这种庞杂而又充满变化的浩大工程,在咨询理念、方法等方面都应有所创新。过去,在城市开发建设过程中,存在着不同程度的对系统认识不清晰,缺乏全局性意识。引入系统工程的方法,使城市开发建设在从规划变为现实的过程中有了一套更为全面科学的方法,使过程更加明晰,更加具有可操作性。

对于城市开发这一复杂巨系统,系统工程学的指导意义在于系统科学方法与实际功效的统一并举,一方面强调从总体把握城市资源的合理有效配置,另一方面也不忽视局部实践的手段与策略,有利于整合政府公共职能,提高政府各方面决策的科学性。

"投融资规划之父"李伟先生认为②,用定量和定性相结合的系统思想和方法处理城市开发这样大型复杂系统的问题,是极其适宜的。城市建设是个系统工程,其复杂性主要体现在城市建设各方面的协调与配合不是简单的线性关系,建设次序、开发深度的不同都会导致建设结果的很大差别。因此,城市开发建设的系统化管理是摆在政府和投资人面前的新课题。投融资规划方法是将系统工程方法应用于城市建设发展领域的理论创新和实践创新的典范。

---

① 据《学习时报》杨永加的文章《习近平总书记强调的六大思维方法》,这六大思维方法是:辩证思维、系统思维、战略思维、法治思维、底线思维、精准思维。
② 引入系统工程方法　创新城市开发咨询,《中国投资》,2008 年 5 月 16 日。

北京市房山区长阳镇投融资规划项目、安徽省淮南市山南新区投融资规划项目的专家评审意见中指出，投融资规划符合系统工程的科学方法，通过系统模型的建立提高决策的科学性，具有前瞻性、创新性、可操作性，并认为这种方法具有推广价值，可以应用于其他地区的城市建设。

投融资规划的一套动态系统模型，包括财务模型、土地成熟度和地价模型等，即针对各类项目的开发计划，从投融资角度开发的一套人机结合决策支持模型。这套模型可以供开发者根据城市开发的成熟经验和项目的现实情况，合理安排各类项目的开发时序。在后续的开发实施过程中，这套模型也可以用于项目的管理工作，根据现实情况调整开发计划，看实施计划变动决策的影响，纠正决策不要偏离既定总体目标。

系统工程方法最大的威力，就是对于城市开发这个不断演进的开放复杂巨系统包罗万象的内容和因素的统筹能力，及对各专业领域的整合能力。这一点不同于封闭系统的建设。传统上一直存在的老大难问题——规划与建设"两张皮"问题就是把规划不恰当地从城市这个复杂巨系统中分离出来，单独作为一个基于大量假设而不是事实的封闭系统来设计的，所以规划文本和图集就是规划工作的最终结果，它和实施过程是没有必然关系的。这样的规划一旦回到城市现实，就必然面临着无法落地实施的窘境，只能是"墙上挂挂"。所以很多地方的城市规划和空间规划看起来都很好，但就是实施不了。

投融资规划就把整个城市甚至更大的区域纳入到系统当中来，并划定必要的清晰边界，充分考虑到了城市开发所涉及的广泛复杂因素，强调各有关决策者、专家、执行部门及各相关利益主体都要共同参与其中。这就需要参与者从各自不同的角度对城市更深刻的理解，要敢于突破专业思维局限和部门本位利益局限，学会从城市整体和关键细节两个维度思考问题。投融资规划要成为社会广泛认可的规划理念和方法论，要成为政府决策过程中必备的思维模式，它的威力才能充分发挥。

tips：

_____

_____

_____

_____

_____

留下一些你的感想吧

第三章　投融资规划的分析视角

　　作为系统工程方法在城市开发建设中的应用，投融资规划主要是从"责任主体""区域发展""区域管理"三个角度剖析城市开发建设的特点，形成切实、可行、富有生命力的实施方案。

　　从"责任主体"的角度，投融资规划综合考虑了城市开发建设过程中的各类主体及其利益诉求。城市开发建设一般会涉及的主体和其诉求有：地方政府，是一个城市和区域最主要的责任主体，希望在任期内完成基本建设，实现区域快速健康发展。投资机构，是资金的主要提供者，主要诉求是实现投资收益、风险识别规避。地产开发商，是城市的拓荒者，主要诉求是土地获取、楼盘销售。原址的企业和拆迁户，是城市存量资产的代表，主要诉求是合理的拆迁补偿、后续经营和生活的保障。新入驻的居民和企业，是城市的消费者，主要诉求是好的产业环境、公共服务、生活环境。这些具体的主体和诉求，是城市开发建设中无法回避和忽视的。投融资规划要求根据项目的特点找到各个主体利益诉求的平衡点，顺利推动城市开发建设工作。

　　从"区域发展"的角度，投融资规划高度重视城市开发中的健康发展问题。城市复杂巨系统是由多个简单的系统组成。每个子系统承担不同的功能，项目建设的时间、空间都会对区域的发展产生不同的影响，项目之间的不同组合深刻地影响到城市建设的质量和效率。其中，公共服务类和基础设施类项目奠定了一个城市的机理、形态、结构。合理的安排和布置基础设施和公共服务设施能够保证该区域均衡健康发展，能够合理地降低城市污染、拥堵等发展过程中的不良问题。合理选择产业业态、产业结构，合理进行产业开发和落地对于区域价值的提升具有不可估量的作用，能够增加该区域对周边的吸附和带动作用，扩大了该区域的服务半径，实现该区域快速健康发展。

从"区域管理"的角度，城市开发建设这个巨系统仅有"主体"和"发展"，还不能正常的运行。要认清发展和现实的距离，必须通过管理的工作建起主体与发展间的桥梁。投融资规划带给地方政府的绝不仅仅是开发方案，更重要的是对于城市管理和城市运营方面理念的引导。城市的管理者应该意识到，城市发展是一门科学，有其自身的规则和规律，不能单凭主观和感性来支配方向和节奏。投融资规划也不是一成不变的，不能僵化的执行。随着条件、环境的变化，初始的方案会出现偏离，通过对区域进行管理能够起到纠正偏差，适时调整战略的作用。

投融资规划提供的是方法论和管理工具，它为城镇开发决策提供了一个技术支持下的综合研讨厅。相关的主体能够利用投融资规划，高效快速地根据条件的变化形成"作战方案"，包括方案选择、分析决策、沟通协调、城市发展推演等。开发管理上，相关主体通过投融资规划可以统一开发理念，明确了开发目标和协作模式，政府部门、投资人、开发商和其他专业服务机构等城市开发建设参与主体的权、责、利清晰化，任务能够分解落实到具体的实施单元，从而提升了实施的效率。地方政府也就能够规范城市开发建设中的流程，规避开发风险，出台针对性的支持政策，形成一套系统的城市管理体系。

tips：

_____

_____

_____

_____

_____

留下一些你的感想吧

第四章　投融资规划的研究对象

投融资规划虽然是对资金的安排，但其研究对象绝对不仅仅停留在资金层面，而是涵盖社会经济发展的各个方面。具体来说，主要包括五个方面。

投融资规划的五个基本研究对象

（一）人口

中国经济过去的高速增长很大程度上来自人口红利，影响一个城市或者区域发展轨迹的重要因素也是人口，城市建设终极目标也是服务于区域内的人口。上海世博会的口号就是"城市让生活更美好"，"以人为本"是科学发展观的核心，中国共产党的奋斗目标就是"人民对美好生活的向往"。这一切都说明，人是社会发展的基础，也是目标。

在传统规划中，人口主要指常住人口或户籍人口，但在投融资规划中，我们更加强调的是"城市消费者"。"城市消费者"在《政企合作——新型城镇化模式的本质》中第一次被提出，并在《新型城镇化蓝皮书》（2014 年）总报告中进一步进行了量化工作，是指一个城市（镇）所直接服务和间接服务的所有消费者的总和，这是一个比户籍人口及常住人口更为广义的概念，是站在城市功能和承载力的角度来看待人口问题，强调"人口数量"的同时强调"人口质量"。

（二）产业

产业是城市持续发展的动力，也是维护社会稳定的基石，俗话说"安居乐业"，没有一个好的产业基础就谈不上城市的健康和谐发展。产业可以是"内生"的，也可以是"外来"的。"内生产业"的核心是传承和发展，强调自身具有的核心要素（特色资源、独特优势），找到适合生长的产业。"外来产业"的核心是承接和转化，强调自身具有的竞争优势（成本、环境、劳动力等），需要紧贴国家政策导向和产业发展趋势。

投融资规划强调对产业的研究，并不是要代替产业规划，而是要探究产业发展与城市发展之间的关系，深刻理解产业对人流、物流、信息流、资金流的引导路径，从而判断产业发展对于城市配套基础设施和管理手段的需求，分析产业发展对于城市土地价格、税收、就业等方面的影响，最终为制订科学的投融资规划方案服务。当然，对于某些地区在产业规划缺失或产业定位不明确就要开展投融资规划的情况，也会设立产业研究专题，从有利于在短期内实现落地和招商的角度来研究产业，从而支撑城市前期的开发。

（三）规划

我们一直说，投融资规划是以城市规划为基础，这里的城市规划，不只是空间规划，还包括土地利用规划、经济和社会发展规划、产业规划、专项规划等。"规划规划、纸上画画、墙上挂挂"，不是不重视规划，也不是规划质量存在问题，更大的原因是各类规划间缺乏有效衔接，难以实现"多规合一"。

各类规划的实施都离不开资金，投融资规划工作就是以资金为突破口，把各类规划统筹整合，从实施的角度来判断规划指标的合理性和适用性，找到各类规划之间不匹配的关键环节，通过与各规划编制单位和主管部门的沟通获取真实想法和诉求，通过系统工程方法和地理信息系统技术，建立一套对各类规划在一个平台上分析的模型，让各项规划中的内容真正接地气、落地生根、开花结果。

（四）土地

土地既是城市发展的生产资料，也是城市融资的信用基础，还是城市投资的回收来源。我国的土地所有权制度较为特殊，只允许集体所有和国家所有，也就造成了"城乡二元化"的结构。根据法律赋予的权利，地方政府可以通过合法征收的方式，将集体土地变为国有土地，再通过土地一级开发把生地变为熟地，并通过规划赋予地块某种使用性质，最终通过土地的供应实现其使用价值。土地使用者虽然不享有土地所有权，但却享有土地的使用权和收益权，而且这种权益可以依法转让。根据赵燕菁教授的观点[①]，"公共服务是城市土地价值的唯一来源。城市不动产的价值，说到底，就是其所处区位公共服务的投影"。因此，随着城市公共服务水平的不断提高，土地和房地产的价值也在不断提高，土地的所有权人和使用权人就可以通过权益的占有和转让来坐享城市发展带来的红利，实现财富的增加，这也就是为什么地方政府热衷于"土地财政"和城市居民热衷于"炒房"的原因。

投融资规划的研究重点也是土地，这难免会让人觉得有鼓吹"土地财政"的嫌疑。实际的情况是，投融资规划遵循的是城市发展的客观规律，对于一个非成熟区域或者城市新区来说，最初的信用基础和财政收入来源只能是土地；即使是对于成熟区域或者是老城区，土地的收入也是地方财政收入的主要来源。如果对这个客观情况视而不见，大谈产业和税收，只能是空谈。所以，在任何投融资规划项目中，土地都是重点研究对象，而且我们对于土地价值的评估有自己的方法和工具，其

---

① 赵燕菁，《土地财政：历史、逻辑与抉择》。

主要原理也是根据土地所在区域的规划实现情况和公共服务配套水平来确定土地价值，这样就可以真正将城市规划与投融资有机地结合起来。

近期，基于国家政策方向的调整，对于集体土地创新利用的趋势也越来越明显，投融资规划也增加了对于集体土地利用和价值评估的内容，这一点对于"特色小镇"和"田园综合体"项目来说尤为重要。

（五）资金

城市的发展，社会的运行，企业的经营，家庭的运转，个人的生活……每件事都离不开资金。所以，以资金为突破口来研究城市建设、城市发展问题，是最直接的通道，也是投融资规划有别于其他规划最本质的特征。当然，这里的资金是泛指，既包括实物，也包括货币，还包括信用。

其实，投融资规划研究的并不是"资金"本身，这个是留给银行学家和金融学家去研究的，我们更多的是研究资金运转的过程，具体来说，就是借、用、管、还四项基本内容。

1. 借——融资

借，就是融资。在当今时代，完全依靠自有资金来做事的情况越来越少了，十年前还在广为流传的"美国老太太贷款买房"的故事如今已经是中国家庭的常态，谁家如果没有点贷款都不好意思开口聊天。对于城市和地方政府来说，负债就更是家常便饭了。前几年还有地方政府以负债率低为荣，现在都在叹息错过了好时候。能借到钱，说明这个家庭、这个企业或这个政府首先还是有信用的，其次还是有渠道的，最后还是有手段和方法的。投融资规划研究的就是这些融资的信用、渠道、手段和方法。

2. 用——投资

用，就是投资。民间有句老话，叫做"能挣会花"，不会花钱，不能把钱用在刀刃上，就是对钱的极大浪费。对于城市建设开发来说，具体投哪些项目、匹配哪些资源、什么时候投、谁来投，这些都是投融资规划需要研究的问题。

3. 管——监管

管，就是监管。在资金使用过程中，监管是必不可少的，监管的主体主要是地方政府和金融机构，监管的对象就是资金的使用方和使用的全过程。由于这项工作涉及政府各部门、金融机构、企业和个人等多方主体，虽然国家、地方和行业层面都有规范的政策法规和标准，但在执行过程中难免会出现体制不明、机制不顺、规则不清、流程不畅等问题，投融资规划就是要以这些政策法规和标准为准绳，协助监管主体进行体制机制方面的一些创新和优化，确保监管工作的有效性。

4. 还——还款

还，就是还款。俗话说"有借有还，再借不难"。社会资本投资，首先想到的是如何赚取合理甚至超额的投资回报；金融机构借钱，首先想到的是如何保障本金和利息的偿还。所以，对于融资方来说，借和用之前，首先要想好如何还，才能做好借和用。投融资规划中对于区域开发的收益评估十分重视，甚至运用 GIS（地理信息系统）技术和大数据来支撑，对于区域内可以产生收益的各项资源和权利进行深度挖掘，其目的就是为了让项目的回报和还款来源更加多元和现实，充分保障项目的收益实现，其最终目的还是为了保障客户在融资和招商的时候掌握更多的主动权。

tips：

_____

_____

_____

_____

_____

留下一些你的感想吧

第五章　投融资规划的编制依据

投融资规划是一个城市发展的系统解决方案，涉及城市开发和建设的方方面面。虽然投融资规划已经诞生超过十年了，但在我国依然属于一种新生事物，还没有相关的行业管理规范或者是政策约束机制。但这并不代表投融资规划就无法可依、无据可查，相反地，投融资规划编制时所要考虑的因素更多，所依据的内容更广。具体来说，主要包括以下几方面。

法律、法规和行政规章。包括国家层面和地方层面的，重点涉及财政、发改、国土、规划、住建、税务等部门发布的，与城市建设开发、投融资相关的法律、法规和行政规章。

行业规范。行业主管部门、行业协会、金融机构等制定和颁布的一个行业内的行为规范和标准，重点包括建筑施工、金融管理、财务管理、税务筹划、信用管理、招商引资等方面。

各类规划。主要包括国民经济和社会发展规划、城市空间规划、国土规划及上级土地利用总体规划、产业规划、专项规划等。

理论方法。主要包括系统工程方面的理论与方法，城市发展与政府管理方面的理论与方法，国内外在城市投融资方面的理论与方法。

地方实践。各地方在城市建设管理和投融资领域方面做出的创新实践和典型案例。

tips：

_____

_____

_____

_____

_____

留下一些你的感想吧

案例篇

城市的开发建设是一个复杂的系统工程，它的成功落地远远不只是一人之功、一日之功，需要不断地发现问题、解决问题。作为城市建设的主体，一般来说，政府面临的是复杂且重大的社会问题，责任大、压力大、问题多，而参与城市建设的社会资本面对的最大问题是投资周期和风险。各层级政府的事权、财权问题如何界定、划分与处理，地方政府与社会资本如何在不同的需求下求同存异、共同受益、共同发展，如何交出一份让当地人民、让中央满意的答卷，是诸多问题中比较有代表性的。在本篇中，有针对性地选取了十个最具有代表性的案例，每一个案例都记录了发生的背景、面临的主要问题、解决这些问题的思路与方法。希望读者可以从这些案例中得到启发，寻找到解决城市开发建设问题的新方向与新方法。

第六章　案例 1：长阳镇投融资规划

——土地是城市发展最初的"信用"

2016 年 11 月 28 日，北京市国土局土地拍卖现场人头攒动，狭小的空间聚集了万科、龙湖、首开、富力、中粮、远洋、安邦、天恒、新城等十多家房地产开发商。今天的主角是长阳镇的一块商业综合用地，要求 50% 以上由开发商自持经营 20 年以上，且不得打擦边球设计为类居住产品。

下午 3 时，竞拍正式开始，起始价是 12.6 亿元，率先出价的是 59 号新城，富力地产不甘落后，迅速举牌 13.5 亿元。随后远洋地产、安邦、石榴集团、万科纷纷加入战局。万科举牌 17.75 亿元，新城举牌 18.25 亿元，两方攀升到 18.75 亿元后，中粮天恒首创的举牌使这块地突破 19 亿元大关……最终，历经一个半小时、203 轮竞价，龙湖、首开联合体以 37.8 亿元拿得该地，成交楼面价 21 102.94 元/平方米，溢价率 200%。

而在十年前，2005 年底，李伟带领的咨询团队第一次接触长阳镇项目的时候，摆在长阳镇领导面前的还是一张尚未完成的规划图和一块亟待开发的处女地，地价不足千元/平方米，镇区内唯一在售的房地产项目为了促销特地请来成龙当代言人，并打出了 4 880 元/平方米的优惠价。

当时的长阳，发展基础薄弱，发展环境更不容乐观：区位处于北京发展相对滞后的京西南地区，全市筹办奥运会将投资建设重点又一次压向了以奥运场馆为中心的北部地区，南城和西南部地区长期落后的问题虽然已经开始引起市里重视，但仍然不得不暂时继续搁置。长阳镇，作为北京西南房山区的一个落后乡镇，更是"被遗忘的角落"。

短短十年，长阳镇完成了从无人问津的"丑小鸭"向众人追捧的"白天鹅"的转变，完美地实现了十年前绘制的城镇发展蓝图。十年来，关于"长阳速度"① "长阳模式"② 的报道和研究一直在发酵，长阳镇独特的城镇发展模式已经成为中国新型城镇化发展的一个典范。

那么，接下来，就让我们翻开长阳镇这本教科书，来看看十年前长阳镇是如何书写下第一笔的……

京郊小镇崭露头角

永定河万古流长，是一条孕育北京灿烂文明的母亲河。追溯北京三千余年的建城史和八百六十余年建都史，其形成和发展与永定河息息相关，毫不夸张地说，是永定河水滋养了北京城。但是，这位母亲的"脾气"不太好，据历史记载，自 17 世纪以来，永定河洪水曾五次波及北京市区，淹没天津市区八次。为了治理水患，下游很多地方被划为行滞洪区，长阳镇就是其中之一。

长阳镇区位有三个突出特点。

第一个特点：全部为平原。整个房山区以山区、半山区为主，平原只占三分之一，平原中的一半是泄洪区。2006 年之前，长阳镇全部为泄洪区，也正因为如此，地面之上现状极其"干净"。

第二个特点：长阳镇在房山区的东北角，京石高速出京方向房山区第一个出口，是全区距离北京中心城区最近的区域（见图 6-1）。

---

① 中国建设报，2014 年 11 月 7 日。
② 张增艳，长阳模式之二次飞跃，《城市开发》2013 年 第 5 期。

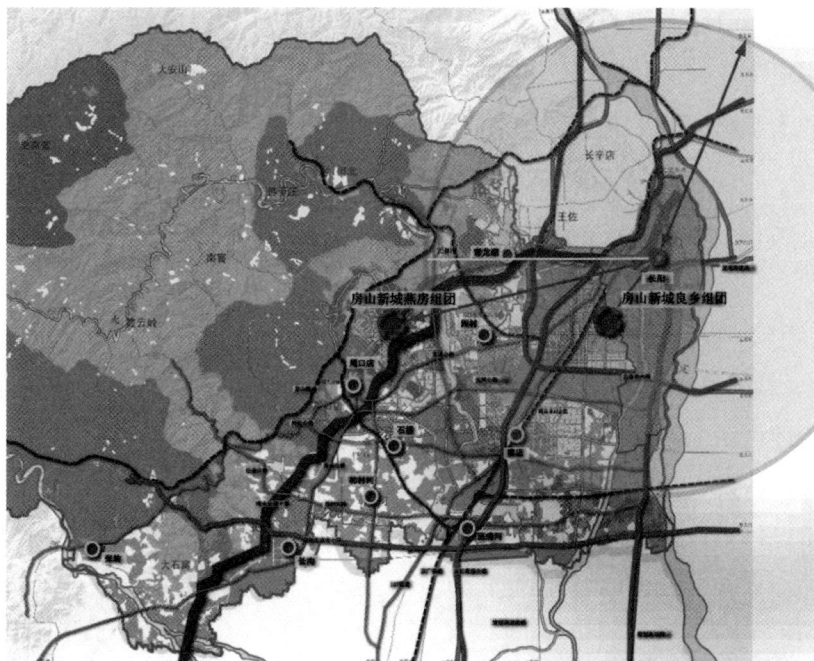

图 6-1 长阳镇在北京市的区位示意图

第三个特点：长阳镇位于房山、丰台、大兴三区交界处，管理相对薄弱，俗称"三不管地带"，发展相对滞后，有社会不稳定因素，对开发相对敏感。

长阳区位的这三个特点共同导致了一个结果：这是一块被雪藏的处女地。

2003 年到 2004 年，永定河滞洪水库建成，使小清河分洪区的防洪能力从五十年一遇提高到百年一遇。房山区政府委托中水北方公司编制了《北京市小清河分洪区建设规划报告》，先后通过北京市水利部门和海河水利流域委员会审批，最后 2006 年 1 月递水利部审批通过。这一规划调整了小清河分洪区的范围，其中增设房山新城良乡组团城建规划 I、II、III 区安全区，以达到保障分洪区内经济社会可持续发展的目的，为房山区增加了城镇建设用地共 101.6 平方公里，其中就包括长阳镇中心区 9.17 平方公里。

这样一块面积上万亩并且"干净"的"肥地",其价值是毋庸置疑的。嗅觉灵敏的开发商立刻蜂拥而至,纷纷表示要拿地,用他们最拿手的"大盘模式"整体开发。

传统开发模式问题多多

中国城市发展在 20 世纪 90 年代及以前,一直是工业化带动城镇化①,换句话说就是城镇化长期处于为工业化"打工"、服务的被动、落后地位。"先生产、后生活"的传统一直有着巨大的惯性。

1998 年福利分房制度的彻底终结,将城市建设整体推向了市场,城市建设不再依附于工厂,而第一次拥有了独立发展的逻辑。但是,城市如何经营、城市土地如何经营等一系列经营性问题,政府完全没有经验。

我国城市建设在推广"招拍挂"制度之前盛行"大盘模式"。所谓"大盘模式",就是地方政府以协议出让的方式把一大块"毛地"② 的一、二级开发权全部交给开发商,所建成的可售部分(主要是住宅)全部归开发商,不可售部分作为国有资产归政府。因为政府出让的是毛地,地上什么也没有,反倒有大量花钱的事情要做,所以毛地就不值钱,政府不要钱甚至倒贴钱给开发商,开发商往往还不愿意要。但是,开发商是极其识货的,如果有事少、干净、值钱的"肥地"出来,则其态度是极为积极的。

按照正常的逻辑,城市的规划权和管理权主要都在政府。现在规范的城市规划中,一般一个开发单元不超过 300 亩。这样,开发商负责建设和运营地块内部,而地块之间的道路、基础设施、公共服务则由政府

---

① 李伟、陈民、彭松,《政企合作——新型城镇化模式的本质》,社会科学文献出版社,2013.10.

② 通俗说法,指未经开发、缺乏基础设施配套的土地。

负责。在"大盘模式"下，政府因为缺钱，也没有市场化经营土地和城市的经验，所以给开发商地块特别大，经常达一两千亩。这么大的地块实际上已经是包含若干地块和若干条市政道路在内的片区了。这些多事统统交给开发商去做，那在开发建设过程中就基本没政府什么事了，所以政府在大盘开发中就处于相当弱势的地位。

有一个例子很能说明这个问题：当时某地政府旁边有一个居民小区，小区中有一条市政道路穿过，是政府与外界交通的主干道。因为离政府近，很多政府领导和公务员也住在这个小区里。于是，每天都有很多穿过"小区"去政府上下班的和办事的车进进出出，来来往往，道路使用很频繁，坏得就快，每年需要花不少维护费用。于是，开发商就在路两边各设了一个收费站，提出向政府的每辆车每年收 2 万元过路费，否则就不放行。理由是：路是我修的，政府又没有给一分钱修路养路的钱，我当然得收钱来还贷和养路了。如此说来，政府还挑不出开发商什么毛病。所谓弱势政府，斯已至此。

用"大盘模式"开发的"小区"（实际上规模接近甚至超过社区）就是大院，大院封闭起来，里面自成一统，开发商和里面的居民自然有某些方便之处，但由于大量的空间和道路不与城市共享，其巨大的体量就成了城市交通的"血栓"。有研究表明，北京交通拥堵重要的原因之一就是各种大院太多——文保单位、军队机关和营房、党政机关、高校、大医院等都是动辄占地上千亩的巨大存在。"大盘"没有那些大院的特权，但在交通上对城市的消极影响是一样的。早期开发的回龙观和天通苑就是典型的大盘，在交通上都很困难。但当时的政府弱势，眼看着这些问题却解决不了。

弱势政府之下，开发商就相对滋润，靠着"大盘模式"，开发商实实在在地过了好些年没人管的好日子，只要有好地腾出来，马上就会扑上去，尤其喜欢大片的空地。

可是这次他们要失望了，长阳镇政府不想再继续让开发商"吃肥肉"而独自默默地"擦屁股""啃骨头"了。

地方政府主动求变

当届长阳镇政府领导认为，传统模式下，开发商总是习惯先把好开发的土地开发完，把难拆的村庄和不赚钱的基础设施留到最后，留下了很多"城中村"和"烂尾工程"。如果再这样下去，给后任和子孙后代留下一堆历史遗留问题，本届政府是无法向历史和人民交代的。正是这种沉重的社会责任感，给长阳镇投融资规划项目注入了第一缕灵魂。

恩格斯说，一个社会需求比十所大学更能推动社会进步。长阳镇政府的责任感决定了其以体制机制改革摆脱被动局面、整体高质量建设发展长阳镇的总需求，在这个总需求下有两个具体诉求。

第一个诉求：摆脱与开发商合作谈判中的被动局面。由于之前一直没有经历过大规模开发，长阳镇经济又不发达，政府缺钱，自身没有开发能力。所以开发商要来谈投资，政府是热烈欢迎的。但是，政府不想被开发商牵着鼻子走，也不想再走以前的先开发再治理、先吃肉再啃骨头的老路。所以，长阳镇政府对咨询团队的第一个诉求就是：帮政府算个账，看看这个区域要建起来到底要花多少钱，每亩地要卖到多少钱才能把这些投资收回来。政府这么做的目的，就是希望在和开发商谈判拿地价格时，要心中有数，知道自己的成本是多少、底价是多少、盈亏平衡点是多高。

第二个诉求：解决现行体制机制下镇级政府没有财政自主权的问题。镇一级政府是没有独立财权的，也就是说长阳镇政府所有的收入都要交到房山区财政，区财政还要交到市财政，市财政提留完之后，再返还给区财政。但是镇级政府的事权并不少，要做的事情一大堆，没有钱也只能干看着干不了，事权和财权不统一。基于此，镇领导提出的第二个诉求是，在现行财政体制下镇政府进行土地一级开发，其投资通过什么方式能够收回？产生的收益如何能保障用于长阳镇建设的未来投入？只有这两个关键点确定了，才能实现长阳镇城镇建设的可持续。

这两个诉求正是我们将要建立起来的投融资规划体系的核心。最终的目标则是，以实现投资收益为核心，以统筹政府财力和社会资本为手段，建立起一种支撑区域长期可持续发展的投融资体系。

投融资规划应运而生

咨询团队认真分析了政府方的诉求，初步判断——这个"账"不好算！

做过投资测算的人都知道，算账首先要有算法，就是建立财务模型，就是在划定边界的数据之间建立一系列逻辑关系，成为一个内部完全自洽的系统。财务模型最关键的是什么呢？不是数据有多准确，而是模型的逻辑和假设是不是合理。逻辑和假设这两个基准点不对，数据再准确也没有用。反之，如果逻辑和假设基本合理，随着数据量的增加，错误数据的影响被逐渐缩小，直到可忽略不计。但财务模型本身是假设性的，其合理性全部来自现实，所以这个"账"最难算的地方就是在于对镇区开发工作的设计和推演。

中国城镇化发展虽然走过了几十个年头，但由于地区的差异性和发展的不均衡性，没有一个普遍适用的开发模式，也没有一套标准化的操作体系，所以算账的前提就是先针对性地设计区域开发的方法和路径，于是"投融资规划"应运而生。

长阳镇投融资规划实现了五大创新。

第一大创新：提出组团式开发模式。这一创新主要用来解决地块支离破碎、各地块发展不均衡、开发商挑肥拣瘦、基础设施和公共服务投资的外溢性难以体现等问题。咨询团队把建设用地分成了六个组团，每个组团各自交通设施、公共配套及生态环境等主要功能健全，体量大致相当，能够自成体系。开发时集中全力先开发一个组团，然后再开发另一个组团，形成带动作用，逐次向外扩展。这样，在投资有限的情况之下，基础设施建设资金就能得到集约利用，基础设施能够连成片，成本低、效果好、速度也快。

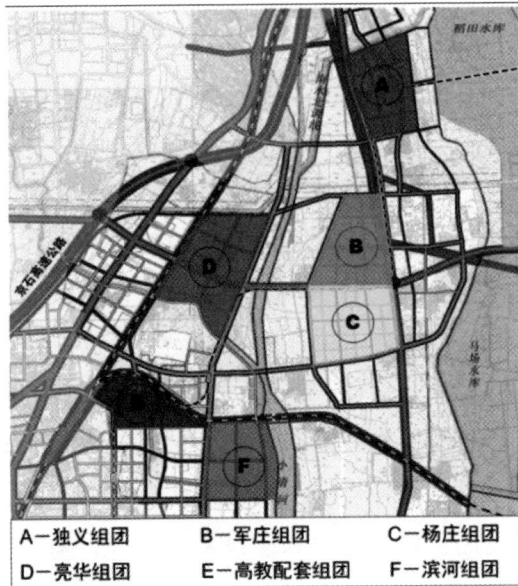

A—独义组团　　　B—军庄组团　　　C—杨庄组团
D—亮华组团　　　E—高教配套组团　　F—滨河组团

图6-2　组团划分示意图

第二大创新：划分"责权利对等"的项目边界。划分组团的目的之一就是为了算账清楚，成本清楚，责任也清楚。组团边界好划，但这并不意味着账就好算。因为实际工作中的事权划分相当琐碎，并且关系复杂。比如，贯穿长阳镇的市政道路，主要由市财政资金投资，本镇也承担一部分，具体承担多少，往往需要各级政府之间反复权衡。账要清楚，这是为了"好看"；但更要合理，这是为了"执行"，执行才是算账最终的目的。再比如，修路常有贯穿村庄的情况，以前是道路路面直接占多少地就征多少地，一平方米也不多征。征地成本是省下来了，对村庄和老百姓的影响却没有考虑，老百姓极其不满意，村集体极其不满意，全社会都不满意，区域还怎么发展呢？所以，核算的边界怎样叫合理，要以社会满意为标准，要平衡好各方利益，尤其是保护好老百姓的切身利益。基于这些考虑，咨询团队设计了两个边界。

一是政府和市场的边界。政府是一个不在市场中牟利的市场主体。一般经营性项目自身能产生足够的收益，由市场主体投资、运营；公益性或者准公益性的项目，需要由政府或政府和社会资本合作投资、建设及运营。

二是各级政府的边界。当时，北京市对于政府投资项目的投入方式和财政收入的市区两级分成都有相应的政策规定，但是对于事权的划分不是太清晰，到了区和镇之间就更不明确了。举个例子，镇里面需要修一条路，按政策规定可以申请市区的资金支持，但如果在资金还没到位的情况下如何去修，修好后如何将投资收回，谁来决定这条路是否该修，这些问题都需要提前加以解决。

第三大创新：设计"以人为本"的征拆方案。传统的拆迁方式就是占多少拆多少，剩下的村庄不管，随着土地价值上涨，拆迁成本会越来越高，越来越难拆，甚至有可能永远错过拆迁发展机遇，变成城中村或钉子户。

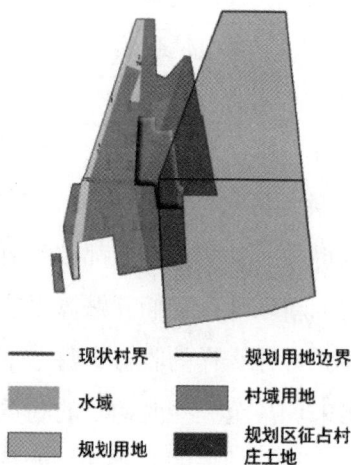

—— 现状村界	—— 规划用地边界		
水域	村域用地		
规划用地	规划区征占村庄土地		

注：图中突起部分为村庄已建成区。

图 6-3　规划对某村庄人为分割情况示意图

在征地方面，"人随地转"是一个基本原则。比方说一个村有1 000亩耕地和1 000名村民。耕地被征用了500亩，即一半耕地转为建设用地，则相应就要有一半村民（也就是500人）同时"农转居"，这就叫"人随地转"。至于这500人里具体是哪500人转居，就是村集体自己定的事了。但是，因为转居涉及利益很大，常常因此闹出村官腐败、群体性事件等违法或社会矛盾事件，这时候政府就不能不管。

其实仔细分析这件事就会发现，在城市建设面前，一个村集体并不算一个很大体量的单元，如果因为眼前利益而在一个狭小的范围内人为制造发展不均衡、机会不均等和利益分配不公平，那就得不偿失了。

基于以上考虑，咨询团队提出了整村拆迁、整村转居的创新做法：第一，整村拆迁。只要涉及村庄的，全部整村拆迁。第二，整村转居。不管一次征了集体多少地，是不是征完，全部村民都一次性转居，不再按留地比例留一部分人不转。在当时的背景下，这种做法在北京甚至在全国都还很少见，因为一次投资压力太大，一届任期内债务很可能是还不完的。如果下任不理解、不认可这个长期战略性考虑，不愿意替前任还债怎么办？但咨询团队还是努力说服了政府领导，理由是遗留大量问题和社会不稳定因素更可怕，维稳是政治任务，政治上出问题，可能动辄就被摘乌纱帽。即使是两"害"相权取其轻，相信大多数领导也都能认识到付出一些偿债压力的代价是值得的。而且这样做简化了操作方法，只涉及对集体的补偿，不再涉及逐户谈判，村民和村集体容易接受，以后的工作也好做得多。这两个创新都被政府和村集体接受了。

除了大的思路上的创新以外，我们算账算得也很细。比如村庄拆迁后，具体到村集体能够获得什么样的收益，每一个村民能够得到什么水平的收入，都给算了出来。甚至一些明的暗的利益都考虑到了。村民和一般的家庭往往是算不清复杂的账的，尤其是涉及需要掌握很多政策和方法的账，又不可能家家都请个咨询公司，就更算不清。算不清怎么办？本能的防范心理让他们第一反应就是抵制，而不是配合。帮村民把账算清楚，村民所得实惠和预期收益就在眼前，这就大大调动了拆迁积极性。就凭账算得清楚，长阳不小心创造了一个奇迹：两周之内上千户村民全部签订协议！整村拆迁推进速度也空前地快。有媒体报道称为"征地拆迁的长阳速度"。帮村民算清账这个方法比纯粹的政治宣传管用得多！

第四大创新：建立"肥瘦搭配"的成本分摊机制。以往的开发中，开发商之所以"挑肥拣瘦"，主要是由于"肥瘦不均"。举个例子：在区域开发中，地方政府和开发商最不愿意碰的就是拆迁。一来，拆迁补偿的投入大，而且一般需要先补后拆，先期占用大量资金；二来，拆迁的难度大，故土情结会导致很多居民不愿意拆迁，需要耗费大量的人力物力来动员，而且如果处置不当容易引发社会问题。所以如果可以选择，地方政府或开发商一般都会先选择拆迁量少的区域进行开发，也就是先挑"肥肉"吃，这样一来就会导致农田大量减少，而村庄依然存在，农民失去了生产资料，成为社会不稳定因素；村庄成为城中村或城边村，环境脏乱差，增加后期管理和治理难度。再举个例子：城市规划中会根据人口数量来配套相应的市政基础设施和公共服务设施，如市政道路、公园绿地、学校、医院等，在具体实施的时候，往往会把这些市政公服设施作为单独的项目来操作。但这些项目本身是公益或准公益项目，很难产生收益或实现盈利，如果放在现在，这些项目可以通过PPP（政府与社会资本合作）等方式来引入社会资本进行投资建设运营，但在当时的环境下，这些"骨头"就只能留给政府来啃了。那么，这些"瘦肉"和"骨头"怎么处理？

为此，我们设计了一套成本分摊机制。对于市政公服设施，按照服务范围在可出让用地中进行成本分摊；对于村庄搬迁，按照占地面积比例在占地组团的可出让用地中进行成本分摊。这样一来，任何一块地在出让的时候，都要承担相应的市政公服配套建设成本和征地拆迁成本，相当于把"肥肉"和"瘦肉"混在一起剁成馅，避免了肥瘦不均情况的出现。这种做法在当前看来很普通，也很容易理解，但是在 2006 年土地"招拍挂"制度刚刚确立、土地出让价格机制还没有完全建立起来的情况下，绝对是一大创举。

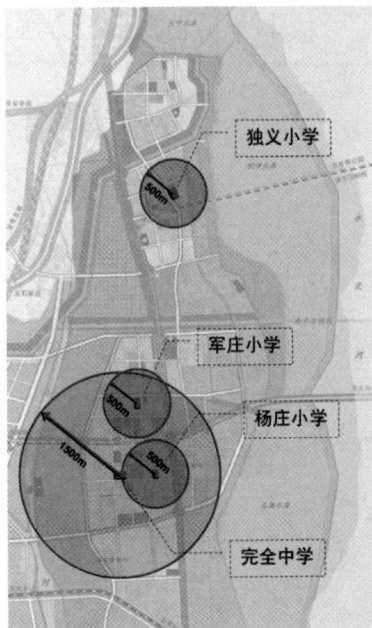

图 6 - 4　按服务范围分摊项目建设成本

　　第五大创新：理顺财政管理体制。长阳镇在体制机制上最根本的问题是地方政府事权和财权不匹配，镇里赚的钱再多也难以自主支配，自身形成不了资本积累，自然不能形成独立的发展能力，也难以调动地方政府的积极性。但从大的财政管理制度上，很难进行突破，于是咨询团队在项目中提出：在区财政设一个长阳专户，专门用于管理长阳镇的财政资金。比如长阳镇卖了一块地，收入了 10 亿元，扣除上级政府提留和专项基金后剩余的钱先不在全区统一分配，而是先进入长阳财政专户。这部分钱优先用于偿付已经实际发生的成本，这样就保证了已经发生的开发成本不至于收不回来，从机制上避免了资金链在这一环断裂的可能性。如果开发成本还没有发生，则先按照核算出的成本预留下来，等需要建设的时候，从专户里面支出这笔钱支持建设。其余的资金属于增值收益，如果没有支出计划，就拨出专户，拿到全区去统筹使用了。这样，长阳镇的开发建设资金有保障，其增值收益也很好地支援了全区建设。由于长阳镇地价攀升比较快，土地溢价高，覆盖成本完全不是问题，成本在全部土地出让金中所占比例较低。所以，专户的设置不仅保障了长阳镇开发建设，而且有力地支持了全区发展。

需要说明的是，为乡镇设立资金专户这个措施是一项非常规措施，在当时的政策环境和时代背景下是可行的，但后来财政制度进一步规范了，这项创新做法就作废了。虽然实行的时间不长，但对于解决长阳镇历史遗留问题提供了很好的解决方案，也提振了地方政府的积极性和信心，对后期的长阳镇开发建设奠定了良好的基础。

从投融资规划到"长阳模式"

俗话说"人无信不立"，其实对于一个区域或者城市来说，信用也很重要。中国城市规划学会副理事长、厦门大学教授赵燕菁曾经撰文称：土地财政是中国城市化"最初的信用"[①]。这个说法并不是放之四海而皆准的，但是放在长阳镇还是非常适用的。

2006 年的长阳镇，规划初始，百废待兴。对于长阳镇政府来说，最大的资产就是刚刚释放的 9.17 平方公里城镇建设用地。当时，还没有"土地财政"这种说法，但随着土地出让制度的逐步推行，地方政府已经意识到"通过土地开发提升土地价值，通过土地出让收回投资"是一条城市发展的捷径，但这条捷径如果走得不好，也容易误入两条歧途：一是土地价值难以提升，导致增值很少甚至无法收回投资，难以形成积累；二是土地价值提升后，增值收益没有用到促进社会民生产业发展的投入上去，导致后续发展难以持续。而投融资规划恰恰在这两点上

---

① 赵燕菁，《土地财政：历史、逻辑与抉择》。

起到了至关重要的作用。

首先，投融资规划通过对镇区开发投入产出的合理分析，对资金平衡问题作出了肯定的答复，给地方政府和上级政府以充分的信心；其次，通过对投资回收路径和收益使用方式进行设计，保障了城镇开发后续资金的投入，给社会资本以信心。这一点，从万科深耕长阳就可以看出来。2009 年，时任北京万科总经理的毛大庆刚刚从新加坡凯德置地到万科，履新后在北京拿的第一块地就是在长阳镇，而且创造了当年房山区"地王"。此事当时被很多人置疑冒险。后来毛大庆在一个关于长阳模式的研讨会上讲了当时为什么会看中长阳镇这个区域。他说他长期在新加坡做房地产开发，很看重规范的操作，绝不是风险偏好型投资者。他是看到长阳镇投融资规划文本中对长阳区域的分析、对未来的判断、对融资的安排、对建设时序的安排等，都十分明确而具体，可操作性很强，然后才非常有底气地作出投资长阳的决定的。而且万科拿了第一块地以后，只要后续有机会，他们仍然不断地在长阳镇拿地，并且与长阳镇共同合作提高区域的公共服务水平，建立了"15 年全程教育体系"，并在此基础上提出了"城市配套服务商"的运营模式。

长阳镇投融资规划从信用的角度看，就是一个典型的为区域增信的过程。什么是增信呢？就是在帮助地方政府做好投融资规划的基础上，充分发挥规划的引导和整合作用，向合作伙伴或融资对象进行说明，使他们理解规划，认可规划所设定的发展预期，并通过科学化、技术化的手段提供规划实施方案，这就解决了很多规划"纸上画画，墙上挂挂"的尴尬处境。预期建立起来了，新的区域信用就建立起来了。此外，区域信用的实现还受到一些体制机制的约束，解决了体制机制上的约束性问题，原本被压抑的信用就会释放出来。

长阳镇投融资规划项目完成后，随着规划成果的不断实施，规划的效果就逐步展现出来了，品牌开发商大举进入，上级政府的投资倾斜力度不断加大，村民积极配合征地拆迁工作，高端产业开始聚集，城镇化发展进入良性阶段。2009 年，中国系统工程学会和房山区政府联合主办"长阳城市建设模式研讨会"，会议的主题是——投融资规划铸就的新型开发模式。会后，李伟、陈民、彭松等主持编著了《破解城市建设困局——长阳模式解读》一书，详细论述了长阳镇投融资规划的时代背景、实践经验、模式解读。自此，"长阳模式"成为全国各地城市建设实践者竞相考察学习的对象，深刻影响了中国城镇化发展的进程。

tips：

_____

_____

_____

_____

_____

留下一些你的感想吧

第七章　案例2：淮南山南新区投融资规划

——政企合作谁说了算

　　进入 21 世纪后，我国清理了一部分开发区，开始着力发展产城融合的新城新区。经过了十余年的发展，新城新区如雨后春笋一样在全国各地落地生根，切实带动了一方经济的发展。

　　在新城新区的开发浪潮中，淮南走在了前面。作为先吃螃蟹的第一批三四线城市之一，淮南在山南新区的开发中遇到了很多全新的问题，其中最典型的就是政企合作过程中"谁说了算"和"钱怎么花"的问题。

　　投融资规划对每个区域的应用，可能面对的核心问题是不同的，对用户而言，解决了自己真正关注的问题，才能感觉到这个产品的价值。站在淮南项目的角度来看，投融资规划应用的突出特色就是把"谁说了算"这一不可解的问题，变成了区域发展战略通过投融资进行落地的问题；把在具体开发环节"钱怎么花"的问题，转变成具有科学性的建设时序的规划和设计问题。这些问题的解决成就了淮南山南新区十多年快速的发展。

　　下面，我们就立足于淮南政府与中铁四局的合作需求，详细讲述双方如何就源头问题展开交锋、磋商，并在达成理解后形成统一的决策路径的。

当城市转型遇到企业转型

（一）资源型城市淮南蜕变的开端

顺着建制沿革往回追溯，淮南是一个因煤炭资源兴起的城市。1949年1月18日，淮南解放。同年3月，中共中央华东局决定在淮南三镇的基础上设立淮南煤矿特别行政区；4月，淮南煤矿特别行政区改设为淮南矿区。1950年9月，建县级淮南市。1952年6月，建立省辖淮南市。

高空俯视淮南，它的北部是淮河，东部是高压线走廊和铁路线，南部是舜山，西北部是压煤区和采煤沉陷区。天然的地理位置，近几十年来建设的交通设施和煤矿，把淮南包围在一个相对封闭的空间中。

相对封闭的地理环境，煤炭资源的日渐枯竭，以及地下出现的大面积的沉陷区，一方面削减了淮南发展的动力，另一方面阻断了淮南与外界的有效交流沟通。失去了动力，再加上交通不便，淮南市就像一辆油箱见底、又行驶在泥泞的小路上的汽车。作为这辆汽车的驾驶者，淮南市政府意识到这个现状后，就开始思考如何才能摆脱发展的困局。

彼时，老城区人口和居住密度过高，当地老百姓也对狭窄的生活空间越来越不满意。对开阔的生活空间、便利的交通，以及优美且安全的生活环境的向往，成了当地老百姓心念的几件事儿。

不知不觉中，淮南政府与老百姓的需求产生了同频共振，那就是突破困局和谋求发展。

政府和老百姓美好的意愿，在面对淮南市有限的城市发展空间时，也变得束手无策。城市发展空间，这一城市发展所必需的硬件上，毫无情面地阻断了淮南的转型升级之路。

凡此种种，为淮南找到新的发展空间势在必行！

2002年，淮南市委、市政府从全面建设小康社会和推进淮南奋力崛起的高度出发，举行了城市发展战略研讨会。2003年，根据研讨会成果编制了《淮南城市发展战略规划》，提出了建设南部新区的战略构想，勾画出了"三山鼎立、三水环绕、三城互动"的城市空间形态。

2004年6月，国务院将合肥市长丰县北部7个乡镇划入淮南市。

2004年7月，经建设部批准，中国城市规划院对淮南市城市总体规划进行修编，正式将山南新区纳入城市规划体系。

2005年8月，淮南市委、市政府成立山南新区建设指挥部，明确规划建设用地60平方公里。

指挥部成立后，淮南政府雄心勃勃，计划在新区建最好的学校、最大的公园、最漂亮的体育馆，同时也要把市政府行政中心搬过去。

经过初步预算，淮南山南新区的前期开发需要投入上百亿元资金。淮南市政府财政实力有限，与社会资本合作就成了必然选择。

（二）恰逢转型升级，中铁四局的思考

自从2001年入世以来，中国中铁等央企就开始逐渐重组上市，调整业务范围。2007年，中国中铁上市。

在《2007年年度报告》中，中国中铁指出"在继续保持传统基建业务优势的基础上……本公司将进一步拓展房地产开发业务，将其业务的重心放在珠江三角洲、长江三角洲和渤海湾地区的城市以及其他省会城市。同时，本公司将利用自身优势重点发展集旧城改造、新城及新城区建设于一体的房地产综合开发业务"。从报告中可以看出，在巩固传统业务项目的同时，中国中铁已经瞄准了新城新区开发。

上市不是一蹴而就的，在上市之前中铁四局等子公司就开始落实总公司的战略意图。其中，中铁四局实施了以建筑业为主的多元化总体发展，以质量、成本为重点的差别化优势竞争，以人为本的可持续发展的三大战略，并把投资业务目标提到了业务量的一半。

在中铁四局内部，一直探讨着什么样的投资项目最合适，既能契合以前的各种项目经验，又符合未来的城市化投资大方向。

基于这样的出发点，中铁四局在巩固传统轨道交通、高速公路、桥梁、隧道、城市道路、市政公用设施等基础设施领域的同时，开始开发建筑业链中下游项目、资本运作、BOT、公司股份收购投资项目，走进了城市开发这一更为综合、前景也更为广阔的新领域。在短短的四五年中，中铁四局就在合肥市、淮南市成功开发了多个房地产项目。

经过几年的实践与发展，中铁四局在资本运作方面积累了一些经验，开始尝试向城市开发建设领域发力。后来，他们发现了淮南山南新区，认为这是一个非常好的机会。与以前做的投资项目相比，这个区域有足够大的市场空间，既能更好地实践自己的战略升级意图，又能在投资开发建设过程中整合过去积累的各种经验。

2005年9月，淮南市政府与中铁四局签署了《山南新区开发建设合作意向书》，开始涉足新城开发领域的第一个项目。2006年7月，又签署了《山南新区投资建设框架协议》。双方约定，首期开发北至北环路、南面起步区部分到南纬八路、西至206国道改线、东至南经十五路的15平方公里。

这15平方公里的地块具有城市所需的所有功能，如行政、医疗、教育、基础设施等，还有一些产业。站在投融资规划的角度看，这就是一个有着完整边界的新城缩影。

就此，正式拉开了开发建设山南新区的序幕。

合作下的分歧一：谁说了算

在合作的第一年，淮南市政府与中铁四局达成一致，先修好洞山隧道，将新区与老城区连接起来。此间，中铁四局陆陆续续投入了几亿元。但是一年后，中铁四局却减缓了投资的速度。

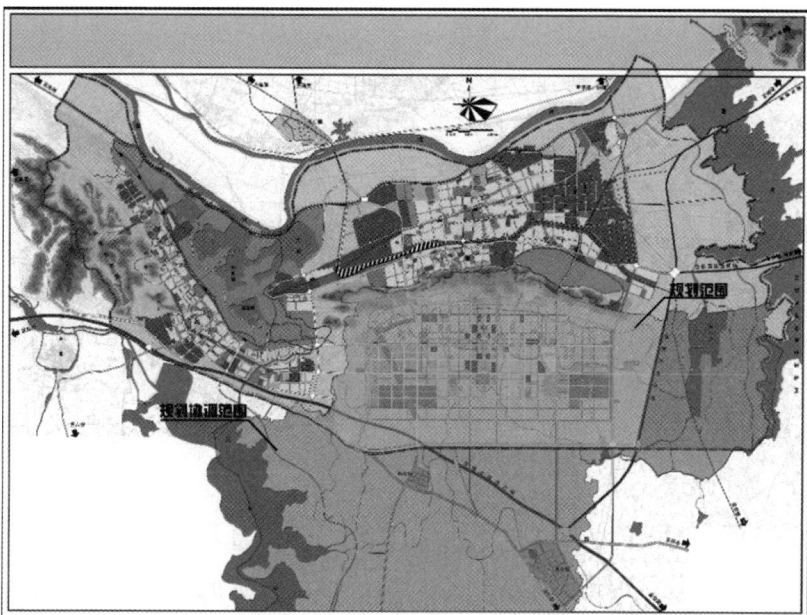

资料来源：《淮南市山南新区分区规划（2005—2020）》。

图 7 - 1   山南新区规划范围

在中铁四局进行道路建设的时候，淮南市政府开始组织各部门紧锣密鼓地开会，研究规划方案，办各种项目的前期手续。按照习惯政府都是闭门开会的，没有让中铁四局参与进来。在政府的逻辑里，"在合作合同中，不是已经约定了不同配套设施的投资主体及其分工了吗？已经没什么需要再沟通的了，等我们研究好了，办完了项目手续，中铁四局继续投资就可以了"。

作为投资企业，中铁四局看着在自己面前关上的会议室大门蒙了，"我是投资者，政府研究投资怎么都不找我？这是什么情况？"无法参与政府的决策会议，"钱花在哪里""收益如何""周期长短""风险大不大"，等等，中铁四局都不知道，心里就很没底。在过往的投资项目中，中铁四局一贯的原则是"我投资我决策"，没想到却在淮南山南新区开发时却碰壁了。

中铁四局与淮南市政府沟通，"研究怎么投资的会议你得拉着我一起"。政府的想法是，"政府开发新区的工作会议，为什么要叫上你？这个工作你们企业没有必要参与"。

从表面上看，双方沟通的焦点在于中铁四局是否参会，实际上却代表了双方对新区开发中谁做决策的不同认识。

(一) 公说公有理，婆说婆有理

中铁四局与淮南市政府就决策权，即"谁说了算"的问题，进行了多次沟通。

政府对中铁四局表示，"新区开发是政府主导的，哪些事是你（中铁四局）的范围已经划清楚了，怎么干是政府说了算的事，你把钱拿出来就行了"，同时政府强调"政府保证你的投资能获得回报，让你达成你的目的不就行了"。

表 7-1 　　　　　　　　投资项目总览及投资主体分工

作用	责任主体		
	一级开发商（山南公司）	政府投资及相关单位	二级开发商
提升首期开发区域整体城市功能成熟度	隧道、高压走廊、高速公路引线		
	土地取得投资		
	主干路网	市级行政中心	
	水系网	市级医院	
提升区域地块土地价值	局部主、次干路	中、小学	幼儿园
	局部水系景观	公交设施	社区服务中心
	局部公共绿化景观	科技、文化设施	小区内支路
	片区公园	科技、文化设施小区内支路	体育活动场所
		各类经营性管网	小区内其他服务设施

政府强调的是"在我的城市做这件事情我要主导"。为什么政府要主导？首先，政府做山南新区的开发，承载着老百姓的期望。每个老百

姓都知道淮南市政府要干这件事，大家都看着。政府要建什么，老百姓就看着什么时候能搞起来。实际上，政府是没有回头路的，一定要做好。其次，一直就是政府发展城市，城市建设其实是在政府的管制之下，没有哪个城市的发展不是政府主导的，这是过去的建设习惯。最后，中铁四局与淮南市政府合作，在新区投资进行开发建设，实际上是有合作期限的，山南新区最终是由政府去管理、运行的，最终负责的是政府，所以政府要主导。这就是政府的逻辑，这个逻辑似乎并无不妥。

中铁四局对淮南市政府表达了自己的想法，"我投了这么多钱，如果钱怎么花都是政府说了算，那我就变成'银行＋施工单位'了。我是来投资的，这样肯定不行，我投资就要我说了算"。

中铁四局的理由很充分，首先，在新区的开发中他们要投几十亿元，包括路网、景观、水系、文化设施等。不参加新区开发的决策会议，就像蒙着眼睛投资，让他们对项目的收益和风险很担心。作为一家企业，花的钱必须要有收益保障，毕竟他们不是银行，不是借钱给政府搞开发的。其次，淮南山南新区虽然是一个战略项目，但是中铁四局从来没有做过这么大的项目。一座城不同于一个楼盘，怎么去做这件事情，这是战术上的压力。

双方说得都对，没有谁说的是错的。但到底怎么样做，才能让他们走到一条线上去，而不是分别站在两条平行线上？为此，笔者详细记录了淮南市政府与中铁四局各自的诉求，并做了一些分析。

政府的逻辑是：在山南新区的开发商，政府非常欢迎企业来投资。政府的想法是，对于山南新区来说，来此地投资的企业只是一部分，而不是城市的全部。企业来山南新区投资，政府保证企业赚到钱，但企业要听政府的。

中铁四局的逻辑是：企业有企业的利益诉求，把钱投到山南新区，是一种投资，政府在钱到位后，就让企业听政府的，等于把投资变成了借贷，把企业变成了银行。对此，中铁四局明确表示，"我不是来借钱给你的，我是来投资的，我要投资人该享受的话语权"。

很明显，政府的赚钱逻辑跟企业的赚钱逻辑不是一回事，他们说的都对。政府是以城市业主的角色来说这些话的，企业是以投资者的角色来说这些话的。

(二) 谁说了算不重要，重要的是制定共同的实施路径

在一般企业看来，投资是一种市场行为，是需要遵循主导权的分配规则的。举个简单的例子，在一家公司中，假如有两个股东，那么谁的股权更大谁的决策权就更大。在政府看来，新城开发是一种政府牵头、政府负责的行为，一切理应由政府说了算，只需要保证投资企业的收益就可以了。很明显，较之单纯的合资，淮南市政府与中铁四局之间是更为复杂的合作行为，他们各自的思路是行不通的。

笔者认为，其症结在于政府与投资企业之间尚未形成成熟的规则。例如，在纯粹的商业投资项目中，已经形成"谁占的股份大，谁说了算"的合作规则。在纯粹的政府投资项目中，也有按照不同层级政府部门的不同职责和权限分工的规则。

那么，政府和投资企业之间的合作规则应该是什么样的呢？

淮南市政府与中铁四局在争执不下后重新进行了思考，第一个结论就是要承认对方的合理诉求。

政府明白了一件事情，"我们不能把企业当钱袋子，要尊重企业的意愿，尊重企业的投资效益诉求"。政府的逻辑就是政府的发展逻辑，更多的是站在行政诉求的角度去思考、去表达的，却不见得符合企业的利益诉求。企业的利益诉求得不到满足，它是不会投资的。企业来投资，政府不但要给予企业预期的投资收益，还要正视并满足企业的其他正当诉求，比如让企业参与相关的政府会议，引导企业积极主动地参与新区的开发，充分发挥它的能动性和专业性，让新区开发事半功倍。

中铁四局也认识到，"这是一个合作项目，而非一个简单的合资项

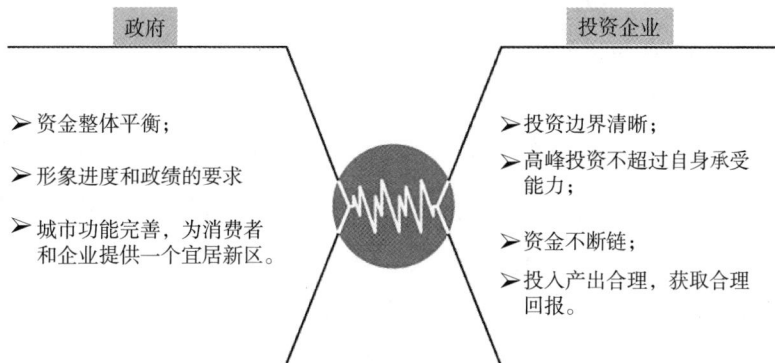

政府
- 资金整体平衡；
- 形象进度和政绩的要求
- 城市功能完善，为消费者和企业提供一个宜居新区。

投资企业
- 投资边界清晰；
- 高峰投资不超过自身承受能力；
- 资金不断链；
- 投入产出合理，获取合理回报。

图7-2　淮南市政府与中铁四局的不同诉求

目，不是谁投得多，谁的股权大，谁就说了算"。

投资山南新区的大环境是政府，企业做的是一个比较封闭的边界。在这个封闭的边界里面，即使中铁四局一切都按自己说的算，但如果大环境跟企业不配合，投资也得不到最好的效益提升。中铁四局做的区域价值提升，有很多是政府要做的。政府做的如果跟中铁四局做的大多不相匹配，投资收益也不能最大化。最终，企业要获得老百姓的支持、政府的支持，就需要站在更大的视角上看待投资和决策权问题。

淮南市政府与中铁四局在承认了对方的诉求后，达成了一个共识，即在"谁说了算"这件事情上，双方达成一个决策机制，即不是"你说了算"或者"我说了算"，而是双方要制定一套共同的实施的路径。

合作下的分歧二：钱怎么花

在决策权问题上达成一致，是淮南市政府与中铁四局合作的一次重大进步。此后，双方坐在了会议桌前探讨"钱怎么花"。

在大方向上，政府领导和中铁四局的高层画出了宏伟的蓝图，即"三年出形象，五年成规模，十年基本建成"。最初研究这个蓝图时，大家研究的是规律，即"这个事能不能干得成"。这是一个很常见的目标，翻一翻各地新城新区的规划文本，都可以看到类似的目标。面对类似的目标，政府和企业也面临着类似的问题，即没有统一的执行思路。

在思考"钱怎么花"这个问题时，大家才开始反观政府提出的目标。在笔者把"钱怎么花"进行分解后，得到了两个问题——"钱花在哪"和"花多少钱"。这两个问题关系新区的开发进度、投资收益率等淮南市政府和中铁四局关注的核心问题。

很显然，没有经过科学且详细规划的"边打边干"，即使投入大量的资金、人力和物力，在短时间内既看不见形象，又看不见收益。那么淮南市政府和中铁四局该如何做呢？笔者选取了短期目标"三年出形象"，带着这个问题，分别走访了淮南市政府与中铁四局。

（一）以"三年出形象"为基础，划出花钱的边界

什么是"三年出形象"？经过调研，笔者发现这个问题很复杂。首先，新区开发与单一项目不同，最终执行合同的是政府的很多部门，比如建设局、规划局、国土局、财政局、交通局等。其次，每个部门都承担着不同的职责，如有管道路的，有管公园景观的。在把"三年出形象"这个目标摆在每个部门面前时，他们的反应都一样，都希望能够出成绩，都希望自己的成绩往前排。

将"三年出形象"部门化后，各个部门的诉求都很清晰且具体。主管道路的想尽快把路网修了，主管公园的说"过去淮南的环境不好，这个公园赏心悦目，希望靠它可以集中人气"，主管水利的说"淮南多雨，要尽快把这个水系修通了，有水的城市才有灵性"，主管教育的说"这些年老百姓最关心的就是好学校，把学校先建好了，人马上就过来了"。谁说的都有道理，但是所有的事情不可能一起上。

与淮南市政府一样，中铁四局也很希望快出形象。但在中铁四局的理解中，"三年出形象"又有不同的解释。有的认为"我们应该快速地把地开发出来，先卖两块地，看看市场反应怎么样"，有的说"我们先

修路，先攒着地，等升值高了再卖"，有的说"我们先拉框架"，有的说"我们投钱要仔细"。实际上，中铁四局更关注花的每一分钱，跟投资效益有关系，跟投资效益没关系的都可以放一放。

收集了双方的意见后，政府和中铁四局再次坐在了一起，交流了一下什么叫"三年出形象"。这个时候双方才意识到，"三年出形象"看起来简单，但在不同的参与者的解读下，内涵是完全不一样的。

对于"三年出形象"，淮南市政府提出了一个基本目标，即把路网全部修起来。

为什么先修路网呢？这其实是我国政府多年搞城市建设的经验和习惯所在。20世纪80年代，交通部在开会的时候提出了一个现在家喻户晓的口号——要想富先修路，后来各地发展的实际情况也逐步验证了这句话的正确性。管委会认为，"在我们这样一个城市，不管做什么，都得先建成一个框架——路网，再往里面"填肉"，这也是政府的基本诉求。

对此，中铁四局提出了不同的看法，"我们把地先囤着，等投资企业来的时候，把好地卖给投资企业，一是引入更多的活水资金，二是可以在短期内看见收益"。至于路网，中铁四局认为，土地上市要经过十年以上的时间，有些路修了根本用不着，这是一种对投资的浪费。

对于"钱怎么花"这个问题，淮南市政府与中铁四局又出现了矛盾。在多次会议中，笔者与双方就"钱怎么花"进行了沟通。如果说"谁说了算"是战略问题，那么"钱怎么花"就是具体的战术问题了。舆论的压力、投资收益的压力等，逼迫我们要尽快找到这个调控机制。这时，笔者找到了一个共同的诉求点——城市价值的提升，最终确定了一个按照时序精打细算的原则。

（二）落实开发时序，平衡多方诉求

过去，房地产评估时有一个说法叫"地段，地段，地段"。换句话说，就是房地产的价值取决于其周边有什么。周边是一个公园，房子就值钱。挨着一个垃圾处理厂，房子就不值钱。

站在发展区域价值的角度上去看，淮南山南新区只有规划，并不是一个建成的区域。在进行开发的时候就要换个思路，在借鉴"地段，地段，地段"的同时，要着重研究规划怎么实施。

站在规划的角度来讲，要研究每一块地具有怎么样的价值，需要遵循两个原则。第一个是发展型原则，即要创造价值、提升价值。在这里，价值指的是城的价值、地的价值、房的价值。第二个是约束型原则，即现金流的平衡。①

第一，创造、提升城的价值。城的价值，就是站在城市角度来看什么能提升城市的价值与地位。要想提升城的价值，不是所有的事情全都做，而是有选择的做，比如打通"老区—新区—外界"的关联。落实到规划上，打通关联一是要修一条连通老城区的隧道——洞山隧道，把老城区的服务功能引入新城区，二是修一条连接新区与合肥的交通要道——合淮阜高速公路淮南至合肥段，使新区与外界产生交流与互动。如果不修建这两条交通要道，山南新区就永远是一块不与外界联通的封闭的地块。

除此之外，修建一些大型的景观性设施，也可以提升城的价值，使整个区域受益。例如，北京市修建的奥林匹克森林公园辐射面很广，全北京的人都会去玩。

第二，创造、提升地的价值。每一块地周边都会建设配套设施，这些设施对投资人来说是有价值的。投资人投资一个地块的前提，是配套功能齐全。要不然房子建好后，或者没有水，或者没有电，或者没有垃圾处理设施，或者没有路，就没有价值。

第三，创造、提升房的价值。房子建好了以后，好多人住进去，配套的生活设施必须齐全，如商场、商超、幼儿园、小学等。这些配套都

---

① 李伟、苏中友、陈民著，《城市开发演进管理的决策支持方法》。

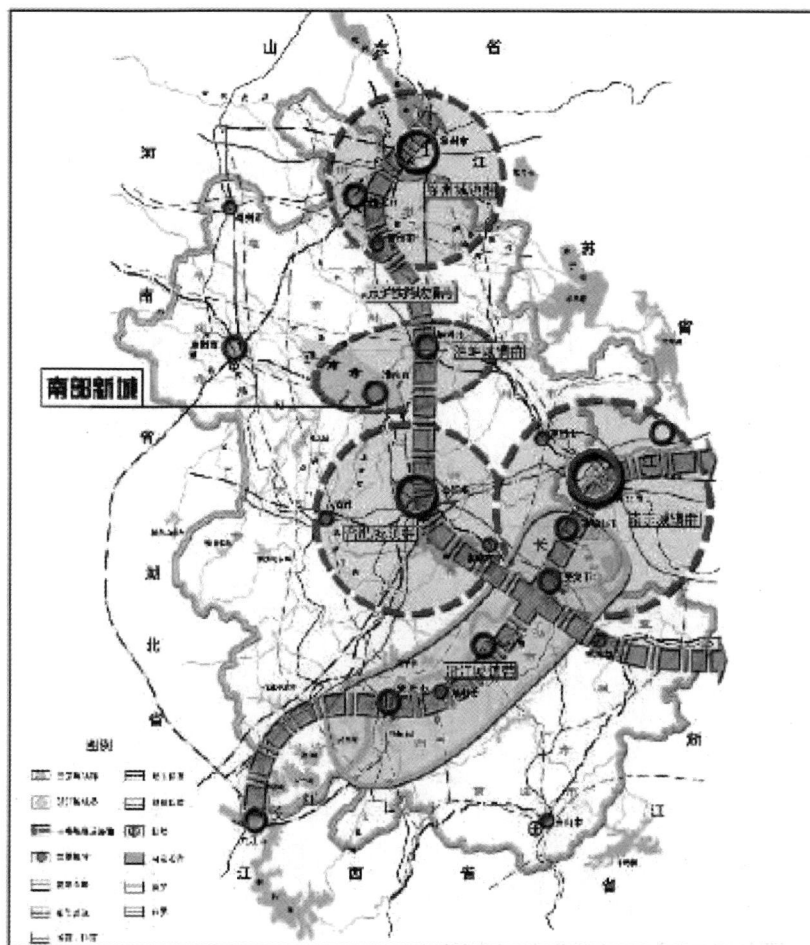

图7-3 淮南区交通图

建设好了，房子的价值自然就提升了。

第四，现金流的平衡。分别从三个层次提升新区价值的同时，政府和企业还要注意一个约束性条件，即"不管怎么干，现金流量都要能够支撑得住"，政府的现金流量要支撑得住，企业现金流也要支撑得住。企业投资，不是无限的投钱，是要求效益的。这个经济指标是政府和企业的一条准则。

第五，价值提升时序。在新城新区的开发时序中，也有一个原则，即"先做城的价值，地的价值适度超前，房的价值与房子的开发同步"。城的价值先行，即先做一点核心的建设。接下来，围绕城的价值提前做地的配套，让房地产开发企业看到，影响地的价值的核心设施已经在动工建设了。地卖了之后，就要把房子的配套做好，即要做到住户入住以后，孩子有学上，购物有超市，等等。

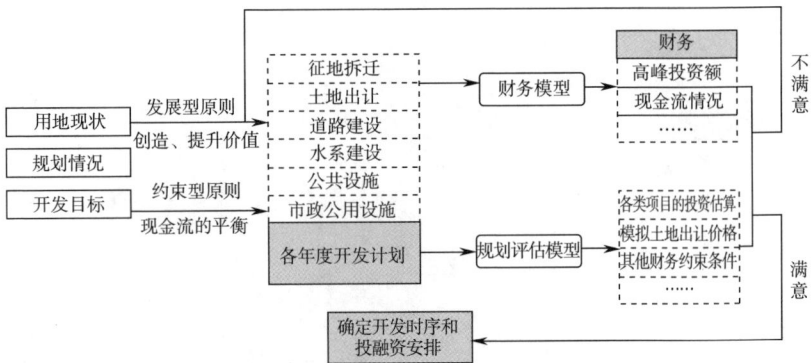

图7-4 淮南山南新区投融资规划时序模型

在确定了开发时序后，把"钱花到哪"就变得一目了然了。与"谁说了算"一样，"钱怎么花"既不是淮南市政府说了算，也不是中铁四局说了算，而是开发时序说了算。这样既满足了城市、土地和房子价值的提升，又满足了中铁四局的财务指标，以及政府的财政平衡。有投资企业来新区投资开发，就会产生税收，政府才有足够的财力去做后面的事情。这样做，对于双方来说有百利而无一害。

政企合作与新城开发的共性

在淮南山南新区开发中，解决了"谁说了算"与"钱怎么花"这两个核心问题之后，其他问题也就迎刃而解了。在其他城市的新城新区开发中，这两个问题相当具有代表性，几乎成了政府与企业跨不过去的坎儿。

（一）政企合作的共性：对于决策的不同认识是多种合作问题的根源

山南新区开发所体现的第一个共性问题，就是政府与企业对决策的认识问题。"在什么时间段开发什么""把钱花在哪""花多少钱"，等等，对于这些问题，政府和企业在各自的逻辑下形成了不同的认识。当出现问题进行交流时，双方都觉得应该是自己说了算，理由充分且合理。如果不转变认识，不找到正确的解决路径，就会僵持下去。可以说，对决策的认识问题是一切问题的根源。

在政府与企业的合作，要解决对决策的认识问题，双方可以运用辩证的思维和方法。第一，过程是变化的，在政企意见不一致时，要学会回到原点看问题。第二，政府要懂企业，企业要懂政府，相互尊重对方的合理诉求。第三，跳出"谁说了算"的定式思维圈子，实际上谁说了也不算，并在此基础上制定一个科学的合作路径。

（二）新城新区开发的共性：为什么新城开发需要确立合作机制

1. 新城开发具有双重属性

就像货币、衣服、房地产等具有一定的属性一样，站在投融资规划的视角审视新城开发，就发现它也具有一定的属性。笔者认为，新城开发的主体是政府与企业，运作时介于政府运作与市场化运作之间，同时兼具公共产品和商业产品的双重属性。这种双重属性，决定政府与企业需要制定一个合作路径，即一个能够同时满足双方合理诉求，又科学严谨的合作机制。

2. 新城开发是一个复杂的系统

新城开发与单体项目有着很大的不同，是由众多相互联系的子系统构成的复杂系统。从大的流程环节讲，开发过程包括了城市的土地一级开发、房地产二级开发、各类公用设施和公共服务设施的引入等；从主体分类来讲，涉及的主体包括一级开发商、二级开发商、市政府及市政府下属的诸多职能部门、广大的城市居民等；从政策层面，则涉及的内容更是纷繁复杂，包括规划政策、土地政策、环保政策、财政政策、投资政策、税收政策、各类基础设施的建设规范、招投标法等。

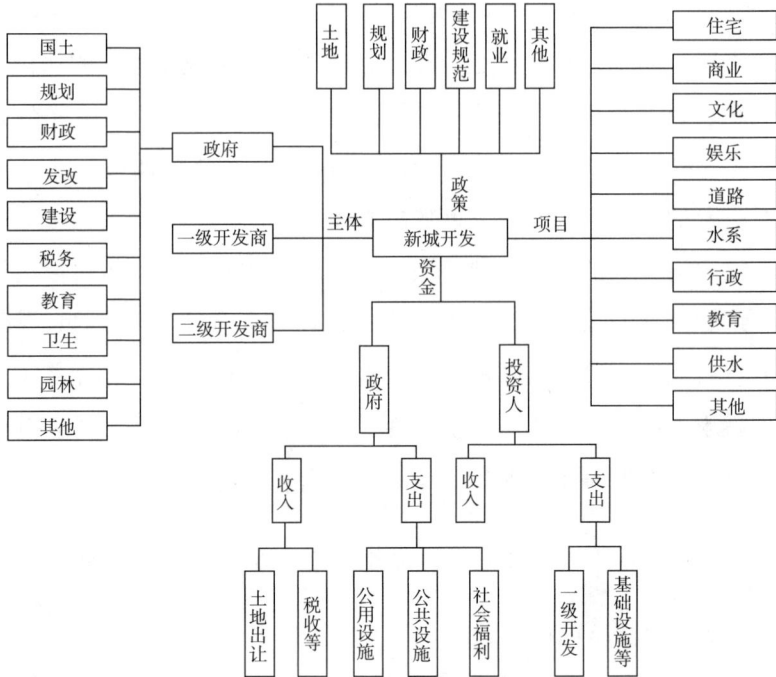

注：张超、陈民，《用投融资规划方法指导新城建设》，《中国投资》，2007（7）：110－113。

图 7－5　新城开发是一个复杂的系统

笔者认为，在新城开发这个复杂的系统中，应该在规划和建设之间搭起一座连接政府与企业的合作桥梁，即对整个项目进行系统的分析和规划，统一双方的思想认识，建立顺畅的合作机制。

比如，可以先把由投资人运作的子系统划分出来。事权说清楚了，子系统的投资产出模式以及与系统外部环境的关系就说清楚了，双方的合作关系就能够比较清晰，合作也就可以较为顺利地进行下去了。

新区，给城市带来了新生

在淮南山南新区的开发中，淮南市政府和中铁四局已经牵手走了近十年的时间。在这十年间，笔者一直关注着淮南，把那些让人欣喜的变化一一收入了眼中。

2016 年，淮南市政府着力推动光电产业园、盖天力医药产业园、淮南互联网经济产业园的建设，在产城一体化上取得突破性的进展。

周集大坝公园、奥体中心主体场馆、春分街下穿隧道等项目陆续建成，台湾风情商贸文化城、绿沃城市综合体、淮矿新村、玉兰大道等项目建设在持续推进中，万达广场、红星美凯龙、奥体宾馆等项目先后开工。

在水电气管网和地下管廊的建设、自来水厂的扩容工程等方面，逐步落实了 3 座泵站及配套管网，市第一污水处理厂的扩建工程，也有了很大的进展。

同时，淮南市政府公厕、菜市场、街头游园、城市绿道等配套设施加大了投入力度，极大地方便了当地老百姓的生产生活。

到了 2017 年，在淮南市山南新区，实验中学新校区、市级公租房等项目建成投用，管网、公交等配套服务体系进一步完善。

现在，淮南人习惯把山北和山南分成两个独立的区域看。最让老百姓津津乐道的是便捷的公交车站线路，以及新城区的规划图，这让他们看到希望与未来。

tips：

_____
_____
_____
_____
_____

留下一些你的感想吧

第八章　案例 3：黄山市中心城区投融资规划

——城投公司的使命召唤

　　黄山市古称徽州，既是徽商故里，又是徽文化的重要发祥地，1987年废除徽州建制，以境内山岳"黄山"之名设立地级市。1988年4月，地级黄山市正式成立，辖屯溪、黄山、徽州3区和歙县、休宁县、祁门县、黟县4县。黄山市境内的黄山为世界自然与文化双遗产，皖南古村落西递、宏村为世界文化遗产。

　　由于黄山市是因黄山景区而兴起的城市，所以历来存在"重景区、轻城市"的发展格局，景区内风景如画，景区外破败不堪。2008年，正值黄山市正式成立20周年，市委市政府提出了"五年再造一个新黄山"的战略目标，希望加快中心城区改造力度，实现城市面貌的大改观。

　　在此背景下，黄山城投被委以重任，承担了中心城区改造的工作。老城区的项目，比新城、新区项目难度更大，历史遗留问题更多，涉及的主体更广。对于成立时间不长、家底不厚的黄山城投来说，这无疑是一项艰巨的任务。于是，黄山城投决定寻求外脑的帮助，借助投融资规划方法为黄山中心城区改造量身打造实施方案。

　　"黄山市中心城区基础设施投融资规划项目"是投融资规划方法第

一次应用于老城区的改造和建设，也是第一次以城投公司①为主体来制定投融资规划。我们在以往的投融资规划项目的基础上做了优化和升级，运用系统工程理论进一步丰富了投融资规划方法和内容，拓展了投融资规划的应用范围。最终，解决了老城区固有的复杂问题，使得黄山市城投公司在未来几年内有了清晰的发展路线，实现了中心城区快速健康的发展。

城市发展遭遇瓶颈

黄山市是一个"八山一水一分田"的山区城市。境内有深山、山谷，也有盆地、平原，群峰参天，山丘屏列，岭谷交错，波流清澈，溪水迴环，到处清荣峻茂，水秀山清。

1979 年邓小平同志来爬黄山时，黄山还是县级市，俗称"小黄山市"。当时小平同志说："黄山是发展旅游的好地方，要有点雄心壮志把黄山的牌子打出去。"他还"支招"：黄山的茶叶很有名，应该包装起来，做纪念品；安徽的笔墨纸砚也可以赚外汇。之后国务院总理李鹏上山视察时答应拨款 5 000 万元，每年 1 000 万元，全部都用到了景区 152 平方公里的登山步道、配水、配电、索道的开发建设上。

与此形成鲜明对比的是，黄山市的城市建设水平明显滞后。到 2003 年的时候，从黄山到杭州还只有一条公路；到芜湖、马鞍山的慈张公路也是近年刚建成通车；铁路也只有一条皖赣铁路；到黄山风景区也刚刚修了一条二级公路。黄山市政府所在的屯溪区是新安文化的中心，孕育了享誉中外的徽商、徽菜、徽剧、徽派建筑、徽派盆景、新安医学、新安画派等，但也在岁月的冲刷下逐步显现出一系列的"城市

---

① 城投公司是地方政府出资建立的以融资、建设为主要职能的国有平台公司，兴起于 2000 年之后，在 2010 年前后达到鼎盛时期。随后，在国家宏观政策调控下，地方政府开始对城投公司进行清理整顿，很多城投公司开始转型，逐步脱离政府，实现市场化运作。

病"。

第一，历史建筑风貌破坏。黄山市中心城区的历史建筑风貌已遭到相当程度的"建设性破坏"。许多历史街区被加入了很不和谐的现代元素，一些历史建筑在长期作为民宅等用途的过程中，内部结构破坏严重，外部立面经多次翻修已失去了原貌。街区中掺杂的一些质量不高的近现代建筑与历史建筑视觉极不融洽，大大破坏了中心城区的整体面貌。

第二，居住环境不断恶化。和大多数山区城市一样，黄山市中心城区也集中在一个有限的范围，人口密度大，原有的基础设施长期超负荷运转，变得老旧迟滞；许多旧房老化问题严重，其中不少老房屋危险残破，已成危房；公共环境空间匮乏，绿地狭小稀缺；缺乏优质的物业管理服务，住宅私修乱建情况严重；公共服务设施、消防、给排水、电力、电信等市政配套设施都很不完善。

第三，交通压力较难缓解。中心城区城市功能过于集中，交通需求旺盛，虽然路网密集，但路面较窄，路况不佳，人车流量大，停车泊位匮乏，交通管理状况差，占路停车现象严重，经常出现严重的交通阻塞现象。

第四，城市承载力接近极限。黄山市中心城区承担着居住、交通、生产、生活、产业等各项不断增加的城市功能需求，其土地资源、空间、环境、基础设施和道路已经达到了其所能承受的极限，人口密度高、建筑密度高、交通密度高的"三高"现象明显。

黄山城投临危受命

游客出门旅游，不仅希望看到山明水秀、层峦叠嶂的自然风光，也希望能够同时享受到便捷的交通、完善的配套基础设施和良好的社会环境。中心城区发展的重中之重在于突破改造和开发方面的困境。

当时，黄山市提出建设现代国际旅游城市的口号，要拉开框架，建设配套，完善功能，提升品位等，但是这些想法的落地都需要资金的支持。为了筹集资金，2002 年，黄山市成立了黄山市城市建设投资（集团）有限公司（以下简称黄山城投）。初建的黄山城投只有一些土地等资产，账面资金几乎为零。而黄山城投却要在承担市区城市运营和城市更新重任的同时，实现自身和城市的可持续发展，当时的难度可想而知。

除此之外，黄山城投还面临来自大环境的压力。在此之前，当地政府与社会资本的接触不多，也没有和国开行等政策性银行合作过。到了 2003 年，也就是黄山城投刚起步时，整体的融资环境还不好。由于担心会出现坏账，当时很多商业银行都不愿意给黄山城投公司贷款，黄山城投面临很大的融资压力。经过一番艰苦努力和探索，黄山城投获得了几亿元的政策性贷款，但对于整个城市建设来说，无异于杯水车薪。当贷款资金被快速用光，留下来的刚性偿债责任，连同后续支持城市建设发展的使命，使黄山城投倍感压力。

正在一筹莫展的时候，黄山城投的领导偶然在全国城投公司年会上得到了一份由李伟团队编制的《城投公司何处去》小册子。这个小册子介绍的一些主要内容吸引了黄山城投，包括如何用系统工程的方法来进行投融资规划，制订总体的资金解决方案，既要融资举债，又不能产生风险。黄山城投把小册子拿给市政府的领导看，市领导看后认可了投融资规划的方法，就正式聘请了李伟团队编制黄山市中心城区城市基础设施的投融资规划。

咨询团队深入调研

如果把城市比喻成战场，把做项目比喻成一场战役的话，那么项目的前期调研就是地形侦察和情报获取。项目正式启动后，项目团队没有马上着手投融资规划文本的编制，而是对中心城区基本情况进行摸排。经过细致的侦察发现，与新城区相比，黄山市中心城区的情况要复杂得多。

首先，经过了多年的发展，黄山市中心城区的城市中心、形态、结构，甚至城市性格已基本形成。做投融资规划前，就要认识和理解这座城市，在这座城市现状的基础上进行调整才是最明智的选择。比如某个地方布局的产业非常重要，人口也非常多，那么基础设施和公共服务设施就要向这块区域倾斜，资金、资源也要优先注入这块区域。

另外，在调研时还发现中心城区的利益主体特别复杂，一个区域甚至一个项目的责任主体可能就好几家。认清这一点后逐一去这些单位调研，厘清项目和责任主体，以及各主体之间的关系，然后根据项目的价值和急迫程度对项目进行取舍、优化、排序。比如在访谈国土部门调研土地的利用现状时发现，中心城区的土地性质比较复杂，收储难度也较大，这让中心城区拆迁的成本高了不少。

经过为期近2个月的调研摸底后，对黄山中心城区有了比较深刻的理解和认识。总体来说，项目难度比较大，问题错综复杂。但好在有高效、实干的黄山市政府和黄山城投的积极配合，调研的深度和广度已经可以支撑项目继续往下实施，随后项目进入了实质的推进阶段。

抽丝剥茧"三问五求"

经过前期调研，咨询团队与黄山城投反复讨论后，总结出了项目的三个问题和五个诉求。

第一个问题：资源匮乏，承载力弱。中心城区的人均公共服务设施、基础设施、公共绿地比例相对偏低。城市发展面临着人口稠密、建筑密度大、土地资源匮乏、交通拥挤等发展"瓶颈"。中心城区规模狭小，可用土地面积十分有限，改造、开发和发展空间明显受到限制。人口过于集中，使得中心城区的人均拥有道路面积、人均住宅使用面积、人均公共绿化面积和污水处理率等相对偏低。原有的布局限制了商业和服务业的发展与扩张。

第二个问题：开发难度大，成本过高。拆迁补偿成本过高，成为黄山市中心城区的发展掣肘。中心城区高密度的建筑体量与居民数量，为开发前期的拆迁安置增加了巨大的成本开销。开发商不但要进行拆迁补偿，还要承担大量道路拓宽、市政管线更新等市政配套费用。同时，高企的拆迁成本导致的城市房价上涨，又反过来抬高了老城"影子地价"。在两方面因素的共同作用下，老城中用于拆迁补偿的费用在总建设投资中的占比飞速提高，许多开发商不愿意参与黄山市中心城区改造。

第三个问题：历史遗留问题多，关系复杂。由于已经进行了多年的开发，形成了很多历史的欠账，也存在很多由于管理不善导致的私搭乱建、违规占地等问题，同时在有些事情上存在交叉管理或管理真空的现象，背后隐含的是复杂的权属关系和利益纠葛，"剪不断，理还乱"。

第一个诉求：需要花多少钱、怎么花。这个项目跟淮南、长阳等新区项目不同，新区的项目种类、数量、规模都是已知的，花多少钱、怎么花钱的问题，大家基本都比较清楚。但老城区就不一样，做哪些项目都要根据各委办局的需求和项目建设的必要性、可行性来决定。各单位的权责都是分开的，没有统一的部门管理，把项目报上去以后还要进行统一归类整理，然后估算出需要花多少钱。这就产生了一个问题，现金流没有那么大，无法一下满足所有项目需要的资金。要解决这个问题，就要优化项目的开发时序，确定先干哪个后干哪个，进而实现滚动开发。

第二个诉求：多少资源可以利用。解决这个诉求，首先需要梳理现有的土地资源，确定土地资源的价值有多少，未来的土地增值空间有多大。同时，其他财政性资源，如税收等也需要考虑进来。总之就是对有多少"家当"进行盘整，才能做到心中有数，以后进行开发建设才会心里有底。

第三个诉求：怎么筹集资金。尤其是在项目的前期，土地征拆和基础设施等是需要先期进行投资的，那么在没有资金回流的情况下怎么筹集资金也是需要解决的问题。

第四个诉求：所有的投入和产出能不能平衡。黄山城投作为一个城市建设的大管家，产出多少、收益多少、资金链会不会断裂、以前的债务如何还等都是需要考虑的问题。

第五个诉求：存在哪些风险。风险的问题往往是被人忽略的，一旦出现，损失就会是巨大的，因此非常有必要提前做出一些判断和准备。

专题研究层层推进

项目进入实质阶段，也就到了战役真正开始的时候。当时的原则是先宏观后微观，即先进行基础问题的研究，然后才是专项问题的研究。

基础问题的研究主要包括城市发展战略、项目工作边界的研究。

第一个内容：确定城市发展战略。明确了中心城区的发展方向和城市的发展战略后，再做投融资规划就知道了发展主线在哪。当时，市委市政府提出了"五年再造一个新黄山"的战略目标，那么在城市发展战略研究中，就需要对地理空间进行主次、先后的研究，比如先做哪个区域后做哪个区域，重点发展哪个区域，这些有关战略发展的问题都是需要重点研究的。在很大程度上，投融资规划是为了实现城市规划的宏伟蓝图的，这样所做的规划就不再是"纸上画画、墙上挂挂"的无用东西。

第二个内容：研究项目的工作边界。明确哪些项目是市一级政府做的，哪些项目是省一级政府做的，这样既可以减轻自己的财政压力，也能做到有的放矢。当系统太开放时，问题就会变得过于繁杂，很多城市的市和区是有一些职责划分的,黄山市中心城区的大部分建设虽然是由市级政府完成的,但黄山中心城区的一些区域是由区级政府负责建设的。所以,一定要识别、确认边界的范围。

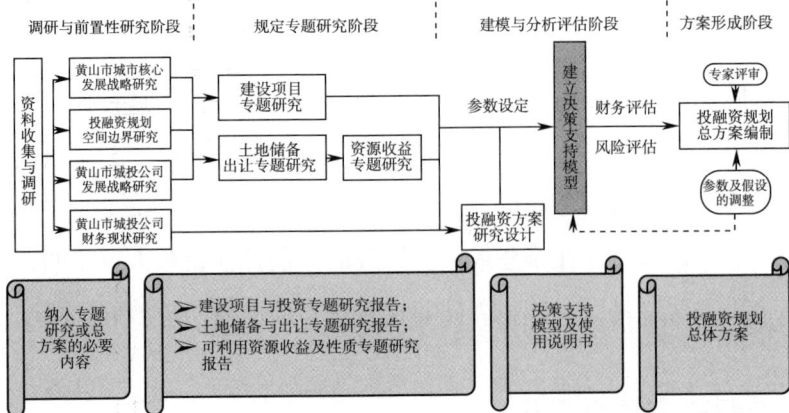

图 8-1 黄山中心城区投融资规划工作流程及成果

做完了基础研究后就需要打攻坚战——进入专题研究工作了,其主要研究内容有两个,一是建设项目的专题研究,二是土地储备、出让的研究。

一是建设项目的专题研究。在建设项目的专题研究中,最基本的是项目库的建设问题。在新城建设中一切的规划都是最新、最科学的,根据规划可以较为容易地梳理出需要建设的项目。但老城的规划已经比较落后了,很多项目都没有在规划上体现出来。为了解决这个问题,采取了先大撒网的方式,各委办局结合自身建设发展需要,把需要市级财政支持的投资项目先报上来。

当时报上了很多的项目,但是在短时间内不可能把所有的项目都干了。最终,经过专家研讨,根据项目的难易程度和轻重缓急,把项目分 ABCD 档,对 ABCD 档的项目进行排期,安排好时序。这样一来,先干哪个项目后干哪个项目,今年干什么项目明年干什么项目,就有个清晰的逻辑了。接下来,根据项目的推进进度时间表计算出了投资总额和每年的投资额，然后根据委办局和城投的意见做了修正和调整，最终形成了一个项目库。

二是土地储备、出让的研究。土地的分类里有规划未储备、规划已储备、规划已利用等几类。对于规划已储备和规划已利用的土地，其价值和用途基本是比较清晰的，但是对于规划暂未储备的土地会牵扯到征地拆迁、七通一平等问题。对于这类土地，首先要根据规划判断价值并确认土地储备的成本。根据对国土与建委和房地产市场的调研基本能够计算出亩均征地成本，然后从规划图上把农田的面积推算出来，排除掉不可利用的土地，就得到了需要征收的土地面积。接下来就是拆迁体量的问题，即到底拆多少房。如果进入每个村挨家挨户调研，工作量将是非常巨大的，而且会引起不必要的麻烦。后来，我们想出了一个办法——通过卫星地图去看项目区域，在卫星地图上对比疏密，确定建筑密度，然后通过实地外围勘测的楼层数确定拆迁的体量，最后计算出拆迁的成本。

在土地方面，还存在征地时序和出让优先度的问题。土地收储也需要钱，先储还是后储，是这片地先卖还是那片地先卖，出让之后能变现多少钱，这些都需要研究。我们同时采用了市场比较法、剩余法、定价法等做出了一个土地价值收益的未来大体走势，估算出了这个片区未来的土地出让价值。

在这里还有一个问题，假如有投资人看上一块地，本来计划是2011年开发，但2009年就要开发，这个时候怎么办？一旦时序变化，现金流就都变了，整个测算结果就要跟着变。为此，要解决这个问题，我们对测算模型的可调性进行了深入优化，使之可以根据这些可变性因素进行动态调整。同时，为了让黄山城投也可以自己使用，我们又做了一版模型使用说明书，每一个数据应该怎么输入、怎么输出，一个数据变了之后哪些东西需要调整，都一一作了说明。这样，模型就变成了一个动态调整工具，开发时间变化等因素带来的一系列问题也就解决了。

这套模型可以随着城市的发展来变化调整，比如现在评估土地出让价格为每亩三百万元，但实际成交价格为每亩五百万元，那么依据最近的土地成交价对模型里的土地估价进行合理的调整就可以了。

除了项目的专题研究和土地，还要思考两个问题。一是有没有其他的资源收入，并对相关的资源进行盘整，提出可行的资源利用方案。二是未来融资需要弥补的资金缺口。当时，我们跟相关的金融机构谈到了融资的问题，希望可以贷款。金融机构提出，只要累计净现金流能够覆盖新增贷款余额就可以了。于是，我们又根据金融机构的要求，对融资方案进行了优化调整。

系统规划保障实施

综合种种调研、思考，投融资规划方案在整个区域上实现了大的平衡，解决了黄山政府迫在眉睫的资源匮乏、成本过高问题，将可能爆发的社会问题消弭于无形。投融资规划完成后，市政府组织召开了专家评审会。评审专家认为，投融资规划对黄山市城投公司未来六年投融资工作进行统筹规划，并建立了一套动态决策支持模型，这是系统工程应用到城市开发建设投融资领域的又一创新性成果。该规划借鉴综合集成研讨厅方法，通过人机对话模式，将系统工程理论与城市开发实践相结合，提升了城建投融资工作的前瞻性、计划性，有利于促进黄山市城建工作决策的科学性、可操作性，对于系统科学在社会经济领域的实践具有重要的意义，是落实科学发展观的一次成功尝试。同时，黄山城投将投融资规划成果及建立的项目库报给国家开发银行安徽省分行申请贷款，国开行认真审阅了相关文件后，将项目库中的所有项目都纳入了省分行拟支持项目库，给予了强有力的资金支持。

现在回顾黄山的投融资规划项目，值得进行整体性思考和回味的，主要集中在以下四个方面，希望读者能从中体会到投融资规划的作用和价值。

第一，投融资规划可以统一思想和提高认知。这个事说起来有点"空"，但其实不"空"，地区的发展规划、政府的施政纲领、部门的工作计划，要想落地，都需要众志成城。投融资规划可以把这些目标、规划、纲领、计划整合到一个系统化的解决方案中，有理有据，有方法有步骤，循之有道，行之有效，可以极大地提升参与者的信心和积极性，通过规划编制和规划落实过程中各有关部门的通力参与，促使大家形成共识、形成合力。

第二，投融资规划可以指导实际工作。经常有客户和专家会问，投融资规划是不是就是一个文本，做完了放在领导桌上翻翻、墙上挂挂就完事儿了。答案当然是否定的。投融资规划是从实践中来、解决实际问题的系统化方案，同时设置了可调整的决策支持工具，可以有效弥补静态方案无法针对现实情况变化进行调整的缺陷，对城市建设各领域的投资融资工作都有很强的操作指导性。

第三，投融资规划可以提高决策的科学性。以数理统计的方式对当地的实际数据进行分析，以概率论的理论思想，通过指数平滑法、线性回归等方式，对数据进行估计和预测，结合相关领域专家的具体意见，就可以合理地对一个区域未来的投资计划、融资需求、人口增长、产业发展、土地价值等作出科学预测，做到未雨绸缪。同时，在规划的使用与落实过程中，仍可以基于综合集成研讨等机制继续凝结专家智慧和有关部门的新思考、新理念，动态调整规划实施路径，为城市发展决策者的科学决策提供参考。

第四，投融资规划可以推动规范运作。投融资规划首先是在既定的制度与政策框架体制内，为城市政府提供一套行之有效的、符合当下制度体系的推进城市发展的方案和工具。我们不能排除城市政府在实践中出于种种原因仍会出现短视行为、非理性投资建设、政绩工程乃至不规范操作等情形，投融资规划能做到的是尽量让政府与社会资本相对理性地开发这个城市，根据城市发展的基本规律和规则去理性、高效地利用资源，实现区域的可持续发展。相信随着改革的深化和相关制度政策的不断规范、完善，规则的明确对地方政府的执政能力和智慧的考验更高，投融资规划的用武之地想必更加广阔。

当然，回顾当时的环境、当时的操作、当时的成果，有些做法当时具备可行性，但在新的政策体系下未必适用。例如，城投公司作为政府投融资平台，其统筹运营城市资源的制度依据和操作空间在近几年发生了巨大变化，面临着转型发展的新挑战。但是，即使在当前的政策环境下，城投公司的使命依然存在，城投公司转型的需求更加强烈。因此，对案例的回顾和借鉴，有利于加深对城投公司历史使命与地位作用的认识。站在新的历史起点，城投公司更需要借助投融资规划方法来梳理城市发展和企业发展之间的关系，走好转型升级的关键一步。

tips：

_____

_____

_____

_____

_____

留下一些你的感想吧

第九章 案例 4：吉林市哈达湾地区 开发实施方案设计

——老工业基地改造需要新思路

吉林市哈达湾地区开发实施方案设计项目，是在政企合作的背景下引入投融资规划的思想方法进行的老工业区改造项目的一次尝试，既可以看成是开发实施方案，也可以看作是政企合作方案。

对于这个项目，我们没有按照投融资规划的常规方向操作，而是在边界条件拆解与谈判等方面进行了不少研究。这个项目值得分享和思考的，不在于理论方法论体系，而在于拆解问题与促进政企合作的价值。

昔日共和国长子，如今日薄西山

东北在全国工业体系中处于基石地位，是当仁不让的"共和国长子"。"一五"时期，在全国的 156 项重点工程中，东北独占 58 项。经过多年发展，东北地区形成了以重工业为主体、门类众多的工业体系。其中，吉林省以石化、汽车、食品加工业等为主；辽宁省以钢铁、石化、冶金业为主；黑龙江省以原煤、木材、石油、重型机械为主。从20 世纪 50 年代到 80 年代，东北老工业基地为国家建设提供了大量的物资设备和资金积累。工业企业固定资产原值和重工业产值一度占全国的 1/5，工业企业实现利润税金总额占全国的 1/6。

改革开放以后，东北经济的增速已经明显不如南方。1991 年后，东北资源枯竭的迹象越发严重。由于开采过度，偶尔会发生路面沉陷的事情。很多煤矿申请破产，职工再就业困难。从 1980 年到 2004 年，东北 GDP 年均增长 8.96%，低于全国平均水平的 10.74%。以辽宁为例，20 世纪 80 年代以前辽宁的 GDP 是广东的两倍，现在广东的 GDP 基本上是辽宁的三倍多。

统计数据显示，1978 年，在全国经济总量排名前十中，有四个城市是东北的，而从 21 世纪初开始，东北就没有一座城市能够入选了。当深圳从边陲小镇一夜崛起，上海借助浦东开发大步发展，京津冀抱团一体化协同发展，中西部依托国家政策弯道超车，东北则显得有些凄凉。

万事俱备，只欠东风

吉林市是典型的老工业城市，"一五"时期国家 156 项重点工程有 7 个布局在这里，进而形成了哈达湾、江北、九站等成片老工业区。哈达湾老工业区总占地面积 8.8 平方公里，工业用地 4.5 平方公里，居住人口近 6 万人，棚户区约 120 万平方米。在工业区的几个大厂子里，铁合金和碳素是大国企，水泥厂是私企，造纸厂是上市公司，其中铁合金厂和碳素厂是"一五"期间建的。这些大企业旁边还有很多的小厂子。随着城市规模的不断扩大，哈达湾老工业区逐渐由郊区变为城市核心地带，功能分区混杂、工业污染严重、基础设施破旧等诸多矛盾日益突出。2010 年底，吉林市委、市政府决定正式启动哈达湾老工业区整体搬迁改造工程，计划用 5 到 8 年将原有工业企业全部迁出，腾空区域重新规划发展现代服务业。

作为振兴东北老工业基地的重点工程、长吉一体化战略的重中之重，哈达湾区域改造工程自规划之初，就得到一系列国家层面的政策支

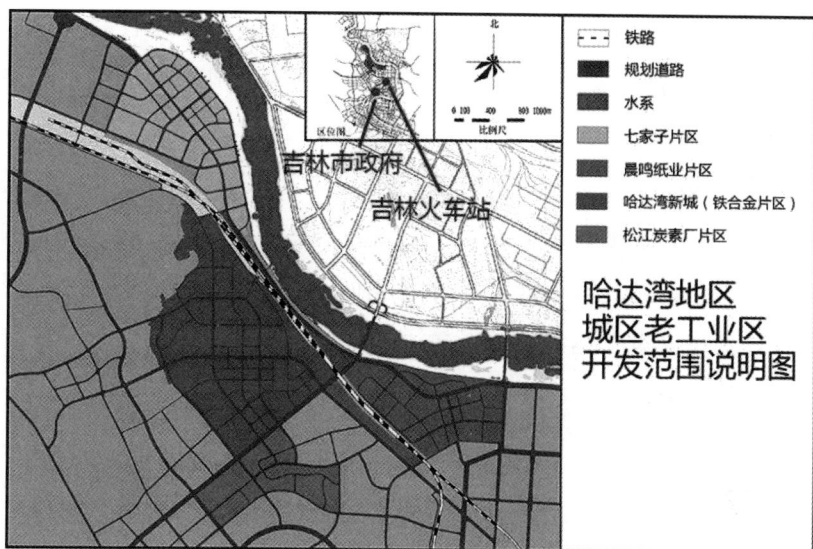

图例:
- ┄┄ 铁路
- 规划道路
- 水系
- 七家子片区
- 晨鸣纸业片区
- 哈达湾新城(铁合金片区)
- 松江炭素厂片区

哈达湾地区
城区老工业区
开发范围说明图

图9-1 吉林市哈达湾地区

持。吉林市把哈达湾老工业区搬迁改造作为城市空间布局调整和功能提升的核心工程,坚持高起点、高标准规划。2011年,委托国际知名设计公司先行编制完成了《哈达湾区域总体规划及城市设计》,并引入了现代人居理念。高标准的规划带来高额的投资,哈达湾老工业区搬迁改造估算总投资超过800亿元,其中,企业搬迁、棚户区改造、基础设施建设、生态环境治理等直接投资超过400亿元,单纯依靠地方政府筹资难度非常大。为缓解资金矛盾,吉林市遵循市场规律,与国家开发银行(以下简称"国开行")达成了战略合作。2011年,吉林市政府与国家开发银行正式签署战略合作协议,此后吉林市城建集团和国开金融分别代表双方出资成立了国开吉林投资有限公司,注册资本金30亿元,各占65%和35%股份,由公司按照"投贷结合"的市场化运作方式,具体负责实施哈达湾区域企业搬迁、棚户区改造等项目[①]。

---

① 《城区老工业区搬迁改造工作交流系列报道之二:吉林市哈达湾老工业区整体搬迁改造稳步推进》,国家发改委网站。

吉林市成立了哈达湾搬迁改造指挥部，由常务副市长任总指挥，相关部门负责人为成员，下设办公室具体负责组织实施，并从市直机关抽调 20 多名专业人员全程参与工作。为增强哈达湾老工业区搬迁改造合力，吉林市相继出台了一系列政策措施，从 2011 年开始对哈达湾区域内的土地、房产、项目审批等手续予以冻结；区域内棚户区改造、基础设施建设、企业搬迁改造涉及的行政事业性收费予以减免；市政府授权国开吉林公司享有哈达湾区域新建道路冠名权、户外广告经营权等特许经营权；哈达湾区域现有企业搬迁到市内开发区、工业园区，比照享受招商引资优惠政策。根据企业搬迁改造进程，市政府还将适时研究出台用地保障、生态环境治理、人员分流安置和社会保障等配套政策。同时，哈达湾老工业区搬迁改造相关项目将优先向国家和省申报争取各类专项资金。

规划、资金、组织机构、体制机制都有了，按道理来说应该是"万事俱备"了，但项目的进展却不太尽如人意。

理想很丰满，现实有挑战

哈达湾区域是个老工业基地，区域内遍布工厂和棚户区，要改造就必须先拆迁。虽然这些工厂大多是"三高一低"型企业，也就是"高投入、高消耗、高污染、低效益"，但仍然是地方的经济支柱，而且有很多在职职工。如果停产搬迁，必然会对地方经济和社会民生带来不小的影响。针对这一情况，吉林市确定了"整体搬迁，集中安置"的思路，在距离市中心 30 公里的金珠开发区预留 5 平方公里的产业转移承接区。除水泥厂外，哈达湾区域其他 3 户大企业及部分中小企业全部迁入承接区，并实现集中摆放、连片布局。承接区与开发区基础设施统筹规划、同步建设，切实保障搬迁企业需要。最终，通过腾退出来的哈达湾区域土地价值提升和产业升级带来的税收增加来弥补前期的投资。

规划设想非常合理,一方面可以实现老工业区搬迁,做大做强冶金产业集群,另一方面有力地带动了金珠新城建设。但问题就是,这样一来,前期既要给工厂搬迁补偿,还要投资金珠新城的建设,同时在新厂区建成之前,老厂区还不能停工搬迁,土地难以腾退。这就造成投资不断增加,而收入没有来源,短期内看不到现金流回正的可能性。

财务投资人的"担忧"

国开金融成立于 2009 年 8 月,是国家开发银行的全资子公司,注册资本 599.48 亿元人民币,主要负责从事投资和投资管理业务。国开金融在开发银行集团内具有重要而独特的地位,在承接国开行原有投资业务的基础上,还承担了很多社会责任,通过基金、股权投资、夹层资本等创新型投资工具支持城镇开发及关乎国家经济命脉、具有行业领先地位的优质企业和项目。在城镇化开发方面,国开金融有两个主要业务,一是以基金或股权形式跟地方国企合资做城镇开发建设,二是投贷结合、夹层投资,通过国开金融的投资带动国开行贷款的介入。国开金融的这种模式,在输出资金的同时输出管理和资源,既解决了项目的一部分资本金问题,又解决了项目的贷款问题,还可以帮助合作伙伴进行能力建设和项目挖潜,所以深受各地政府的欢迎。

国开金融在项目公司中一般都不控股,不主导项目的运作和经营,只负责进行投资和资金监管,所以本质上还是财务投资人。财务投资人比较在意投资的回报,对投入产出、收益实现和风险的控制十分关注。当国开金融看到哈达湾的规划和实施计划后,就提出了几点担忧。

(一)资金能否平衡

简单算个账,根据当时的初步评估,哈达湾区域搬迁改造、基础设施建设等土地开发投资接近 200 亿元,总占地面积 8.8 平方公里,每平方公里投资 20 多亿元，亩均投资 150 多万元，如果按照一般城市可经营用地 50% 来估算的话，在不考虑税收的情况下，未来土地出让价格要在每亩 300 万元以上才能实现资金平衡。但在当时的市场环境下，这个价格实现难度很大。

（二）现金流何时回正

一般的城市开发规律是边投资边收益，即使是前期投资大一些，但也不应该收支差距太大，否则现金流难以为继。哈达湾区域的特殊性导致前期收支差距过大，而且回收周期太长，资金周转率低。

（三）收益如何保障

国开金融当时介入项目的条件是"保底收益＋增值收益分成"，白纸黑字签了协议，而且在当时的政策环境下也不违规，按道理来说坐等收钱就可以了。但是由于看不到这个项目的"钱景"，而且有关支持政策和协议中对于收益实现的来源和路径存在一些不明确或不易操作的问题，导致国开金融很难放心做"甩手掌柜"。

在这种背景下，2011 年 11 月，荣邦瑞明登场了。

做好市场研究，增强合作信心

咨询团队进入的第一件事，就是先进行市场研究。这个项目的逻辑很简单：借钱搞搬迁改造—腾退土地—卖地还钱。所以事情的聚焦点就在于卖地能否还钱。

具体而言，我们首先要做的是一个房地产市场研究，以便摸清楚几个问题——吉林市房地产市场是否良性发展？吉林市未来商品房的主力购买人群是谁？针对主力购买人群，哈达湾区域相对于其他板块是否具有比较优势？吉林市未来商品房购买需求能否支撑哈达湾的开发？哈达湾区域未来市场价值何以实现？哈达湾区域应选择怎样的开发路径，来引导需求、提升价值？

为了解答上述问题，我们梳理吉林市近 10 年的常住人口、户籍人口、人均居住面积、房地产开竣工面积的数量及增长率，通过线性回归方程来模拟未来的一个增长趋势，并着重考虑其中结婚购房和生孩子改善购房需求，也就是俗称的"刚需"和"刚改"。之后我们重点分析了吉林市几大房地产板块的特征和竞争关系，从中判断哈达湾区域的竞争态势。最后，也是最重要的一个问题，就是要给哈达湾区域做出一个价值判断，即未来哈达湾区域的房子能卖到多少钱？如何才能卖到这个价钱？

相信做过房地产研究的人都知道，进行价格判断是最难的，因为房地产价格受影响因素非常多，而且更多的因素来自产品之外。李嘉诚几十年前说过一句话："决定房地产价值的因素，第一是地段，第二是地段，第三还是地段！"这句话一直被房地产业界奉为金科玉律，也由此导致很多开发商只选择在城市的市中心做开发。哈达湾在当时地处城市边缘地带，开发商不愿意去，买房的人也不愿意去，怎么办？

咨询团队认真研究了吉林市几大板块的情况后发现，房价差距很大，从三四千元/平方米到七八千元/平方米的房子都有。房价高的板块有几大特征：①交通便利，②环境优美，③商业繁华，④教育发达。基于此，咨询团队对吉林市的房价进行了量化分析，从中分离出各要素的影响力。同时，基于哈达湾区域的规划情况对该区域未来的公服配套水平进行了评估，由此推断出未来该区域的房地产价格。另外，咨询团队还对当地的购房人群进行了调研，了解他们对于哈达湾区域的未来发展的预期以及购房意向。

经过分析，在规划实现的情况下，哈达湾区域的房地产价格可以大幅度提高，而且可以吸引到有真实购房需求的消费者，进而通过房地产价格的提高带动土地价值的提升。最终结论是：通过土地出让回收投资是可行的。在翔实的数据和严密的逻辑面前，投资人和政府都接受了这个结论，增强了合作的信心。

明确投资边界，降低投资风险

虽然资金平衡问题解决了，但毕竟只是账面上解决的，而且由于当时区域规划还未完全确定，项目的建设投资标准还有待进一步明确，且投资主体不止国开金融一家，所以有必要对投资边界进行相应划分。

划分的原则是：

第一，控制力原则。对于已确定规划和建设体量的项目，国开金融可以把控的投资，如棚户区改造项目，由国开金融负责；对于国开金融难以把控的投资，如企业搬迁投资，由政府和国开金融同比例分配。

第二，可经营原则。对于一些可以采用 BOT、特许经营等方式（当时还没有 PPP 的提法）实施的基础设施和公共服务设施投资，可以交由其他社会资本来投资。

第三，适当性原则。有些项目的规划建设标准过高，脱离了地区的实际需求，经政企双方协商，可以适当降低建设标准，或者在规划中予以优化，以满足实际需要为准，这样也可以减少一些不必要的投资。

投资边界的划分，其本质是建立了一套投资合作的游戏规则，对于哪些项目该投、投多少、该由谁投等问题，进行了合理的界定，一方面减少了投资的不确定性，另一方面也提高了投资的合理性。

控制投资节奏，平滑现金支出

除了投资总额，投资节奏也是一个影响项目收益的至关重要的因素。对于这种规模较大的区域开发项目，投资节奏控制的一个重要举措，就是启动区选择的问题。如果一上来就打攻坚战、啃硬骨头，必然会带来投资大、收益慢的结果。这就好比打仗的时候攻打大城市，都知道大城市打下来之后肯定会对部队的信心和补给带来极大的好处，但如果一个城市久攻不下，消耗了大量的有生力量，甚至把部队打光了，那么即使是再大的好处也不应该去打。因此，当年解放战争的战略战术就是"农村包围城市"，也就是先占领乡村和小城市，积蓄力量，同时消灭敌人的有生力量，待积累到一定程度之后，再进入全面进攻，最终取得了全面胜利。

借鉴这些经验，考虑了收入的预期、价值提升的引领性、实施的难度、成本等要素后，我们协助政企双方选择了适合的启动区。针对工厂搬迁和棚户区改造等难度较大的项目，坚持统筹规划、先易后难的原则，优先推进造纸厂、水泥厂搬迁，同步推进厂区周边棚户区改造和配套的道路、供水、供热、排水等基础设施建设，争取搬迁一片、改造一片、开发一片、出让一片，形成资金的良性运转和滚动开发。

明确分配机制，保障投资收益

国开金融与吉林城投签订的协议里，明确了"保底收益＋增值收益分成"，而且明确保底收益先通过项目公司分红获取，如果不够再由城投补足，如果城投没钱就由政府解决。这个机制看起来层层兜底，万无一失，但实际执行的时候就会遇到很多问题。

首先，项目公司的利润该怎么核算？哪些投入可以计入成本？利润按什么比例分配？多长时间可以分配？

其次，城投是否有这个支付义务？是否有这个能力？城投的收入从哪里来？以什么名义来支付？城投是先把钱给项目公司还是直接给国开金融？项目公司收到钱要不要纳税？

最后，政府是否有这个兜底义务？是否违规？不违规的情况下拿什么钱来支付？支付渠道是什么？列支科目是什么？遇到政策调整怎么处理? 等等。

这些问题其实背后隐含的问题就是，政企双方只是约定了一个合作原则，而没有把实施路径定下来，而政府的行政管理制度和企业的管理流程是不匹配的，如果不说清楚就很难执行。

最终，在咨询团队的努力下，通过对政策法规的研究，通过与政企双方各部门的交流，设计出来一套双方认同且可以执行的方案，支撑了合作的实施。

配合融资要求，落实贷款问题

国开金融与地方平台的合作为国开行贷款的介入提供了便利条件，但要把开行贷款落实下来并且获得总行的认可也是要经过层层审批的。国开行贷款的审批流程比较繁琐，而且需要的文件质量和对项目的财务状况要求较高。为了配合开行要求，咨询团队对原来的财务模型进行了大量的优化，把开行担心的各种情况都进行了考虑，并最终实现了模型的动态可调，以应对各种假设条件的变化。

同年，国土资源部出台了一个162号文，最核心的主旨是规定只能由土储机构进行土地收储并申请土储贷款，这样一来，传统的由平台公司或项目公司申请土储贷款的路径被堵死了。咨询团队又根据最新的政策规定，对原来的操作路径和融资方式进行了调整，确保项目可以实施。

规划逐步落地，老区展露新颜

各种方案和体制机制理顺后，哈达湾进入了实质性开发阶段，随着规划的不断落地，哈达湾地区在不知不觉中发生了翻天覆地的变化。

第一，环境优美，交通便利，土地价值提升快。通过工厂的搬迁和环境的整治，哈达湾老工业区逐渐变成滨水宜居生态城。到 2018 年夏季，起止站为南部客运站——遵义西路站的"单轨"，将穿过哈达湾区域，交通条件将进一步改善。基础设施的完善与日渐吸引人的宜居环境，吸引来越来越多的投资者。2017 年 4 月，吉林市国土资源局举行了吉林市 2017 年第一次土地现场竞价出让及签约仪式，原造纸厂区域改造项目地块竞价尤为激烈——经过 120 多轮竞价，原造纸厂区域改造项目地块被恒大地产集团长春有限公司竞得，创造了近 5 700 元/平方米（350 万元/亩）的吉林市地价新高，有力地支撑了区域价值的实现。

第二，配套日趋完善，产业逐渐聚集。万达广场是哈达湾引进的第一个大型商业综合体项目，围绕着万达广场，哈达湾聚力打造了吉林市首条"互联网＋"智慧街区，并着手开发旅游文化聚集地、旗满文化传承地。同时，凭借成熟的生活配套，以及周边医疗、教育、交通等配套的日趋成熟，哈达湾地区人民的生活水平及经济发展将再一次大幅提升，成为东北老工业基地一个浴火重生的标杆。

tips：

_____

_____

_____

_____

_____

留下一些你的感想吧

第十章 案例5：滕州市高铁新区 投融资规划

——新四线城市政府的"生意经"

2014年2月14日，滕州市高铁新区起步区城市基础设施建设项目合作框架协议签约仪式隆重举行，滕州市政府与中铁置业集团有限公司（以下简称中铁置业）正式签订协议，中铁置业将投资51.1亿元，全力助推高铁新区实现腾飞。此时，距离滕州市与中铁置业初次接触仅过去了半年的时间，创造了中铁置业与地方政府合作速度的新纪录。

在中国，合作与婚姻一样，都讲究门当户对。作为央企中国中铁下属的全资子公司，中铁置业之前的合作对象至少都是地级市政府，为什么进入山东的第一个投资项目就选择与县级市滕州进行合作？

城市升级，新区破局

滕州市位于山东省南部，总面积1 495平方公里，辖21个镇街、1 250个行政村（居），总人口170万人，是山东省人口最多的县级市。滕州人杰地灵，历史文化底蕴深厚，是中国工匠精神的起源地。战国思想家墨子和伟大工匠鲁班就出生在滕州，王勃的名篇《滕王阁序》中的滕王的封地就是今天的滕州市。

滕州地处苏鲁豫皖四省交界处，区位优越，交通便利，104 国道、京台高速公路、京沪铁路、京沪高速铁路和京杭大运河五大交通动脉穿境而过、纵贯南北。但也是受这些交通大动脉的影响，滕州的城市格局受到了限制，老城区主要集中在京沪铁路以东、京台高速以西的区域中。2011 年，京沪高铁正式开通，为滕州带来了新的历史发展机遇，在此情况下，滕州市委、市政府提出"东跨、西改、南延、北拓、中疏"发展战略，向东跨过京台高速，重点依托京沪高铁滕州东站，建设高铁新区，打造滕州新的发展核心。

新区规划占地面积约 67.15 平方公里，位于京台高速以东，京沪高铁线以西，现状村庄分布密集，有自然村 50 余个，常住人口约 5.5 万人，规划区域大多是基本农田和农业用地。借助于高铁站和南水北调中线调蓄水库的建设，以及新区所在东沙河镇镇区改造，可以争取和腾退出国有建设用地指标，从而实现规划的调整和城市的升级。

规划先行，北上取经

滕州市委市政府高度重视高铁新区的建设，从规划层面入手，就坚持高起点。为做好高铁新区的概念性规划工作，滕州市采取了国际竞赛的方式，从国内外 20 多家知名规划设计单位中择优选取了美国 AECOM 公司、德国凯筑设计公司、深圳建筑设计研究总院、天津大学建筑设计规划研究总院、新加坡裕廊国际工程有限公司、深圳市城市规划研究院、上海同济城市规划设计研究院 7 家规划设计单位同时进行规划设计。最后，由专家进行评审，深圳市城市规划设计研究院最终胜出，以最优方案为基准，兼顾吸取其他设计方案中的优点，进行总体规划方案的设计。

高标准的规划必然带来高额的投资，滕州市虽然是百强县，但由于人口众多，社会民生投入较大，而且老城区的改造和其他新区的建设也在进行，真正可以用于高铁新区建设的资金不多。且由于当时国家严控地方政府和平台公司融资，新区的土地等资产尚未开发，缺乏可以用于抵押融资的资产，一时之间，陷入了困局。

为了充分学习和借鉴外地城市建设投融资经验，2013年，滕州市和高铁新区相关领导参加了山东省经济学会组织的考察团，远赴北京考察学习"长阳模式"，并因此与荣邦瑞明结识。双方一拍即合，当即决定聘请荣邦瑞明作为咨询顾问，组织实施滕州高铁新区投融资规划。

打消疑问，树立信心

在刚接到任务时，咨询团队也比较忐忑。虽然滕州市是百强县，又是新四线城市，但在一个县级市搞这么大的新区建设，到底合不合适？有没有必要？能不能搞起来？这些都是疑问。

带着这些疑问，咨询团队奔赴滕州市进行实地调研。

滕州市总人口170万人，是山东省人口最多的县级市。这些人大部分居住在不到100平方公里的城市建成区内，城市人口密度在1万人/平方公里以上，个别区域甚至达到2万人/平方公里，基础设施和公共服务配套落后，老百姓的基本生活需要得不到充分的满足。之前，滕州市更多的是采取旧城改造的方式，比如拆迁完一块地，先把老百姓就地安置上楼，节约出来的土地盖商品房。由于人口密度大，改造成本高，开发商出于保障投资收益的考虑，就会尽量地提高容积率，导致建筑密度大，居住品质降低，老百姓和开发商都不太满意。所以，滕州市需要通过新区的开发来带动老城区人口和产业的疏散，从而实现增量开发带动存量改造的目的。

同时，滕州市在教育医疗等公服配套以及就业机会方面水平较高，对周边的区县人口存在较大的吸引力，可以辐射周边一小时经济圈内近600万人口。在山东省《西部经济隆起带发展规划》（鲁政发〔2013〕

21 号）中，将滕州定位为转型升级和经济文化融合发展高地，支持滕州发展为区域性中心城市和周边地区医疗中心。高铁新区的建设将进一步提高人口吸纳能力，有力地促进区域性中心城市地位的实现。

2013 年，在《第一财经周刊》发布的"2013 年全国城市分级名单"中，滕州市成为山东省唯一一个成功跻身新四线城市名单的县级市。虽然只是一个商业机构进行的评选，但这是第一次从投资人角度对中国除传统一线城市之外的 300 个地级及以上城市和 100 个百强县共 400 个城市进行的详尽调查，包括 15 个新一线城市、36 个二线城市、73 个三线城市和 76 个四线城市。可以说，这是一次较为严谨的商业排名，而且是站在投资人角度做出的评选，代表了市场的观点和判断。在全国 3 000 多个县市当中，滕州市可以名列前 200 位，超过了很多地级市，也是市场对滕州市经济社会发展的一种肯定。

另外，高铁新区与老城区之间具有良好的互动关系。通常来说，区域开发按照与老城区的关系和区位可以分为三类，一是成熟区域，即在老城区范围内，此类区域可以充分借助中心城区的人气，发展城市高端物业，主要为投资拉动型，需要有大量的资金投入；二是准成熟区域，即紧邻现有市区，车程 30 分钟以内，可以借助中心城区的部分公共服务，主要投资为土地储备和土地熟化，投资撬动型，少量资金撬动，即可进入投资回收期，回报较高；三是新建区域，即远离现有市区，车程超过 30 分钟，难以借助中心城区的公共服务，主要投资重点为土地储备及交通路网，该类区域的开发是预期引导型，投资回收期较长，回报较高，风险也相对较大。我们通过前期的分析和诊断，认为滕州高铁新区的开发属于准成熟区域的开发，前期可以分享中心城区的部分基础配套和公共服务，通过打造好的生产和生活环境，把老城区的人口和产业吸引过来，实现快速发展。

此外，基于初步调研到的数据，项目团队首先进行了一个静态的投入产出分析。通过分析可以判断：新区土地出让收入、产业税收和其他

	成熟区域	准成熟区域	新建区域
示意图			
区位	位于现有市区内	紧邻现有市区，车程30分钟以内	远离现有市区，车程超过30分钟
规模	<1平方公里	<100平方公里	>100平方公里
功能定位	原功能的升级改造，城市地标	中心城区功能补位，城市副中心	城市副中心或新城
投资重点	周边配套成熟，主要投资为土地储备	可以借助中心城区的部分公共服务，主要投资为土地储备和土地熟化	难以借助中心城区的公共服务，主要投资重点为土地储备及交通路网
开发策略	可以充分借助中心城区的人气，发展城市高端物业	先期可以借助中心城区的人气，居住与服务型产业发展可同步推进	先期以居住或生产型产业为主，聚集人气，服务型产业在中后期发展
投融资策略	投资拉动型，需要投入大量资金，但回报较低；以社会投资为主，必要时需部分财政投入	投资撬动型，少量资金撬动，即可进入投资回收期，回报率高；融资渠道可适合引入战略投资人	预期引导型，投资回收期较长，但回报较高；以引入战略投资人为主，并充分借助创新型金融工具
代表区域	昆明城中村改造	淮南山南新区	兰州秦王川新区

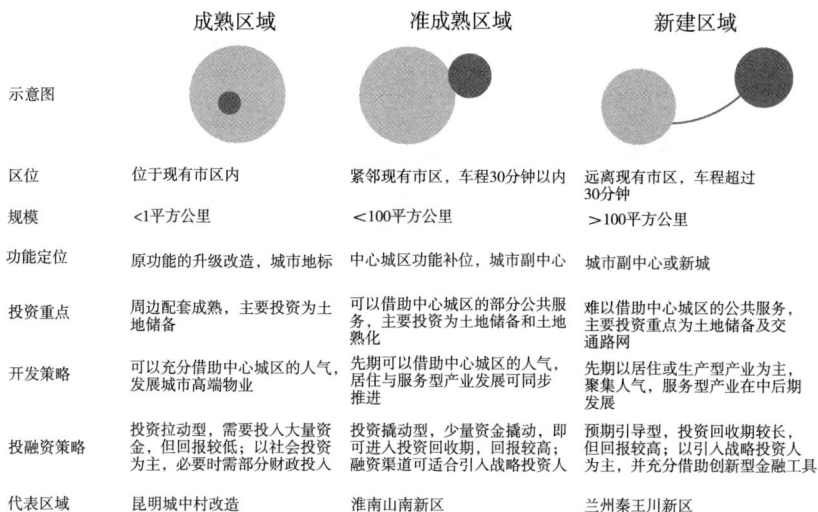

图 10 - 1   区域开发模式示意图

可经营性收入，可以覆盖前期总投入，实现新区的"自平衡"，具有投资的可行性和良好的发展预期。

有了上面的初步分析和判断，咨询团队的信心就建立起来了，同时也帮助地方政府建立了信心，投融资规划开始正式启动。

起步区域，科学选择

在弹药不是很充足的情况下，要想实现战争的全面胜利，就必须先集中优势兵力攻打重要目标。因此，在大规模区域开发中，起步区的选择至关重要。选择起步区应该考虑哪些因素呢？就滕州高铁新区来说，一是考虑新区起步区和老城区之间的距离，离老城区越近越好；二是看自然地形地貌或山水景观，既有开敞空间又有好山好水，现成的自然山水景观越好，起点价值越高，还能节约大量的人造山水景观的资金；三是配套的基础设施和公共服务越完善越好，邻近主干道、毗邻学校，土地价值就更高；四是考虑土地利用现状和规划，尽量把基本农田和开发难度较大的区域规避掉；五是考虑规划用途，保障居住、产业、商业、基础设施、公共服务等各类用地均衡，可以自成体系。

基于这些原则性的考虑，咨询团队运用 GIS（地理信息系统）工具作了一个模拟推演：把所有价值影响因素（包括老城区、山水景观、学校、综合医院等）都找出来，根据它们的辐射范围和价值影响规律做出一个价值叠加模型（示意图）。根据价值叠加模型，结合城市规划，绘出了一个区域，这就是经过科学选择的起步区，大概 10 平方公里。

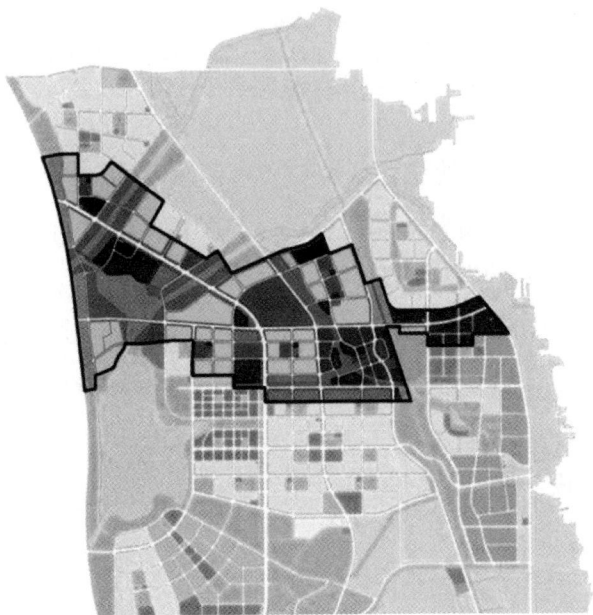

图 10 - 2　滕州高铁新区起步区示意图

有人可能会说，这个起步区一点都不好看。没错！这个起步区外表看起来不是很规则，也不好看，但是很结合实际，有利于快速启动，快速见效。投融资规划不是用来看的，而是用来实施的，所以我们更关注的是实施效果，而不是视觉效果。起步区确定下来了，政府领导当即拍板：选定起步区域就先干吧！

新区建设，拆迁先行

选定起步区后，新区建设的第一板斧，就是拆迁。拆迁就像一把鲁班锁，拆的顺序对不对，直接决定着全部拆迁能不能完成。滕州高铁新区的拆迁就面临这个选择：规划中的核心地块居民期望较高，拆迁成本就高，如果先拆，就会增加前期的资金压力；如果后拆，则周边建起来以后，将来拆的时候成本会更高，拆迁难度更大。如果选择在拆迁地块进行安置，村民接受度会比较高，但会减少可用地面积，而且在回迁房建成之前该地块无法出让；如果选择异地安置，则村民不愿意离开故土，拆迁的动员难度就会加大。综合考虑上述因素，我们最终选定了一个离高铁站较近的村庄，作为新区拆迁的"第一枪"。因为距离高铁很近，受高铁噪声影响很大，村民早就不胜其扰，所以拆迁意愿较强。同时，他们不愿意今后还住在高铁边上，所以愿意异地安置，安置房选择在靠近老城区的方向上，相当于原本是远郊区的农村，拆迁完以后不但上楼了，还进城了，这就进一步增加了拆迁对居民的吸引力。

这个拆迁启动地块选择非常成功，一下子就把所有的环节解开了：这个村拆了之后，腾出了一大块地，就可以把原来的乡镇企业搬迁过来了，企业搬迁后腾出更多、更优质的土地，可以再吸引其他优质项目进驻，新区的价值和吸引力将进一步提升。

梳理项目，安排时序

区域开发建设需要具体抓手，就是需要梳理投资项目。整个区域先统筹，把方方面面、千头万绪、七零八碎的事情先整合起来，梳理出顺序和轻重缓急；再拆解，在统筹兼顾的前提下对区域进行拆解，拆解成一个个可以招商、实施的项目，项目不光要建好，还要为项目匹配上足够的、足以支撑长期运营的资源，把项目孵化到正常运营的程度。

社会资本看项目的时候，政府的宣传往往没有用，"物华天宝、人杰地灵、区位优越、交通便利，距离机场只有1小时车程"之类的项目介绍让社会资本看来都等于没说。一个项目到底是不是好项目，只从企业的角度去描述政府看不懂，只用政府的语言企业看不懂。要想让双方都看得懂，互相传达有效信息，取得在项目上的互相信任，就要用一种能够沟通双方的语言和角度去描述。

投融资规划在其中就扮演着媒介和翻译的角色。按照投融资规划的语言看一个项目是不是好项目，主要看符合不符合城市的规划、符合不符合市场需求和条件、各项条件有没有落实、地区资源和政府的财政承受能力够不够等。这样包装出来的项目，既符合地方社会经济发展需要，满足地方政府的诉求，又能吸引社会资本参与，促进快速落地。

进行项目梳理，用的仍然是价值叠加方法：通过对项目单个价值的分析和项目价值在区域上的叠加，根据叠加结果优中选优，形成了一个有一定数量优质项目的项目库。有了项目，就有了投资方向，也有了融资方向，区域开发的形势日趋明朗。

项目梳理完毕，还要把项目按照合理的逻辑排序。

咨询团队对新区的驱动力进行分析后判断，虽然高铁新区是因高铁站而生，但高铁站最多能够带来每天数千人的客流，远远起不到带动这么大规模新区建设的作用，因此其内生动力绝对不是来源于高铁站，而是来源于老城区。有了这样的判断之后，开发时序问题也就好解决了。从大的逻辑来说，首先，要打通和改善新老城区之间的交通连接，实现无缝衔接；其次，要优先开发和出让紧邻老城区的土地，缩短培育期；然后，要拉开新区框架，打造城市景观，改善生态环境，以高端配套提升区域吸引力和价值；最后，要以区域内原有企业产业为基础，以搬迁改造为契机，加速产业聚集和产业升级。

按照这样的逻辑，咨询团队对起步区投资项目的时序进行了合理安排，进而对区域内的土地出让节奏进行了设计，一份"作战方案"就形成了。

数据推演，模拟开发

在完成整体投资测算、拆迁方案、起步区选择和开发时序的基础上，我们从财务角度进行了投资平衡测算、高峰投资额和投资收益等成果的数据推演工作，以便模拟开发实施过程，发现问题。如果从静态的测算结果来看，高铁新区起步区的开发可以实现资金平衡，但由于开发收益实现的滞后性，新区开发的前期很难有现金流，这就需要借助融资工具的使用，系统研究区域开发收益与长、短期债务还款计划的匹配性，通过融资模式的设计和金融工具的使用，为项目设计一个稳定可靠的可持续现金流。

投融资规划首先就要在本质上回答新区发展是不是可以通过投融资的设计支撑这个区域动态可持续的发展。打一个比方，支持区域开发的金融产品有很多种，产业基金、项目银行贷款、信托、资产证券化，等等。这些金融工具什么时候该用哪种呢？就要按其时限区分，恰当运用。如产业基金主要用于项目立项前的资本金投入，贷款等项目融资产品则是在项目申请立项完成之后，用于项目的运营和发展；资产证券化则是一种退出工具，可以把可经营性的资产提前变现。

因此，结合滕州高铁新区的实现情况，从投融资可实现性的角度，我们进行了四个层面的梳理工作。

一是起步区开发总体可以实现投入产出平衡，其中投资高峰期为2015—2019年，偿债高峰期为2018—2022年；二是在新区财政实力有限，前期开发投资规模大、抵押物资源不足的情况下，采取政企合作作为主模式，借助投资人的企业信用及资金实力，是起步区开发破局的关键；三是起步区投融资规划解决了开发过程中的资金动态平衡问题，通

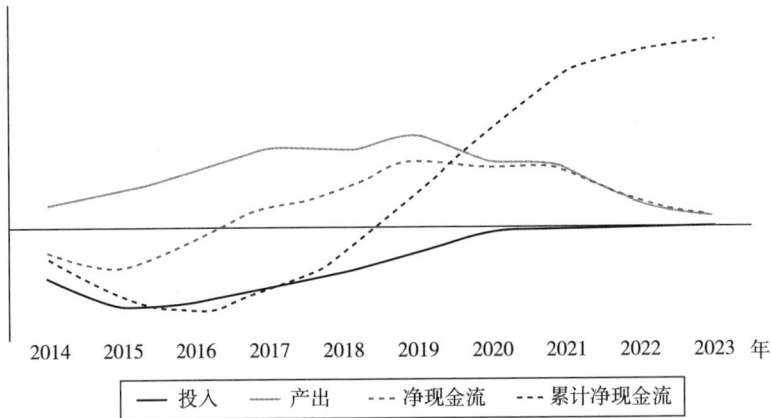

图 10 - 3　新区开发现金流示意图

过合理的项目包装与盈利模式设计，能够实现项目与资本的充分对接，具备了进行多元融资的条件；四是从政府自身角度考虑，鉴于新设公司短期无法具备足够的融资能力，建议选择已有的条件较好平台公司加以改造，做实资产降低负债率，作为新区的市场抓手快速对接金融机构。

在接受了我们的建议后，滕州高铁新区开始广泛接触外部投资人。但在当时的环境下，大部分投资机构都把精力放在了一二线城市，对于三四线城市的投资慎之又慎。而部分感兴趣的投资机构又提出了很多苛刻的条件，地方政府难以满足。在这种情况下，我们又向滕州市政府推荐了荣邦瑞明的战略合作伙伴——中铁置业，希望可以促成一段绝世良缘。

荣邦为媒，引进央企

中铁置业是中国中铁股份有限公司（以下简称中国中铁）的全资子公司，成立于 2007 年 2 月，注册资本金 21 亿元人民币。公司具有房地产开发、房屋建筑工程施工总承包、物业服务管理三个一级资质，并通过质量、环境、职业健康安全管理三标一体认证。作为中国中铁房地产板块的旗舰企业，中铁置业具有超常规发展的规模优势、资源优势和品牌优势：世界双 500 强中国中铁逾千亿元资产规模的雄厚实力；中国中铁遍布全国的数百家二、三级企业和万余项重点工程建设项目积淀的丰富的社会人脉资源；"房地产开发、建筑施工"两大板块协同发展的产业链联动效应；以及中国中铁六十年沧桑历史积淀的深厚文化和"勇于跨越，追求卓越"的企业精神，是中铁置业做强、做大、做精、做专的有力保证。

在此之前，中铁置业已经在安徽成功投资了两个区域开发项目——蚌埠龙子湖新区和亳州北部新区，积累了大量的开发运营经验和专业人才。荣邦瑞明作为专业投融资顾问，参与了这两个项目的开发，并与中铁置业结为战略合作伙伴。作为战略合作伙伴，荣邦瑞明除了为中铁置业提供项目层面的专业服务，还有责任和义务为其企业长远发展提供机会和建议。

彼时，荣邦瑞明了解到，中铁置业也在考虑企业发展问题，希望能够走出安徽，在更广阔的空间寻找合适的投资机会。于是，便向其郑重推荐了滕州高铁新区项目。

之所以推荐滕州高铁新区项目，主要是出于以下几方面的考虑。

1. 符合中铁置业的企业发展理念。中铁置业长期深耕于三四线城市，深知三四线城市才是中国城镇化的大本营和腹地，也是未来中国经济发展和社会稳定的基石。作为央企，有责任有义务为经济不发达地区提供帮助，并借此实现企业的价值。

2. 满足中铁置业选择项目的标准。由于长期服务于中铁置业，荣邦瑞明对于中铁置业的内部决策流程和项目投资标准非常熟悉，通过投融资规划可以初步判断，滕州高铁新区项目可以满足中铁置业选择项目的标准，值得推荐。

3. 满足滕州市政府的要求。对于市政府来说，高铁新区是掌上明珠，是未来滕州市最为重要的发展区域。市政府希望这个项目既要保质保量的完成，又不会引发不必要的社会问题，同时还能为地区增信。所以就要求未来的"亲家"既要有钱，还要有身份有地位，最重要的是要有责任有担当。这几点中铁置业都满足。

4. 符合项目自身的特点。高铁新区虽然未来发展前景良好，但当时既没有美丽的容貌（现状建设面貌较差），也没有丰厚的陪嫁（没有可以用于抵押融资和变现的资产），唯一可以增信的就是一份投融资规划报告。中铁置业凭借自身雄厚的财力和优良的信誉，无须地方政府提供任何抵押或担保，就可以完成融资，而且又具备过硬的施工资质和能力，可以快速改善新区的面貌，是新区开发的"不二人选"。

喜结良缘，共建新区

在向滕州市政府推荐中铁置业的同时，荣邦瑞明也在向中铁置业推荐滕州高铁新区项目。在征得滕州市政府同意后，荣邦瑞明将滕州高铁新区投融资规划成果呈交给中铁置业，作为项目的招商材料。中铁置业在之前的项目中也实施过投融资规划，深知投融资规划对于区域开发的价值，也相信投融资规划分析的结论，于是开始与滕州市政府开始正式对接。2013 年 8 月 10 日，中铁置业董事长王子光率团赴滕州高铁新区调研，对该项目给予了高度评价。随后，荣邦瑞明又根据中铁置业的要求，对滕州高铁新区起步区进行了投资可行性研究，以支撑集团公司内部投资决策的要求。

4 月 25 日，滕州高铁新区起步区建设签约暨开工奠基仪式举行，子午线汽车轮胎生产、天然至美肠衣加工、滕州国际冷链物流产业园暨客运换乘中心等项目同日奠基。

此后，中铁置业滕州公司围绕稳增长、促增长目标，主动适应经济发展新常态，稳中求进，加快基础设施建设，推动项目建设，促进了高铁新区更好更快的建设和发展。目前，中铁置业已完成土地征收 8 000

余亩、房屋拆迁 50 余万平方米、企业搬迁 2 万余平方米；平安路、飞龙大道、飞龙桥竣工通车，漷河南路、上善大道、呈祥大道、同德大道、亲民路、首善路、宫河路等道路建设积极推进；综合管廊完成主体建设 3.3 公里；六合社区 A 区 15 万平方米安置房，目前 3 幢楼已封顶、3 幢楼正在主体建设、3 幢楼正在基础施工；高铁新区起步区"四纵四横"路网框架基本形成，公共基础配套逐步完善。截至 2017 年 9 月底，中铁置业滕州公司累计完成投资 20.81 亿元，实现税收突破 2 亿元。

在中铁置业的带动下，其他社会资本和产业机构也纷纷来新区考察对接，奥特莱斯购物小镇、凤凰乐园、光大国际滕州环保能源发电项目、山东化工技师学院、北大附属滕州实验学校、东沙河镇中心卫生院门诊楼等一批对地区发展和经济带动作用巨大的项目纷纷落地，高铁新区已经步入了良性发展的轨道。

tips：

_____

_____

_____

_____

_____

留下一些你的感想吧

100

第十一章 案例6：威海东部滨海新城投融资规划

——人口和产业基础薄弱的地区如何破局

威海，地处渤海之滨，是中国大陆距离日本、韩国最近的城市，中国近代第一支海军——北洋海军的发源地，甲午海战的发生地。1984年，威海成为第一批中国沿海开放城市，是中国四个最适宜人居住的海滨城市（三海一门——广西北海、广东珠海、山东威海和福建厦门）之一。但由于地处山东半岛最头上，陆上的交通极其不便，对日韩经济依赖过大，随着时代的发展，威海逐步脱离了第一梯队，无论是城市知名度，还是经济地位，都明显逊色于其他东部沿海城市。同时，威海还面临着人口少、内需不足等问题。

2012 年，在充分认识现状的基础上，威海市委市政府做出重大战略部署，提出"举全市之力推进东部滨海新城开发建设"，在威海市经济技术开发区（以下简称经开区）内划出 191 平方公里，打造医疗健康、文化教育、休闲旅游、金融商务等主导产业的东部滨海新城。东部滨海新城作为威海市的新行政中心，是威海"全域城市化、市域一体化""产业强市、工业带动、突破发展服务业"两大战略的关键区域和主战场，是引领中心城市空间优化和转型升级的新动能、新引擎。

2014 年 3 月，市级东部滨海新城建设指挥部正式成立，《东部滨海新城开发建设实施方案》（威办发〔2014〕8 号）同步出台，明确了新城"三年成势、五年成形、十年成城"的总体目标,先期重点开发建设启动区,同时抓好桥头产业园区开发建设。

作为东部滨海新城的主战场,经开区提出了"新城开发、二次创业"的口号,集中一切优势资源,全力支持配合好新城建设。但是,经开区领导深知,要做好新城建设工作,光有口号和资源是不够的,还需要有方法和手段。于是,2014 年 4 月,经开区政府委托下属平台公司——广安城市建设投资有限公司(以下简称广安城投)针对东部滨海新城区域发展和投融资规划咨询服务进行采购,荣邦瑞明一举中标,并与广安城投签订了《威海市东部滨海新城核心区投融资规划项目咨询服务协议》。

2014 年 5 月,咨询团队开始进场服务,威海市东部滨海新城核心区投融资规划项目正式启动。

内忧外困,新城亟待破局

经过一个多月的实地踏勘、调研访谈,发现了几个比较棘手的问题。

(一)人口基数小

威海东部滨海新城总体规划面积 191 平方公里,包括泊于、桥头两镇全部辖区和崮山镇部分辖区。其中,核心区面积 73 平方公里,以泊于镇为主体,包括崮山镇、桥头镇部分辖区;启动区面积 22.8 平方公里,是近期新城开发建设的重点。新城建设用地规模为 45 平方公里,规划容纳 40 万~45 万人。

单看这组数据,可能没什么感觉,再看看另一组数据,就能发现问题所在了。东部滨海新城所在的威海经济技术开发区是 1992 年 10 月经国务院批准设立的国家级开发区,辖区总面积 278.16 平方公里,建成区面积42.3平方公里，辖3个镇、3个街道、108个行政村、35个社区，户籍人口16.8万人，常住人口22.5万人。也就是说，经过20多年的发展，经开区才形成了42.3平方公里的建成区，常住人口只有22.5万人。而当时的东部滨海新城规划范围内，人口只有5.4万人，且人口老龄化严重，如何才能实现规划目标？

初到威海，你会发现道路宽阔，城市整洁，这里被联合国授予最适合人类居住城市之一，在各种城市居民幸福感指数排名中名列前茅。过不了几天，你就会发现威海最大的特点——人少！威海市常住人口只有280多万人，在山东17个地市当中排名第15位，在全国336个地级市以上城市中排名第195位[①]，每平方公里只有不到500人。地广人稀带来了舒适的生活空间，但也制约了地方经济的发展。显然，单纯依靠自然增长和常规手段带来的人口增加难以实现规划目标，必须通过其他手段来吸引外部人口的迁入。

（二）协调工作重

威海市政府为了践行"举全市之力推进东部滨海新城开发建设"的承诺，将两个市级平台公司——威海市城市开发投资有限公司（以下简称威海城投）和威海市水利建设投资有限责任公司（以下简称威海水投）也调配过来支持新城建设，再加上广安城投，形成了一座新城、三家投资公司的局面。为了解决分工的问题，威海市政府在《东部滨海新城开发建设实施方案》（以下简称《实施方案》）中给三家平台公司划分了各自的开发区域——广安城投负责北部沿海片区的开发，威海水投负责泊于水库周边片区的开发，威海城投负责其他片区的开发。这种分工表面看起来公平合理，但实施起来却问题多多。

由于东部滨海新城建设是2012年提出的，作为主战场的经开区政府早就开始了大规模的投入，在《实施方案》出台之前，广安城投在

---

① 全国第六次人口普查数据。

图 11-1　三大投资主体分工示意图

新城核心区已建、在建项目投资已达 20 多亿元，已支付投资 7 亿多元，已投资建设的主干道路近 5 亿元，而且有 3.5 亿元投资发生在《实施方案》中划定的广安片区范围外。其次，东部滨海新城的规划是整体考虑的，很多大型基础设施和公共服务设施，包括自来水厂、污水处理厂、垃圾处理厂、文体场馆、行政服务中心等，都是服务于整个新城的，但划归到三个片区后，就面临着投资人和受益人不对等的问题。特别是像市政道路这种贯穿三个片区的项目，建设计划如何衔接、建设标准如何统一、接口地段如何建设等一系列问题都需要解决。另外，《实施方案》中只是明确了投资任务，但没有明确收益来源和分配方式，各平台公司心里没底，融资也面临困难。

同时，为了协调新城建设工作，市级层面又成立了一个建设指挥部，形成了在管理上有建设指挥部、经开区管委会和镇政府三级管理机构，在实施上有广安城投、威海城投和威海水投三家投资公司的局面。这种多层级、多平台的建设管理组织，表面看起来能起到协调各方、集中优势资源的作用，但实际使得建设管理工作变得复杂，协调难度非常大。

（三）融资难度大

从 2010 年国发 19 号文开始，一系列针对地方政府融资的政策出台。2010 年 6 月 10 日发布的《国务院关于加强地方政府融资平台公司管理有关问题的通知》（国发〔2010〕19 号），2010 年 7 月 30 日发布的财政部、发展改革委、人民银行和银监会《关于贯彻国务院关于加强地方政府融资平台公司管理有关问题的通知相关事项的通知》（财预〔2010〕412 号），明确界定了融资平台的边界。2012 年 11 月 5 日由国土资源部、财政部、中国人民银行和中国银行业监督管理委员会发布《关于加强土地储备与融资管理的通知》（国土资发〔2012〕162 号），2012 年 12 月 24 日由财政部、发展改革委、人民银行和银监会发布《关于制止地方政府违法违规融资行为的通知》（财预〔2012〕463号），明确界定了土储机构的边界。《关于加强 2013 年地方政府融资平台贷款风险监管的指导意见》（银监发〔2013〕10 号），进一步限制了地方政府在城市建设方面的融资。

2013 年之前，商业银行贷款基准利率一路上调到 6.31%，存款基准利率调整为 3.25%，存款准备金率调整到 20.5%，2013—2014 年两年几乎没有调整，商业银行贷款融资环境也不乐观！上述融资环境的变化，对全国地方投融资平台的投融资工作产生严重影响，如不正确应对则可能融资受挫、资金链断裂，最终导致工程建设的停滞及金融、信用风险的爆发。而且，经开区没有土地储备职能，经开区财政也没有独立国库，因而东部滨海新城开发面临无法开展土地储备贷款融资局面。

深挖需求，问题浮出水面

在看到了问题之后，接下来就是客户需求的挖掘了。客户的需求是什么呢？应当如何挖掘呢？这些需求中，哪些是显性的需求，哪些又是隐性的需求呢？应当通过何种方式来合理满足这些需求呢？通过与广安城投以及经开区管委会的充分沟通，咨询团队从四个方面对客户需求进行了梳理。

第一，从权益角度挖掘客户需求，划分投资边界，平衡各主体利益。客户的显性需求主要在于明确新城开发的投资规模、强度和时序，以及厘清三家平台公司的投资边界。举例来讲，在整个区域内修路，如果整个区域划分了片区，但是 A 片区修完了片区内的路，B 片区那边的路却没有修，那么整条路没有通车，结果等于整条路跟没修一样。还有，在片区间的交界区域，如果 A 片区干得热火朝天，然而 B 片区却没有动静，那么整体区域的环境就不会太好。这些就是客户在投资边界划分、规模、强度以及时序方面的显性需求。

隐性需求在于解决三家平台公司之间协作的问题和困难，以及提出收回广安城投片区外投资的措施。比如：广安城投在片区以外的 3.5 亿元投资如何回收呢？如果无法收回，是否应该多划分一些土地给广安城投作为补偿，以此实现各个开发主体的利益平衡？

第二，从投融资的角度挖掘客户需求，设计融资方式，控制资金投放。客户融资方面的显性需求是：在融资政策和融资环境快速变化的形势下，基于经开区没有土地储备职能和独立财政的实际情况，东部滨海新城项目开发能运用的融资方式有哪些呢？融资环境会如何变化呢？

客户融资的隐性需求是：在融资跟不上的情况下，能否适当调整投资节奏？如何调整？

例如，东部滨海新城提出了"三年成势、五年成形、十年成城"的建设目标，而且把重大基础设施和征地拆迁等"重投入"都放在了前期。但是，在当时经济大环境呈现下行趋势，特别是房地产行业不景气以及整个融资环境都紧缩的形势下，经开区财政和国资公司的融资和投资压力非常大。在经开区没有土地储备贷款的情况下，其他的融资渠道也就只剩下了平台公司发行企业债券和银行贷款。比如，经开区国资公司发行的2014年企业债券，即"14威海经开债"，发行总额为10亿元。虽然后期还有发债空间，但是与既定的投资计划相比，还是满足不了需求。而且前期的巨大投资之后，每年还本付息的压力会有多大，也是可以想象的。因此，调整投资节奏、把钱用在刀刃上势在必行。

第三，从开发的角度挖掘客户需求，设计开发模式，提高经营效率。客户的显性需求是：在当时（2014年）地产行业不景气，威海市地产库存高企的情况下，如何制定新城开发策略、开发模式，以提高新城的市场吸引力，提升新城土地价值，使得土地出让价格可以覆盖开发成本，实现新城开发的良性运转。

他们的隐性需求是什么呢？这就要从委托主体广安城投说起了。广安城投注册成立于2010年，是经开区国有资产经营管理公司控股的全资子公司。但在2014年之前，该公司只是作为政府融资平台而存在，一直没有进行实质性的投资工作，组织机构不健全，企业没有自身造血能力。新组建的广安城投领导班子希望借助东部滨海新城的建设，为企业的长远发展找到一条出路，既能够完成政府交办的新城建设投融资工作，又可以实现企业的发展壮大。

第四，从运营角度挖掘客户需求，预设运营模式，提高人口数量。在新城开发成规模之后，进入到新城运营阶段，该阶段的主要任务是公共服务、市政配套设施的运营以及产业的招商等。那么，如何才能提高公共服务、市政配套设施的运营质量和效率呢？项目如何才能有效地进行招商呢？这些是新城运营阶段的显性需求，也是需要在新城开发阶段进行预设的。

新城公共服务设施、市政配套设施可以大大提高新城的公共服务水平，提升新城市民的消费潜力。而新城产业项目，如果在招商力度上加大，侧重劳动密集型投资项目的招商力度，兼顾资金密集型投资项目的招商，优化产业结构，特别是服务业作为就业的最大容纳器，就可以吸引和容纳大量的外来务工人口。这样就可以解决新城规划人口与本地新增城镇人口和产业吸纳人口之间缺口较大而引申出的隐性需求。

点面结合，七大要素

在实际操作上，新城开发投融资规划涉及三个层面、七个要素。我们基于战略、策略和实施三个层面，分别从区位、资源禀赋、规划、土地、产业、人口和资金等七个要素入手，着手进行威海东部滨海新城的投融资规划。

第一，以城市圈为参照，寻找发展的突破口。

在环渤海城市圈，威海是中韩经贸往来的排头兵。其中，在区位上，威海市地处环渤海城市圈、山东半岛蓝色经济区，是距离韩国最近的中国城市。在距离上，威海距首尔400千米，位于中国与朝鲜半岛的中间位置，这一特殊区位造就的地缘优势极其明显。在竞争态势上，环渤海城市圈密集规划了17个新城新区，总规划面积约12 000平方公里，规划总人口约1 700万人，东部滨海新城面临着比较激烈的竞争局面。基于对内竞争激烈，对韩区位优势明显，我们判断，未来以对韩的合作或从中韩关系上找突破口为最佳机遇。

事实证明，我们的判断是正确的，2015年6月1日，中韩自贸协定正式签署，标志着中韩自贸区建设正式完成制度设计，即将进入实施阶段。中韩自贸协定创新性引入地方经济合作条款，明确将中国威海市和韩国仁川自由经济区作为地方经济合作示范区，发挥示范和引导作用。这一举措给威海市发展带来了重大利好，也极大地促进了威海市招商引资工作。但没想到，2016年，韩国政府不顾中国反对，允许美国把萨德反导系统部署在韩国，由此引发了两国之间关系恶化，由此也影响了中韩自贸协议的执行，此是后话。

第二，以资源为依托，提升区域价值。

名称	面积 (平方公里)	规划人口 (万人)
青岛西海岸	2 096	480
青岛北岸新城	700	40
烟台丁字湾新城	70	20
乳山滨海新区	348	现状57
文登南海新区	160	30
烟台东部新区	600	75
潍坊滨海新区	67	30
东营滨海新城	278	50
黄骅渤海新区	2 375	100
天津滨海新区	2 270	600
唐山曹妃甸新区	1 869	106
北戴河新区	425	40
葫芦岛市兴城滨海新区	13.7	10
锦州滨海新区	147	15
盘锦辽东湾新区	306	30
大连瓦房店沿海经济区	150	15~20
大连旅顺经济开发区	88	10
合计	11 963	1 713

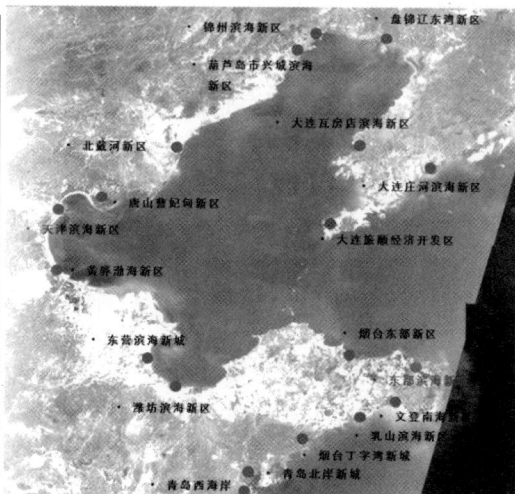

图 11 - 2　环渤海城市群新城新区分布图

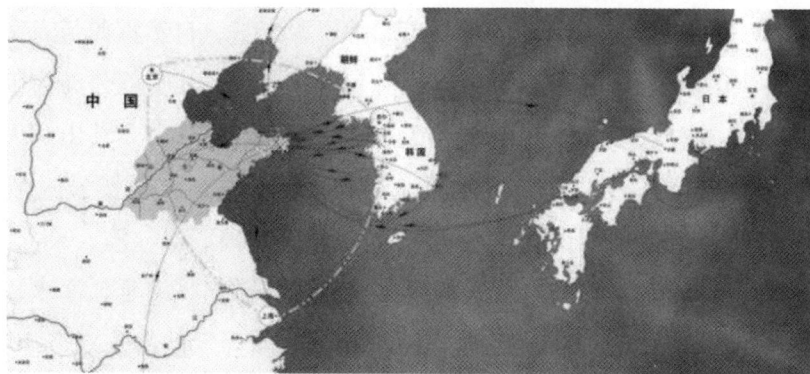

图 11 - 3　东部滨海新城区位

所谓"靠山吃山,靠海吃海",新城开发也离不开特色资源。资源禀赋决定新城的定位,是新城发展的基因。那么,新城开发的资源有哪些呢?如何利用这些资源呢?

资源一,自然生态资源。威海东部滨海新城生态环境优越,海岸、沙滩、松林、湿地、河流、湖泊、山地等自然景观汇集。从五渚河口到茅子草口,拥有14.2公里黄金海岸线,有优质的海水、细软的沙滩、天然的礁石；拥有500多公顷的沿海防护林带，能够有效地防风护沙；拥有以小海西岸和逍遥湖东岸为主体的300多亩的湿地，吸引大天鹅等生物群落落户新城；拥有逍遥湖、龙山湖、所前泊水库以及五渚河、逍遥河、石家河等组成的1.5万亩辽阔水域体系，形成天然的生态廊道；以逍遥山、金鸡山等低矮丘陵为主体组成高低起伏、错落有致的陆地形态，为城市景观设计建设提供了优质的胚体。

资源二，气候环境资源。威海市地处中纬度，属于北温带大陆性季风气候，平均气温12.2摄氏度，平均降水量737.7毫米，平均日照时数2 480个小时，空气质量优良率达87.9%，市区绿化覆盖率达到47.2%。可以说，冬无严寒、夏无酷暑，雨水丰富、年温适中、气候温和，风光旖旎，环境宜人，是中国空气质量与海水质量最好的地区之一，具有"海在城中，城在山中，楼在林中，人在绿中"的独特景观。

资源三，文化旅游资源。威海市旅游资源丰富，自然资源与人文资源兼备。至2016年底，有旅游景区（点）80多处，其中刘公岛为国家AAAAA级旅游景区，成山头、赤山法华院、乳山银滩、大乳山、天沐温泉、汤泊温泉、华夏城、仙姑顶、林海湾旅游区、环翠楼公园等12处为国家AAAA级旅游景区。自然资源以"海、岛、滩、湾、泉、山"为特色，全市拥有近1 000公里海岸线，沿线沙滩细腻绵延，海水碧蓝纯净，有国际海水浴场、文登金海滩、乳山银滩等天然海水浴场10多处，有威海湾、伴月湾、九龙湾等海湾16个，有刘公岛、海驴岛等大小海岛185个，有优质地下温泉9处，有昆嵛山、圣经山、里口山、铁槎山、大乳山等山地风景区。人文资源以秦汉文化、民俗文化、道教文化、甲午文化、英租文化为代表。全市登录的不可移动文物点490处，各级文物保护单位85处，其中全国重点文物保护单位2处、省级文物保护单位29处。

资源四，交通资源。东部滨海新城"海陆空"交通发达。新城距威海机场20公里，距威海汽车站、火车站、高铁站13公里，距威海港

7公里。

图11-4 东部滨海新城交通区位图

综上所述，天然的生态廊道，生态宜居的环海海滨资源，独特的休闲旅游海洋资源，以及四通八达的"海陆空"交通网络，成为新城开发的特色资源，这些资源要素也成了新城发展的要素禀赋，从而奠定了新城开发的海滨休闲旅游、生态宜居和养老养生等产业基础。

第三，以规划为蓝图，一张蓝图绘到底。

东部滨海新城坚持"规划先行"的理念，遵循"绿色开发、区域一体、生态先导、山水融城"的开发建设理念，全力构建"一点突破、三轴推进、七线贯通"的发展格局，即围绕逍遥湖该点为核心，推动"滨海休闲轴、成大线城市发展轴、金鸡大道城市发展轴"三轴并进，打造"四横三纵"主干路网为脉络的城市发展局面。

然而，这些规划理念和目标，必须拆解为具体的项目和任务，才能准确地传达给各实施主体，而且要制订好实施计划和合作机制，才能保障形成合力。因此，一般在城市规划的最后，都会有一个"近期建设计划"和"实施保障"的章节。但是，由于以往的规划往往重愿景而轻实施，所以这些章节大都流于形式了。

另外，城市的建设不能仅依靠城市规划，我们经常会发现城市规划和土地利用规划不统一，比如在城市规划中要进行建设的区域，在土地

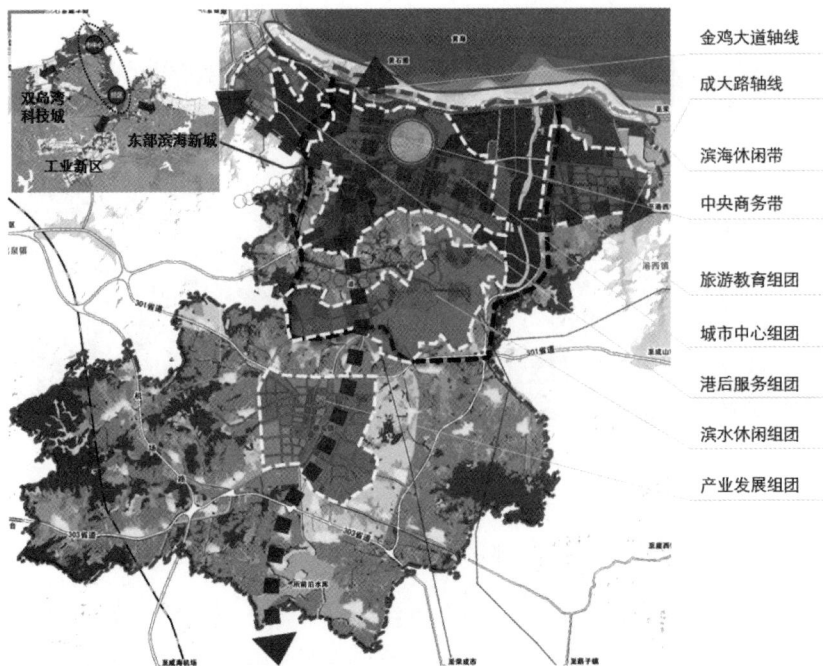

图 11 – 5　东部滨海新城发展格局

利用规划中却是基本农田，不可以搞建设。再比如城市规划中要新增建设用地几十平方公里，但却不知道这些指标从哪里来。如此种种，导致规划难以实施。国家层面早就开始在倡导"多规合一"，但在实际中却很难做到，究其原因，主要还是因为两个规划的理念不一样，城市规划强调的是发展，而土地规划则强调的是控制，相互之间很难协调。另外，各个规划的起止期限也不一样，有的规划期是 5 年，有的规划期是10 年，有的规划期是 20 年，这个规划在修编的时候，那个规划还在执行，步调很难一致。

　　我们意识到了这些问题，通过投融资规划的工作，我们把东部滨海新城核心区规划拆解为 42 个具体投资项目，在综合测算了土地收储、基础设施、公共服务设施和重点项目投资、土地开发和运营成本、土地分成收入、企业债券和银行贷款融资以及全投资内部收益率，并结合土地利用规划对城市规划的建设范围进行核实之后，对各主体的投资范围和回报方式进行了设计，对开发计划进行了安排，从而平衡了各个主体之间的利益，保障了规划的实现。在我们的建议下，广安城投负责的开发区域从9.37平方公里扩大到16.37平方公里，为收回前期投资提供了更好的保障，同时也为广安城投的发展壮大提供了更大的舞台。

第四，以土地为信用基础，形成新城发展的原始积累。

土地是新城建设的载体，也是新城发展初期所能依赖的最初始的信用基础。银行贷款需要土地抵押，投资人为了拿地或分享土地收益才参与新城开发，消费者基于对土地升值的预期才会来买房，所有的种种说明，土地最核心的价值是融资，而不断升值的土地才会带来持续不断的投资。

2014年11月18日，东部滨海新城建设指挥部办公室印发《东部滨海新城土地一级开发实施意见》（以下简称《实施意见》）。文件明确了各片区开发规模和开发实施主体，明确了资金使用和分配的原则，确定了土地一级开发成本构成和固定收益办法，同时清晰划分了各部门的职责，可以说是东部滨海新城土地开发实施的纲领文件。

据此，我们协助广安城投调整了广安片区土地一级开发方案。首先，明确了广安片区的开发计划，并预测各年的开发成本；其次，明确了各主体之间的关系，做到了政府和企业分开，经开区国资公司和广安城投母子公司分开；再次，按照国资公司、广安城投两个主体分别设计了融资还款计划，预测了成本返还和固定收益情况；最后，给出了几类具体的开发实施意见。

同时，基于新城可供开发的土地资源有限，我们建议管委会需要树立土地经营的理念，做好土地的开发和利用。具体来说，就是要将土地视为一种产品，并且按照开发成熟度的不同，形成多种类型的"土地产品"，对每一类"土地产品"制定相匹配的销售模式，实现从"卖生地"，到"卖熟地"，最终到"卖项目"的转变。

综上所述，新城土地一级开发，在测算土地一级开发投资规模基础上，分别设计核心区、启动区土地一级开发方案，然后，在梳理片区土地一级开发项目，以及项目投资机会研究的基础上，经动态财务模型和测算评估，设计了土地一级开发时序、融资方式和滚动开发方案，并基于城市经营和土地经营的理念，设计了土地出让方案和策略。该方案有力地支撑了土地投资收益的实现，科学预测了未来土地的价值，梳理了投资人和金融机构的信心，完成了新城开发的原始积累。

第五，以资金为纽带，打造政府与社会资本合作的桥梁。

2014年融资政策多变，威海市房地产政策收紧，市场趋势不明，区域竞争态势严峻，库存高企，而且人口缺口因素也不利于新城发展。在这样的环境下，要维持高强度的资金投入，必须依靠外部输血，融资问题就成为重中之重。

2014年也可以看作是政府与社会资本合作（PPP）的元年，国务院、财政部、发改委都相继出台了一系列鼓励和推广PPP的政策文件，包括《国务院关于创新重点领域投融资机制鼓励社会投资的指导意见》（国发〔2014〕60号）、《财政部关于推广运用政府和社会资本合作模式通知》（财金〔2014〕76号）、《发改委关于开展政府和社会资本合作的指导意见》（发改投资〔2014〕2724号）等。虽然社会资本方面还处于观望状态，参与的积极性不高，但我们已经敏锐地觉察到了这个趋势，在东部滨海新城投融资规划方案中，就把PPP作为一种创新融资方式给予了重点推荐，并判断PPP将从传统的市政设施领域扩展到城镇综合开发领域，房地产开发商、以施工为主业的央企、金融机构、投资公司、上市民营企业，都将介入PPP领域，建议政府要吸引各类投资人参与新城开发建设，既能带来长期的大规模资金，又能整合引进相关产业资源，还有利于提升整个新城的信用。

另外，针对经开区国资公司资产负债率低、信用评级高的特点，我们建议继续寻求发行企业债（城投债）机会；如发行企业债遇到困难，也可以尝试采取中期票据、基金乃至信托产品等直接融资方式。针对新城建设项目中，有大量土地储备、环境水利设施和保障房建设的内容，我们建议积极争取土储贷款、城镇化贷款和政策性银行贷款，拉长贷款期限，降低融资成本。

通过这些举措，一方面解决了融资问题，另一方面也让更多的外部投资人参与到新城建设中来，更好地了解新城，助力新城。

第六，以产业为根基，打造新城持续发展之路。

一座新城，在开发建设之后，持续发展的支撑是什么呢？是产业。产业规划是一项专业的工作，是指综合运用各种理论分析工具，从当地实际状况出发，充分考虑国际国内及区域经济发展态势，对当地产业发展的定位、产业体系、产业结构、产业链、空间布局、经济社会环境影响、实施方案等做出的科学设计和安排。一般来说，产业规划会先于城市规划或与城市规划同步来做，不属于投融资规划的研究范畴。但在东部滨海新城投融资规划中，我们首次将产业研究纳入其中，主要原因是由于我们意识到，对于这种离主城区较远的新城来说，不可能走"以房地产带动居住，以居民带动产业"的传统发展道路，只能走"以产业带动人口，以人口带动城市"的发展道路。

需要说明的是，我们的产业研究远不如投融资研究来的专业和系统，更多的是为规划提供指引，并为价值评估和投资安排提供支撑。比如，在东部滨海新城项目中，我们基于对该区域资源禀赋和内外环境的判断，重点选取了可以承接韩国产业转移且在中国市场潜力较大几个产业类别进行了研究，从中筛选出5个具备产业基础且能够吸纳大量劳动就业人群的核心项目，并对各项目对于城市消费者的吸引力以及可以带来的产值、税收、就业等社会经济指标进行了评估。

正是在上述产业植入和项目规划的基础上，我们对各个项目进行了投资机会研究，试算了动态财务模型，设计了投资时序、融资方式和滚动开发方案，并以此提高新城开发项目的整体盈利能力和风险控制能力。

> 预计初期每年能吸引30万旅游人口；
> 创造数亿元旅游收入；
> 提供大量直接间接就业，树立新城品牌

核心项目①：中韩影视基地

> 提升区域竞争力；
> 为相关产业提供人才储备；
> 吸引全国各地优秀人才来此求学

核心项目⑤：中韩教育合作

核心项目②：中韩医疗健康城

核心项目
招商与建设

核心项目④：中韩商贸中心

> 每年吸引数十万整容及医疗旅游群体；
> 创造几十亿元医疗整形收入；
> 提供大量医疗及服务就业

> 预计每年吸引20万以上商贸旅游人口；
> 创造几十亿元中韩贸易收入；
> 提供数万人就业岗位

核心项目③：养老养生文化村

> 吸引大量国内外养老、养生人群；
> 创造大量服务业收入；
> 带动就业，有助于树立品牌

图 11 – 6   东部滨海核心产业项目策划

在此基础上，我们还针对广安城投要发展壮大的诉求，围绕着广安城投的职责分工，为其量身定制了以土地一级开发和城市基础设施建设为依托、向上游建材行业和下游房地产（主要是安置房和公务员小区）行业扩展的建议，既完成了政府交办的任务，又形成了自身的积累和造血功能。

第七，以人口导入为终极目标，实现真正的产城融合。

新城也好，园区也好，最终服务的对象都是人，而终极目标也是把人口导入，这里面既包括劳动人口，也包括居住人口，还包括外来的消费人口，这就是"城市消费者"① 的概念。为了实现这个目标，就需要在规划阶段设计路径，回答好人从哪里来，怎么来的问题。在很多大城市周边，这个问题其实不难解决，只要把房子建好、企业引进来，人口自然也就过来了。但是在三四线城市非核心区，这就是一个非常重要的问题，需要重点研究。

针对东部滨海新城规划人口 40 万人的目标，我们在投融资规划中做了重点分析。首先，我们分析了当地现状人口，只有 5.4 万人，且老

——————————
① 新型城镇化蓝皮书。

龄化严重，全部都留下也是杯水车薪。然后，我们就分析了威海市的城镇化水平。当时，威海市的城镇化率是60%。按照每年平均增长1%的城镇化率，10年后城镇化率提高到70%，有接近30万人从农村进入城市，假设有40%可以进入东部滨海新城（威海市还有其他三个可以容纳城镇化人口的区域），可以带来12万人口。但即使是这样，也就解决了不到20万人口的导入问题，距离规划目标还有很大的缺口。

由此看来，就地城镇化是解决不了全部问题的，还需要其他手段。怎么做呢？党的十九大报告指出，我国社会主要矛盾已经转化为人民日益增长的美好生活需要和不平衡不充分的发展之间的矛盾。"美好生活"是什么样的？具体来说①，可以理解为人们期盼有更好的教育、更稳定的工作、更满意的收入、更可靠的社会保障、更高水平的医疗卫生服务、更舒适的居住条件、更优美的环境、更丰富的精神文化生活。这些需求在老城区或城市中心区不太好满足，因为公共服务和产业发展的空间有限，成本也高，所以更适合放到新城或新区中去实现。如果能够实现人民对美好生活的向往，自然也就会吸引更多的外来人口进入。因此，在东部滨海新城的人口吸纳策略中，我们提出加大公共服务配套设施、道路交通设施和城市环境美化方面的投入，同时做好接续产业的引入，优先考虑劳动密集型产业和高端服务业，把居住人口就地转化为劳动人口，最终实现真正的产城融合。

药到病除，初见成效

威海东部滨海新城启动建设以来，致力于基础设施建设，逐步完善配套设施。截至2017年10月，新城累计开工道路42条、175公里，完成成大线拓宽、石家大道、金鸡大道等近103.3公里的主干道路路基施工和67.9公里的路面硬化，同时结合道路建设同步推进燃气、给排水

---

① 正确认识我国社会主要矛盾的变化，辛鸣，人民日报，2017年11月3日。

等各类管线施工。总规划 28 公里的地下综合管廊全面启动建设,是威海市第一个开工建设的管廊项目,2016 年 4 月入选全国 25 个地下综合管廊建设试点城市。截至 2017 年,新城累计完成绿化面积达到 260 万平方米;220 千瓦港区输变电站和 15 万吨污水处理厂已经建设完成并投入使用;公交中心站项目一期已投入使用;新城热电项目一期年内投入使用,新城综合承载能力明显增强。

2015 年以来,新城陆续启动建设一批重点项目,其中公共服务区一期、龙山湖、威海一中新校区、市档案中心等在建项目快速推进,市廉政教育基地和公交中心站项目实现当年开工、当年封顶。2016 年 5 月,国际经贸交流中心项目、格林豪泰逍遥小镇项目、新城医院及康养产业园项目正式签订合作协议。2016 年 11 月 24 日,国际经贸交流中心正式开工建设。2017 年 8 月 10 日,新城医院奠基仪式顺利举行。2017 年 9 月,市委党校新校、市中职学校相继开学。

与此同时,招商引资工作也取得了重大进展。同仁堂·鲁信中医康养综合体、日立康养产业园、上海交大产业园、浪潮"一带一路"云服务中心、齐鲁交通休闲驿区、水发运动康养小镇、国际医疗健康业城、西门子人才产业基地、马来西亚理科大学口腔医院、安徒生童话乐园、华夏良子康养小镇、龙山湖运动文旅小镇等一批重大产业项目相继落地,对地区经济发展和人口导入起到了重要的作用。

tips：

_____

_____

_____

_____

_____

留下一些你的感想吧

第十二章　案例 7：江门市本级 投融资规划

——城市也需要"财务报表"

江门，作为珠三角的一个历史名城，中国最著名侨乡之一，历史上曾经是珠江口的繁华中心，在水运时代、改革开放初期也曾是广东经济的重镇。然而在后续的重工业布局和重大交通枢纽布局中，江门没有跟上时代的步伐，发展滞后，在珠三角的排名逐渐落到后位。为了实现赶超，江门市政府提出基础建设提速的计划，短期加大投资，补上交通、基础、公共服务的短板，实现与广（州）佛（山）的全面对接，承接珠三角核心区的产业转移和发展机遇。而以上计划，短短一年内使得江门的基础建设投资规模提升了 5 倍，债务规模也远超历史，如此大干快上是否"理性"，政府内外均有很多议论。

从改革开放的历史来看，国内很多城市都存在城市发展"阶梯增长"的现象：短期内集中大干快上，拉开骨架或者补上短板，之后蛰伏，等待下一波基建热潮。以上现象反映在地方财政上，就是短期内城市的资产负债表资产端和负债端均大规模增加，因为政府投资的外部性使然，投资拉动财税实现周期较长，城市的现金流量表短期内亏空严重，城市的损益表自然不好看。除了资产处置外，财政补亏的来源只能是再融资了。

要避免出现上述问题，就必须提前规划好投融资规划工作、算好财政的账，让城市现金流得以平滑；经营好城市资源，让基础设施投资价值快速实现，改善城市的损益表。而这些，正是 2013 年江门市政府委托荣邦瑞明编制江门市本级投融资规划的背景。

充分挖掘城市优势

江门市位于广东省中南部，地处国际投资必争之地——珠江三角洲的西部，东邻中山市、珠海市，西连阳江市，北接佛山市、云浮市，南临南海，毗邻港澳。全市总面积 9 541 平方公里，有 14 个新加坡那么大，人口 414 万人，下辖 4 市 3 区。在经济发展上，江门既有珠三角先发地区的基础条件，又有东西两翼和粤北山区的资源禀赋，投资环境可以说得天独厚。具体来说，有以下几个优势，构成了江门市投融资规划的基础。

第一，区位交通优势。江门地处珠江三角洲与粤西的交通要道，水陆路交通网络发达，枢纽地位突出，是广东省三大陆运口岸之一。随着珠三角交通一体化的加快推进、港珠澳大桥的规划建设，以及"541"路网（即广珠铁路、广东西部沿海铁路、广州南沙至江门铁路、广珠轻轨江门线、广佛江珠轻轨线 5 条铁路，江门至肇庆高速、江门至云浮高速、中山至开平高速、江门至南沙高速及江珠高速北延线 4 条高速公路，环城 1 条快速干道）的加快建设，江门将进入与珠三角各城市一小时、与香港一个半小时的经济圈。优越的区位交通优势一旦得以发挥将使江门的一切资源产生倍增效应，这是投融资规划在战略层面要考虑的重要因素。

第二，产业基础优势。在制造业方面，江门工业基础厚实，拥有摩托车、不锈钢制品、电子信息、五金卫浴、纺织化纤、新材料、麦克风、纳米碳酸钙、印刷、船舶拆解、电能源、食品 14 个国家级产业基地，电子信息、交通运输设备、化纤服装、金属制品 4 个产值超 300 亿元的产业集群和 3 000 多亿元的工业规模。创出了"豪爵"摩托车、"维达"纸巾、"朝阳"卫浴、"李锦记"和"味事达"酱油等 13 个中国名牌和 11 个中国驰名商标,全市有 10 多个产品的产销规模位居全国第一。

在产业发展载体支撑上,江门拥有市高新技术产业开发区、新会经济开发区、台山广海湾工业园区和江门产业转移工业园 4 个省级开发区,其中市高新区和新会经济开发区经过多年的发展,已经成为重要的工业载体,江门产业转移工业园和广海湾工业园区正处于开发建设阶段。特别是江门产业转移工业园,经过省内 15 个专家评审,被评为广东省示范性产业转移工业园,一次性获得省 5 亿元的开发资金扶持,具有非常广阔的发展空间。

良好的产业基础使江门市有一个良好的财政税收基础,而且随着基础设施改善和珠三角核心区产业转移趋势,只要控制好支出,会有一个稳健增长的现金流,形成良好的区域信用基础。

第三,环境容量优势。江门是广东省环境保护最具创新性的城市。全市主要河流水质至今仍保持 II 类至 III 类标准,大气环境质量维持国家 2 级标准水平,公众对江门市城市环境保护工作总体满意率超过国家水平。近年来,江门不断加大环保投入,环保投资指数长期保持在 1.7%以上,在确保完成国家和省下达污染减排任务的同时,也为全市的经济建设腾出了充裕的环境容量。与许多环境容量长期游走在警戒线上的地方相比,江门市的发展潜力要大得多,而触碰环保政策法规红线的风险则小得多,是支撑城市可持续发展的必要条件。

第四,江港合作优势。香港是国际著名的贸易和物流中心,而江门则以制造业和资源见长,因而两地的经济具有很强的互补性。已有三菱重工、艾默生电器、ABB、韩国现代等 20 多家世界 500 强企业,采取在香港设立营运总部,把生产基地设在江门的商业运作模式,结果相当成功。目前,江门已和香港生产力促进局、香港贸发局、香港品质保证局、四大商会（香港总商会、香港工业总会、香港中华总商会、香港中华厂商联合会）、汽车零部件研发中心等签署了合作协议或备忘录，共同推动两地的经贸合作。区域信用原则上直接来自内部资源，但具备互补性并被充分整合的外部资源也能有效提升内部资源价值，从而提升区域信用。

第五，政府服务优势。江门是全国最早在政府部门全面导入 ISO 质量管理体系和最早公开政府领导手机号码的地级市。已开通多年的"一站式""一网式"审批系统和覆盖全市的"12345"政府服务热线等绿色渠道，为市民和投资者营造了"零距离"、高效率的政务环境。江门高效的行政效率多次得到国内外权威机构的认可，世界银行对江门的投资环境一直评价颇高。在信用评级中，政府行政效能是政府信用的重要评价指标，而政府信用又是区域信用最重要的方面。江门的政府服务优势，完全可经过科学的投融资规划转化成为现实的信用资源。

第六，宜居环境优势。江门被世界银行誉为发展中国家可持续发展的范例，在珠三角有"绿洲"的美誉。由于濒临南海和西江，所以江门全年气候温和、雨量充沛、阳光充足、四季常青，是一座"城中有林、林中有城"的绿色城市，是中国优秀旅游城市、国家园林城市、国家卫生城市、国家环保模范城和广东省文明城市，并荣获中国人居环境奖。江门民风淳朴，是中国 50 个投资环境诚信安全区之一，同时也是珠三角治安最好的地区之一。优质的宜居环境不仅是区域形象的加分项，也是吸引人才和资源的重要因素。

第七，独特侨乡优势。江门市是中国著名侨乡，如今，祖籍江门的华侨、华人、港澳台同胞近 400 万人，遍布世界 107 个国家和地区，有"海内外两个江门"的人缘、血缘优势，被誉为"中国第一侨乡"。致公党创始人司徒美堂、美国商务部前部长骆家辉、美国历史上首位华裔女国会众议员赵美心，祖籍都在江门。这一独特的侨乡优势，为江门充分挖掘海外侨亲资源，引进海外资金、技术、信息和人才，提升经济社会水平，提供了有利条件。

专题研究，量身打造系统解决方案

在初次接触江门项目时，规划首先明确了一点，即做不同的投融资规划时，金融政策和产品不一样，城建投融资体制机制也不一样，因此需要做金融政策和产品研究，以及体制机制的专题研究。从这个角度来说，江门的投融资规划是以市本级①为样板分析城市投融资可持续的问题。

结合过硬的专业知识与过往的投融资经验，荣邦瑞明团队清晰地划分了江门市投融资规划的内容，包括五个专题。

专题一，投融资规划边界研究。具体内容包括：

1. 成本边界。一个城市的成本边界非常宽泛，包括了基建支出、民生支出，还有一些债务支出。这里面就需要分析，哪些边界是可约束的，哪些边界是不可约束的，以此决定整个模型的测算是否有意义。如果边界定不好，整个的模型是支撑不住的，由此得出的结论也是没有参考性的。

2. 期限边界。任何一个政府都是有任期的，城市的融资也有一个期限，投融资规划的期限边界也需要做一个约定。但这个约定不是随便就可以定下的，需要做期限的研究。

3. 信用边界和债务边界。在江门的投融资规划中，规划增加了信用边界评估和债务边界评估。这两个评估是站在财政的视角，以财政科目框定投融资规划的项目边界。过去的评估，可能更多地站在开发视角或者项目视角进行的，但投融资规划的边界和资金的管理，都需要严格的财政科目支出来进行资金流的规划。

---

① 市本级是财政统计报表常用的一个名词：指的是市本身这一级。不包含市的下一个行政层级。

专题二，项目优先顺序的专题研究。

住建局、交通局等相关政府部门报项目的角度非常不一样，每个部门都希望先把自己的项目报在前面。但是，先做哪些，后做哪些？需要有个判断。

做出判断有几个立足点，一是合理统筹城市资源，二是着眼于城市投融资的可持续性，三是基于城市战略目标的实现。如此，就需要整合发改局、财政局等相关委办局的诉求，站在城市统筹的角度，对各类项目作出优先顺序。

排序的基本原则是，优先启动能够快速构建城市基本框架的项目，比如道路、桥梁等；其次启动沟通城市互通交流的项目，比如通信站、电站、交通枢纽等；再次启动快速提升城市价值的项目，比如标杆性的商业综合体、大型文旅项目、重点中学、三甲医院等；最后启动城市运营必不可少但投资大价值提升较慢的项目，比如污水处理厂、地下综合管廊等。需要说明的是，这不是通用原则，要根据项目所在城市自身的情况作出分析和判断。

专题三，城建可用资源专题研究。

城建可用资源专题研究的边界很开放，需要对城建可利用资源进行梳理。说到可直接利用的资源，大家第一反应是土地——已储备但未出让的国有建设用地。其实，除此之外，还有很多可直接利用的资源、不可以直接利用的资源和短期不可用资源。

可直接利用的资源包括国资平台的净资产、各委办局及三产单位管辖的固定资产，不可直接利用的资源包括路桥资源、公益性资源等。对于不可直接利用的资源，比如林地资源，要看有没有林权证、社会对它的价值认同、有没有成熟的林权交易市场等，都影响了它的价值体现。短期不可用资源指的是一部分没有指标的土地，什么时候可以供应也不确定，所以都是短期不可用的资源。

在城建中，对相关资源进行可直接利用、不可直接利用、短期不可以用等的梳理、归类，划分出价值资源梯度，能够清楚地知道城市的价值体量和开发价值。

专题四，债务和金融产品专题研究。

结合历史债务的化解和新增项目的投资，才能梳理出江门的城建融资模式。

当时，因为监管政策不断出台，2008 年来的政府信用贷款已经叫停，融资平台监管也越发严格，政府的可融资渠道被限制在：城投债（城投债、中票、短融、私募债、双创债）、政策性银行贷款、政信融资（信托基金、券商资管）等，这些产品严格要求国资平台的信用。规划编制过程中，财政部又出台政府置换债券、推广产业发展基金等新政策。因为产品的交易结构和增信方式不同，规划尽可能简化和标准化融资产品，统筹考虑信用的分配：既需要考虑成本，又要考虑期限，还要考虑落地可实现性。

根据财务模型综合分析，江门财政最优选择应是七八年以上的长周期融资产品，综合不同融资产品的期限、成本、信用结构，规划编制了多种融资计划，综合银行贷款、基金、融资租赁、地方债、信托股权、保险债权计划等；同时编制了年度的融资实施方案。

结合融资落地，规划同时考虑了融资方案落地的配套体制机制优化建议，作为制度建议提报政府。

专题五，模型设计专题。

在传统投融资规划里，对于土地价值的建模分析叫内生地价模型。内生地价模型用的是一块处女地，能影响它的主要是规划，其他的外部因素基本上不会产生影响。但在江门就不一样了，外部影响要大于内部影响。江门有大量的旧改地块，存量项目更多，已经有了很成熟的商业功能布局，还有很多基础设施。所以，在分析江门的时候，规划及城建计划成了模型的主要变量。规划编制中在基于城市土地价值热点图分析的基础上，结合基础设施及公服设施的建设计划和影响因子分析，形成不同建设计划下的土地资产（储备土地价值）价值影响函数。

模型依据三个维度平衡逻辑来进行演算和评估：资金流平衡是基础，首先判断历史债务本息和未来财政营收现金流是否平衡，即政府的财政能力对历史债务的覆盖能力。如果未来几年的收益覆盖不了现在的债务，那么城市投融资工作首要的目标应该是"化债"；其次，历史债务加新增投资计划与未来政府营收现金流平衡情况。如果财力不能覆盖新建投资计划，就要考虑项目上马采用的包装方式和融资方式是否合理，争取优先实现资源捆绑开发，自负盈亏。

资金流平衡之外，更要考虑"信用平衡"。因监管政策，城市投融资不断演化新的投融资渠道，对国有资产的增信也提出不同的要求（可变现、城投净资产率要求等），因此需要综合考虑资产的实际可利用情况来综合匹配投融资方案，从而保障方案可落地；信用需要整体平衡测算，更需要结合产品来具体匹配。

除了信用平衡估算外，还需考虑历史债务及新增投融资对地方整体债务指标的影响。2013 年起，国家审计署开始对地方政府进行债务统计和指标计算，提出了存量债务额、债务率、偿债率的指标。规划编制时，以上指标尚无标准经验值，审计署也未强化考核要求，但为了政府后续融资可落地（对接金融机构要求），规划进行了不同方案下的债务率指标模拟：应该说通过投融资规划，可使得政府未来 5 年原先高企的债务率，得到了平滑和过渡。

综上所述，通过现金流平衡测算、信用平衡测算和债务率平衡测算三个流程，使得江门市本级财政在资源可用、融资可行和债务可控方面的三个目标可以实现，进而协助政府制订合理的财政管理目标和城建建设方案。

综合评判大干快上的合理性

短期来看，江门 2013—2017 年城建计划较上个五年及历史大幅增加，达 5 倍之多，很多言论指出"城市要延续性发展，不能寅吃卯粮""一口吃不成胖子""负债过高、财政收入过少，城市会有财政危机"，等等。言论确实让主政者压力山大。然而，仔细分析可以发现，200 多亿元的城建计划中，70% 以上均是珠三角交通网络一体化中的地方分摊工程，以及为与这些重大基础设施项目连接的市内工程。首先，国家、省级的重点建设机遇不可错过，整体推进时，借助省级授信，地方可以获得信用背书、取得低廉、长周期的资金支持；其次，外围的建设在如火如荼地推进，如果江门市自身不做好配合工作，创造条件让人流、车流、资源便捷流向所在城市，那么巨额投资的价值就发挥不出来；最后，随着政策、成本等变化，基建成本在城市中水涨船高，如江门大道项目，五年前延误修建，如今投资已经增加了近百亿元，如果再次贻误战机，未来的损失更大。因此，项目建设的必要性是具备的，重要的是如何实施。

站在财政风险角度，因为当时（2013 年）禁止政府融资和发债，城市建设基本依靠城投这个半政半企的主体，受制于国内直接融资市场不健全，城建投融资多是短融长用。以高等级道路为例，按照设计一般可使用 30 年，按照国际上财政支出的原则，一般要实现"代际平衡"，也就是"父修路，父子共偿"，所以美国的市政债券发行期一般在 20 ~ 30 年。当时国内政府融资期限平均在 5 年左右（短期融资、BT 和城投债），近两年 PPP 的大力推进，才使得政府基建融资周期达到大幅提升。所以，危机并非是大规模增加投资，而是融资方案不匹配的风险。

以合理融资方案匹配城建计划

既然发现了问题的根源,那么解决起来就不难了。解决方案之一,就是充分利用长周期的融资。首先,充分利用政策性银行贷款、发行城投债和中票,资源捆绑开发,尽量实现长周期资金的运用;其次,尽量利用高信用杠杆的资金,提高融资杠杆率,放大融资倍数;此外,要善于借用外部信用(政策性银行、央企国企),获得融资支持。这样做的优势很明显,一是通过较长周期的金融产品能够解决项目前期投资大,但现金回流较少的问题,不至于因为缺少资金、现金流中断而导致项目的停滞,另外也可以平衡后期投资少、但现金回流较多的问题。二是充分利用长周期融资能够保证在短期内不会带来巨大的还款压力,使项目责任主体能够有充分的时间来调整自身财务状况,壮大实力,形成积累,预留出用于还款的资金。三是可以规避政策风险,现有的融资方式和融资产品与政策息息相关,如果采用短期融资产品,很有可能在这笔贷款到期后难以续发,从而导致资金断链。

"三个平衡"来约束城市融资、负债规模

投融资规划的核心就是实现城市的可持续发展,要想实现可持续发展必须解决好现金流平衡、融资信用平衡和债务率平衡等问题。现金流平衡,主要目的是实现投入与产出的动态平衡,由于一个城市的投资体量比较大,在短期内是无法实现现金的快速回流的,应寄希望于在未来较长的时间内,通过稳定、持续的现金回流实现投入产出的动态平衡。融资信用平衡,主要是指通过采用合理的融资工具进行城市开发,能够在还款期按时偿还债务,而不出现违约的现象,只有合理评估自己的负债规模和还款能力才能使得融资信用得以平衡。债务率平衡,是指地方

政府要合理地控制自己的债务率，在未来的发展过程中，使债务率控制在合理的范围内，太高容易使风险过高，太低的话又会导致资金没有得到充分的挖掘利用。

以资源梳理、整合及科学开发来提升城市价值

对于江门市本级政府来说，政府有很多有价值的资源需要去发现、挖掘、提升。比如土地资源，虽然这里面有推高土地价格的社会风险，但是通过合理的城市开发建设提高土地资源的价值，无疑是城市价值提升的重要反映。另外，江门市本级有很多的国有企业，通过合理地调整公司组织结构，拓宽业务渠道能够在短期内实现国有企业产值、收入的大幅提高。同时，还可以通过对江门市可运营的基础设施和公共服务项目进行充分的挖掘、包装，吸引社会投资人采用 PPP 等模式，进行合理的城市开发。

动态调整，应对政策变化

2014 年 7 月 12 日，咨询团队向江门市政府职能部门和国资委住建厅、财政部专家进行汇报，获得了好评。但随后，外部环境发生了很大的变化。一方面，2014 年 43 号文《国务院关于加强地方政府性债务管理的意见》后，地方政府债务收口，许多新建项目列为存量债务；同时，切断了平台公司与政府的关系，要求平台公司逐步实现市场化，地方融资渠道收窄。另一方面，在堵住后门的情况下，通过 PPP 和发行债券的方式为地方政府建设需要的大量资金提供了有效的融资方式。这种"堵后门，开前门"的方式，使得地方政府的债务清晰、可控，促使地方政府在健康可持续的环境中进行发展建设。于是，2015 年 11月，应江门市财政局要求，咨询团队又在之前做的规划的基础上进行调

整，结合新的政策要求以及对未来形势的判断，对政府的可用资产、隐性负债进行了重新梳理，并对融资方案进行了修订，很好地应对了环境的变化。

在《江门日报》2016 年的一篇报道①中，这样评价投融资规划工作。"2013 年，我市引入投融资规划理念，聘请专业机构历时一年在全国地级市率先编制完成《江门市（本级）城建投融资规划（2013—2023 年）》，明确了未来 5～10 年重大投资项目清单、投资规模、资金需求和政府债务规模等，给予实现城市资金信用、债务平衡和搭建城市投融资体制的方案。2014 年，我市进一步建立政府投融资'借、用、还'一体化管理机制，提前打响交通大会战的融资保卫战，确保江门大道等省市重大项目顺利推进。去年 5 月开始，我市迅速结合国家及省、市'十三五'计划和任务对编制的投融资规划进行中期评估修正，提出以 PPP 模式为主引擎，推进'十三五'期间重点项目融资工作；同时，充分发挥 PPP 融资支持基金的作用，撬动社会资本参与我市重点项目投资建设运营，为今后我市加快推广运用 PPP 模式奠定良好基础。"

---

① 《以 PPP 模式为重点　江门大力推进政府投融资改革》，2016 年 9 月 1 日，《江门日报》。

tips：

_____

_____

_____

_____

_____

留下一些你的感想吧

第十三章 案例8：深圳坪山新区城市综合发展投融资规划

——多规合一的落地实施方案

坪山新区投融资规划编制时，正值坪山新区成立不久，且已经率先按照"三规合一"的要求编制了综合规划。市、区领导都对坪山新区未来发展寄予厚望，但对如何在较短的时间内实现坪山新区的快速建设和发展，各级政府并没有成熟、系统的经验。为此，坪山新区邀请荣邦瑞明团队与深圳市坪山区规划国土事务中心合作编制坪山新区城市综合发展投融资规划，工作目标是明确坪山新区发展定位和阶段目标，有效划分规划实施单元，梳理新区资源条件，编制出既可分隔实施又兼顾总体统筹的坪山新区投融资规划和实施方案。

通过本规划方案的编制和实施，实现了两个方面的效果：一是帮助区政府提高了统筹资源的能力，争取到了市政府对本区更大的支持力度；二是通过划分55个规划实施单元进行投融资设计，细化了各单元的建设步骤和配合措施，极大地增强了"三规合一"的可操作性，切实保障了规划实施效果，项目可实施率由规划前40%提高到了规划实施后的77%。

全国首个"三规合一"的新区

坪山新区原来只是深圳市龙岗区的两个街道，由于区域相对独立，经济产业有特色，2009 年从龙岗区划出成立新区。新区成立之初就被赋予深圳市"两区一极"①的发展定位，同时又是深圳建设国家创新型城市、低碳城市的试点区以及推动深莞惠一体化进程先行者。在这样一个高定位下，坪山新区管委会创新编制了全国第一个"三规合一"的新区规划——《坪山新区综合发展规划》（以下简称《综合发展规划》）。

历经三年的探索和实践，新区初步形成了以《综合发展规划》为统领的规划体系，各项建设逐渐步入正轨，2012 年坪山新区工作重心从规划编制转向规划实施，开创大开发大建设的新局面。

按照《综合发展规划》，确立了新区发展的总体目标和分目标，构建了近期（2010—2015 年）、中期（2015—2020 年）、远期（2020—2040 年）三个阶段目标体系：到 2015 年，地区生产总值达到 850 亿元以上，全社会固定资产投资达到 370 亿元；2020 年，GDP 总量在 2015 年基础上翻一番（1 700 亿元）；2040 年，坪山新区实现远期规划目标，建设成为深圳市城市副中心以及辐射粤东的生产性服务中心。

《综合发展规划》的近期目标是沿用了新区"十二五"规划的近期目标。在坪山新区"十二五"规划中，从经济发展、基础设施与公共服务配套、低碳生态建设等多个方面提出了细化的指标体系。坪山新区投融资规划的起点就是这些指标。

---

① 即"贯彻科学发展观的示范区""综合配套改革的先行区"以及"可持续发展的新经济增长极"。

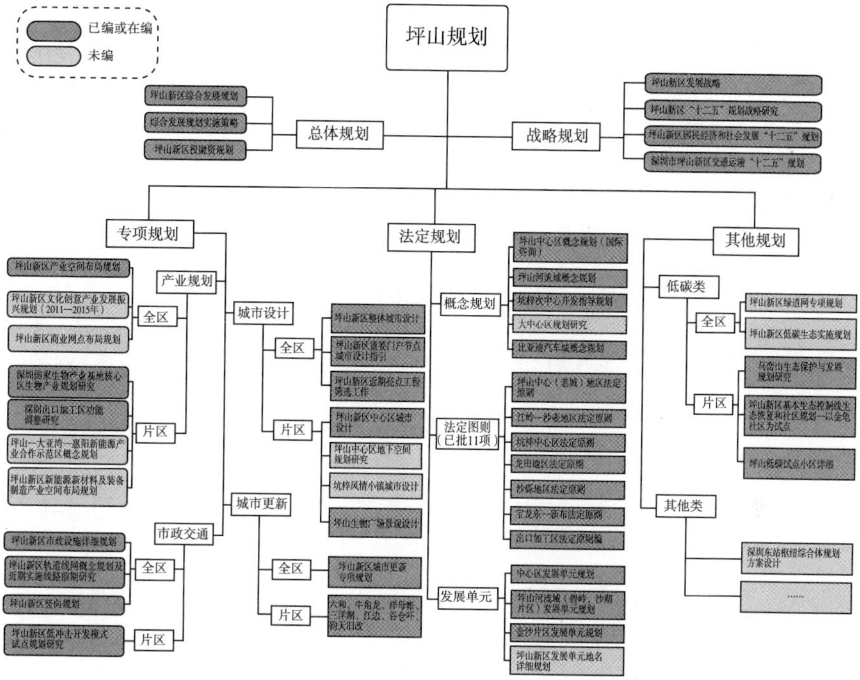

坪山规划

已编或在编
未编

总体规划
- 坪山新区综合发展规划
- 综合发展规划实施策略
- 坪山新区投融资规划

战略规划
- 坪山新区发展战略
- 坪山新区"十二五"规划战略研究
- 坪山新区国民经济和社会发展"十二五"规划
- 深圳市坪山新区交通运输"十二五"规划

专项规划

产业规划
全区
- 坪山新区产业空间布局规划
- 坪山新区文化创意产业发展振兴规划（2011—2015年）
- 坪山新区商业网点布局规划
片区
- 深圳国家生物产业基地核心区生物产业规划研究
- 深圳出口加工区功能调整研究
- 坪山—大亚湾—惠阳新能源产业合作示范区概念规划
- 坪山新区新能源材料及装备制造产业空间布局规划

城市设计
全区
- 坪山新区整体城市设计
- 坪山新区重要门户节点城市设计探讨
- 坪山新区近期起点工程筛选工作
- 坪山中心区地下空间设计
片区
- 坑梓风情小镇城市设计
- 坪山生物广场景观设计

市政交通
全区
- 坪山新区市政设施详细规划
- 坪山新区轨道线网规划衔接及近期实施路径研究
- 坪山新区竖向规划
片区
- 坪山新区低冲击开发模式试点规划研究

城市更新
全区
- 坪山区城市更新专项规划
片区
- 六和、牛角龙、祥母第三村拆迁、洋母第三村、打边、谷仓吓、坡头大田块

法定规划

概念规划
- 坪山中心区概念规划（国际咨询）
- 坪山河流域概念规划
- 坑梓次中心开发指导规划
- 大中心区规划研究
- 比亚迪汽车城概念规划

法定图则（已批11项）
- 坪山中心（老城）地区法定图则
- 江岭一沙壆地区法定图则
- 坑梓中心区法定图则
- 龙田地区法定图则
- 沙壆地区法定图则
- 宝龙东一碧岭法定图则
- 出口加工区法定图则

发展单元
- 中心区发展单元规划
- 竹坑河流域（碧岭、沙湖片区）发展单元规划
- 金沙片区发展单元规划
- 坪山新区发展单元地名详细规划

其他规划

低碳类
全区
- 坪山新区绿道网专项规划
- 坪山新区低碳生态实施规划
片区
- 马峦出生态保护与发展规划研究
- 坪山新区基本生态控制线生态恢复及利用规划—以金龟社区为试点
- 坪山低碳试点小区详细

其他类
- 深圳东站枢纽综合规划方案设计
- ……

图 13 -1　坪山新区规划体系示意图

表 13 -1　坪山新区"十二五"规划调控指标体系

类别	指标	2015 年调控目标	指标属性
经济发展	地区生产总值	850（亿元）	预期性
	规模以上工业增加值	520（亿元）	预期性
	全社会固定资产投资	370（亿元）	预期性
	外贸出口总额	90（亿美元）	预期性
	财政一般预算收入	22.6（亿元）	预期性
	社会消费品零售总额	115（亿元）	预期性
	实际利用外资	6（亿美元）（五年累计）	预期性
	第三产业增加值占 GDP 比重	约30%	预期性
	单位面积产出	5.06 亿元/平方公里	预期性
创新能力	高新技术产业增加值占 GDP 比重	36%	预期性
	自主知识产权高新技术产品产值比重	65%	预期性
	大专以上受教育人口比重	20%	预期性

类别	指标	2015 年调控目标	指标属性
城市建设	公交分担率	≥50%	约束性
	燃气管网覆盖率	≥80%	约束性
	生活垃圾无害化处理率	100%	约束性
	城市污水集中处理率	≥80%	约束性
社会建设	登记失业率	≤3%	约束性
	城镇职工基本养老保险参保率	≥95%	约束性
	财政性教育经费支出占地方财政一般预算支出比重	≥20%	约束性
	千人学位数	100（座）	约束性
	千人病床数	3.4（张）	约束性
	每万人暴力案件立案数	≤11（宗）	约束性
生态建设	万元 GDP 水耗	15%（累计下降）	约束性
	万元 GDP 能耗	≤0.47（吨标准煤）	约束性
	人均绿地面积	≥16.5（平方米）	约束性
	建成区绿化覆盖率	≥45%	约束性
	空气质量优良天数	≥360（天）	预期性

注：万元 GDP 能耗指标是深圳市规定的约束性指标，尚需根据深圳市分解下达意见调整。

总体目标：提高供给能力

对于坪山新区这样一个处于行政区划交界的地区，民间通常称作"三不管"地区，效益外溢明显。由于这样的地缘特点，本区域原所属上级政府在对本区域的投资建设和产业发展上缺乏主动性。只有当新区有了独立区划并建立起财政和管理班子后，才解决了政府执行动力问题。

有了动力就比较容易有相对长远的规划目标，任何一届政府尤其是刚刚搭建好的班子通常都是有抱负的。坪山新区之于深圳一直属于相对偏远的"关外"地区，没有福田那样的金融机构聚集，也没有南山那样扎堆的高新科技产业，但也不乏踏踏实实的实体经济，比亚迪、欧姆龙等国内知名企业也够撑门面了。但由于改革开放初期深圳关外地区用地管理的相对自由，城市规划整体上还处在野蛮生长、自由发育的水平，城市形象有待提升。在2009年，各地方政府对于经济和社会发展的核心考量目标仍然是GDP、税收等硬指标，在深圳这片投资热土尤甚。因此，即使是在这样一个并不算很雄厚坚实的基础上，坪山新区在规划期内还是对GDP和固定资产投资指标作了大胆的发展预期。

要确保规划目标可实现，一方面需要对市场进行合理预期，另一方面满足本地区投资需求和供给的平衡。当时中央政府尚未提出供给侧改革，我们作为规划编制单位看到：满足政府实现投资目标的需求，关键在于依托现有城市资源提高公共产品和公共服务供给能力，从而提高项目有效落地率。

历史证明地方经济社会的发展在一定条件下完全有可能实现爆发性增长，爆发性增长一般也会伴随着资产的快速增值，但这种情况只是有一定概率而非一定的。所以我们在对一个区域的预期价值进行理性预测时，不能完全寄希望于资产价值的暴涨，更多应还原到区域科学合理的承载力上。

站在今天回顾这些年，由于近几年深圳市资产价值经历了若干次爆发式上涨，即使是"三规"中的远期目标恐怕也已超额完成了。但在当时，坚持制订合理的预期目标和通过资源支撑发展的措施无疑是合理的，这有效地降低了整个发展过程的执行风险，同时也更早地实现了阶段性产业空间挖掘的目标，而不只是一两个指标的完成。

投融资规划研究的目标实际上是要提升区政府的执政能力，我们从投资解析到组织优化做了五个方面的工作，通过供给侧改革促进经济社会发展，并最终对新区开发建设起到指导作用。

一是科学合理预测新区投资需求及其规模。通过解析《综合发展规划》中"十二五"和"十三五"两个阶段的宏观经济和社会发展目

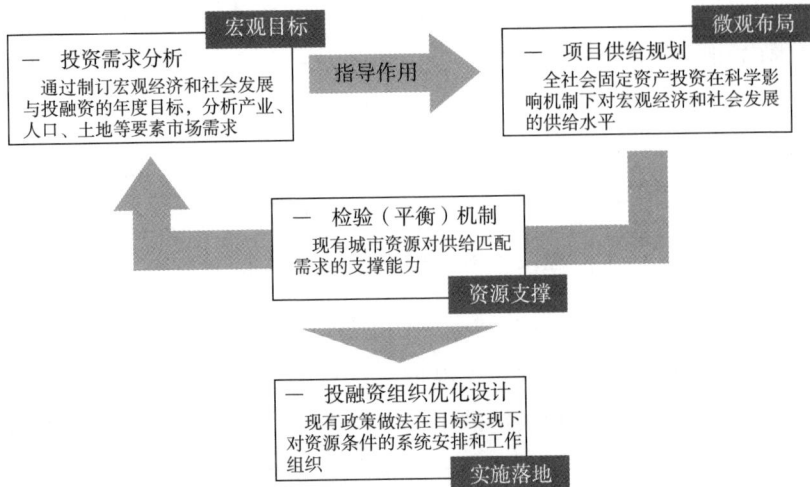

图 13 - 2 坪山新区投融资规划的技术路线示意图

标，研究 GDP、固定资产投资、税收等各项指标如何转化为具体项目，根据项目预测规划期内的投资规模，同时为新区政府制订"十二五"期间固定资产投资计划提供依据。

二是以实现投融资目标为标准综合检验新区资源承载力。梳理新区现有资源情况，评估投资支撑能力，以判断能否满足"十二五"期间投融资工作的需求，并实现新区经济社会总体发展目标。

三是明确新区开发参与主体与总体策略。城市建设是一项复杂的系统工程，加之众多历史遗留问题的存在，仅依靠政府无法完成预定的发展目标，因此，坪山新区的开发建设必然要求各方主体共同参与，并且制定合理的开发策略加以指导。

四是以编制新区投融资规划作为本次规划的核心。在投融资规划指导下，确定重点片区土地开发时序，排定重大项目投资建设时序，利用多元化投融资工具和渠道设计融资结构，并建立详细合理的实施机制。

五是优化开发实施中的工作组织机制。为了提高高投融资规划的实施效率与改善实施效果，优化实施阶段的工作组织，提出政策突破的合理化建议，明确各政府部门在各项具体工作中的主要分工与责任。

变博弈思维为合作思维

根据《深圳市第四轮市区投资事权划分实施方案》旨在全市范围的统筹考虑，通过市级投资拉动区级投资，形成杠杆作用，高效推动区域经济发展，因此对新区发展具有重大战略意义的市政基础设施和公共服务设施项目均是市级事权。新区初建，尚未形成与区级投资能力相匹配的融资能力，在一定程度上影响了市级财政投资新区的积极性。上下级政府经常被说成博弈关系，"会哭的孩子有奶吃"是一种典型的庸俗比喻，这种认识有失全面，也是观念陈旧的一种表现。实际上，上下级政府之间的相互支持关系才应该是主流。只有积极主动，敢于且善于担当，才能得到上级政府更大的信任和更大力度的支持。因此，本规划的重点之一在于帮助区政府提高对接市政府投资的主动性和本区资源统筹能力，以自我增信取得市政府的进一步信任，加大市政府对本区的投资力度。

根据新区"十二五"规划，要实现规划期末地区生产总值850亿元以上，年均增长率需达到31%。从新区发展实际看，除2010年的名义GDP增长率27.5%接近目标外，其余年份均不到目标增长率的50%，和预期目标差距较大。

与深圳市各兄弟新区比较来看，坪山新区经济增长情况略好于新近成立的龙华新区和大鹏新区，但与成立较早，功能定位相近的光明新区相比，则有差距。

为了进一步提升区级投资能力，坪山新区构建了以《坪山新区综合发展规划》为统领的规划体系，工作重点也从规划编制转成规划实施。高效率的规划实施必须有高强度的资本投入。

但随着中央清理和规范地方政府融资平台的新规逐项出台，新区融资受到一定限制，无法满足发展需求。体现在：一是地方政府融资平台

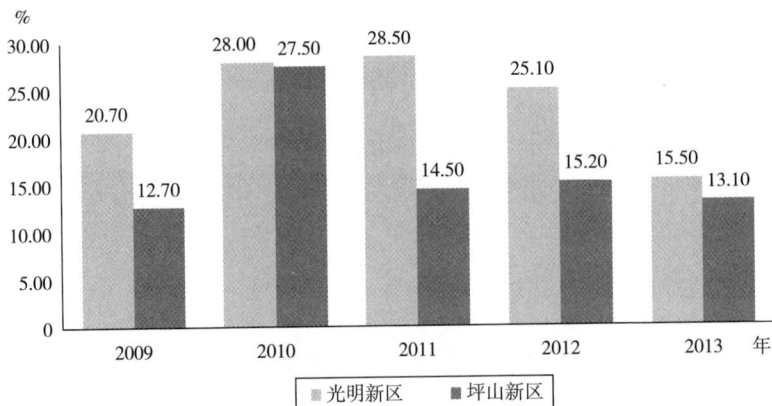

图13-3 2009—2013年坪山新区与光明新区GDP增速比较

所受管制不断加强，并将逐步剥离政府融资职能和走向市场化；二是中央政府对土地融资的管理也不断收紧，严格限制土地储备融资的实施主体和资金使用范围。为落实上位政策，市政府正在研究制定《土地投融资操作规则》，规定由市土地储备机构负责组织实施土地融资的相关工作，融资资金使用于土地整备及市政府确定的其他重大建设项目。

与此同时，《深圳市第四轮市区财政体制实施方案》提出，"宝安区、龙岗区、光明新区、坪山新区的基本建设资金主要通过国土分成收入以及投融资平台解决"，"光明新区、坪山新区试点土地注入区级投融资平台，开展土地融资"。因此，按照体制安排，投融资平台以及土地融资仍是当时阶段新区解决投融资问题的主要途径。

市级之所以推出上述方案和做法，一方面是为了做好全市的布局和重点突破，还有重要的一个方面是为了让各区拿出自己的资源。而当时坪山新区的状态是财政资金、市场资金、土地资源、经营性国有资产以及投融资平台缺乏整合，没有形成吸引的市级政策合力。主要表现为：第一，各类资金及主体未能整合。投融资工作主要就单体项目而论，缺乏对全局和功能单元的统筹理念，各类资金及相应主体的力量未能整合，政府投资的杠杆作用难以有效发挥。第二，土地资源缺乏整合。横向对比，坪山新区算是深圳市土地资源相对丰富的新区，但以存量为主，分布零散、权属复杂，短期可直接利用土地不足，整合工作任重道远。第三，经营性国有资产分散在区国资管理部门、区级融资平台、街道国有企业、物业管理中心以及龙岗区等内外部单位，没有统筹利用。

因此面对市级投资的整体决策规制，新区把握投融资工作的系统性，结合新区综合发展，面对空间、时序、项目、主体等多个维度的复杂事项，进行了系统管理和精心规划。只有盘整清楚了自己手头的资源和项目，才能有的放矢与市级财政及各平台探讨合作，探讨如何建立市区两级合作机制，"借鸡生蛋"，发挥好自有资源的价值。

推动政企合作提高项目落地率

坪山新区过去是龙岗区的两个街道——坪山街道和坑梓街道，新区的管理体制和街道的管理体制很容易形成"两层皮"，况且在街道下面还有社区层级，项目推进和落地效率低下。为此课题组提出了"化整为零"的工作思路，通过功能单元的划分有效吸引项目落地，同时更有利于资源有效配置。

新区的资源主要体现在：一是土地，土地是城市发展和产业发展的空间载体；二是财政资金，财政资金是可以快速利用和放大的杠杆；三是各类主体，是盘活资源的主体。

根据最新土地利用现状变更调查数据，坪山新区总面积166平方公里，其中已建设用地5 984.6公顷（含304.3公顷水工建筑用地），占新区总面积的38.1%，主要分布于原大工业区、坪山老中心、碧岭工业区和坑梓次中心；未建设用地10 254.4公顷，主要为基本生态控制区，生态线外未建设用地主要分布于沙田、金沙、沙湖等片区；水域用地361公顷。

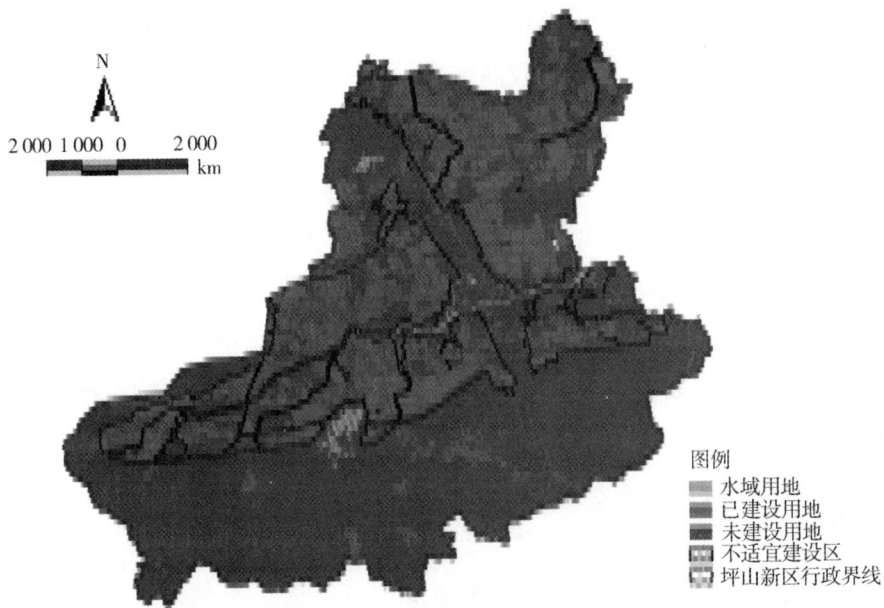

图 13 - 4　坪山新区土地利用现状

其中，坪山新区较适宜建设用地 7 150.6 公顷，仅占新区总面积的 43.1%。较适宜建设用地面积中，现状未建设的面积为 2 328.4 公顷，占较适宜建设用地面积的 33%，规模较大，这部分就成了功能单元划分时需考虑的重点资源，要通过功能单元划分集中发挥这部分资源的优势。

坪山新区各项建设的财政性资金来源包括三部分：第一部分是省部级及以上财政性资金，包括重大项目投资以及专项扶持资金。第二部分是市级财政性资金，包括发改归口资金、专项基金等，由深圳市财政委员会结合项目按计划统筹下达。第三部分是区级财政性资金，包括财政一般预算收入、国土基金以及土地整备资金。经资源评价，国土基金仍然是区级财政性资金中支持新区建设的最重要部分。因此，一个区域能否长远发展看产业，能否快速发展看土地。

坪山新区经营性国有资产主要包括区级政府融资平台资产、街道国有企业资产、龙岗区待移交国有资产、保障物业等其他资产四个部分。

新区当时有全市唯一一家区级政府融资平台，即坪山城投公司。但无论从资金实力、资产规模、融资能力还是经营业绩，坪山城投都难以独当一面，必须开展对外合作。四家街道国有企业分别为坪山和坑梓街道的经发、投资公司，四家公司总资产 8.1 亿元，总体营业收入约 350 万元，总体负债率接近 60％。另外还有一些原龙岗区资源，但受制于所在层级的经营管理理念、市场条件、历史遗留问题、增值收益分配以及现行政策的约束，短期内难以在新区规划建设中起到重要作用。

因此，如何在深圳市"1＋6"产业用地政策文件精神的指引下，吸引社会投资人与新区合作，就成为新区未来发展突破的重要窗口。为了充分挖掘不同区域的不同资源潜力，我们将新区整体划分成 55 个大小不等、功能多样的规划实施单元，针对不同单元进行投融资规划和设计。

在众多规划实施单元中，以"高铁商务区""生命健康城"和"国际创意谷"为主题战略进一步提升坪山中心区和坪山河流域地位；加强与市发展改革委、经济信息委、投资推广署的合作，把坪山新区的重要产业基地如"新能源汽车产业基地""生物医药产业基地""生命健康城"等提升为市级支持发展和投资推广的重要产业平台。

着眼于深圳市"十三五"发展规划。将"高铁商务区""国际创意谷门户区""生命健康城"等升级为深圳市"十三五"规划重点战略区域，相关的重大项目列入市"十三五"重大项目计划，完善前期研究及征地拆迁工作，形成相应的区级投资配套方案，争取市级投资事权的重大市政交通和公共服务设施项目尽快落实投资和开工建设。以"土地资源捆绑"的方式适度利用深圳市特区建设发展集团、深圳市投资控股有限公司、深圳市地铁集团有限公司等市级平台开展对于新区战略地位提升具有重大意义的重大基础设施项目。

加快推进政府储备用地入市，针对已征转未入库、临时用途土地、行政划拨农业用地、已出让涉嫌闲置用地和社区实际掌握等各类潜力用地，加快推进土地征收、处置、规划优化和出让程序，补充经营性用地尤其是产业用地供应，并根据规划实施单元特征有计划有侧重安排增量用地供应。

对于拥有重大市政基础设施和公共服务设施的重点功能区，引入社会资本集中投资属于区级事权的市政基础设施和公共服务设施，迅速提升片区土地价值，并通过片区内经营性用地出让反哺支持市政基础设施和公共服务设施建设，形成良性循环。划定清晰投资边界，将社区级市政基础设施和公共服务设施捆绑到政府和社会资本合作的城市更新和土地整备项目中，有效缓解政府短期资金压力。选择合适领域的投资人，提高土地整备（一级开发）项目市场动力。根据项目特征、投资人喜好和盈利模式，选择具备通过专业化运作获得土地一级开发规定外额外收益能力的投资人。

在当时 PPP 政策尚未出台的情形下，即提出逐步放开部分市政基础设施和公共服务设施的投资和运营。完善新区操作层面制度和法规环境，由政府引导，通过特许经营、委托经营、服务采购等公私合营方式（PPP），通过协议明确双方权利及义务，向社会力量（企业及行业投资人）采购适合采取市场化的市政公用事业和公共服务。

最后，投融资规划通过对项目类型、投资规模、服务范围、需求程度等因素进行综合评价，科学安排建设时序。遵循三点原则：一是优先安排对新区发展意义重大，对区域价值提升作用明显，紧迫性强的项目；二是重点安排与片区开发时序相匹配，有助于完善片区市政和公共配套和提升片区环境品质的项目；三是保障续建项目按进度投资。初步选定五个优先开发区域，并对其他片区做适当分类。

通过融资结构调整，建议规划期内新区区级投资事权投资需求 370 亿元，投资能力达到 383 亿元，可以覆盖在规划期内的整体投资。引入社会投资共计 147.6 亿元，使规划统筹和项目可实施率从 40% 上升到了 77%。

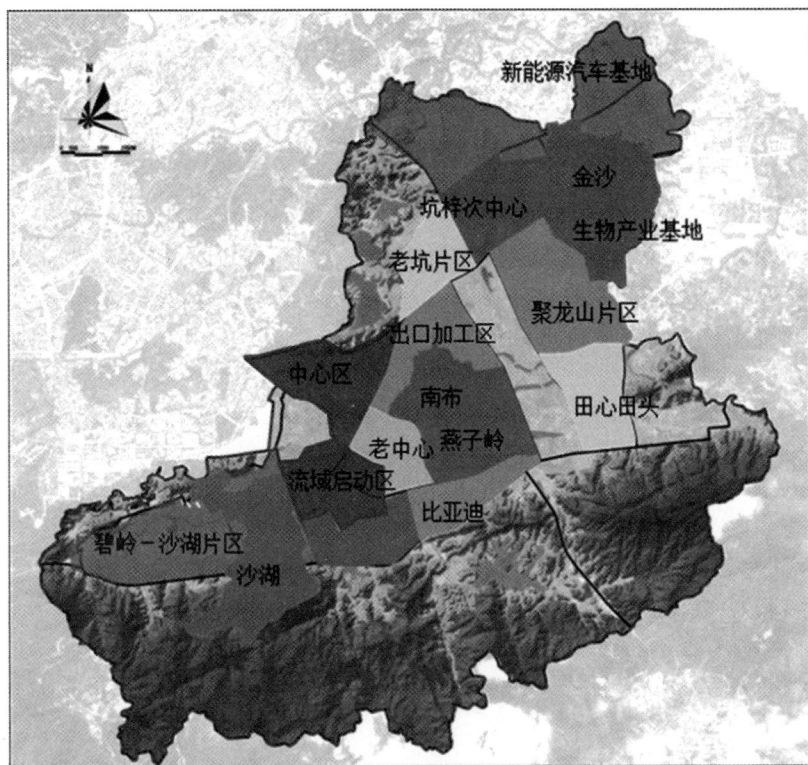

图 13 - 5　坪山新区片区开发时序示意图

　　坪山新区政府独具慧眼，选择了投融资规划统筹"三规"，取得了良好的效果。此规划不仅在促成"三规合一"方面具有重要意义，还意料之外、情理之中地在深圳市城市规划协会 2017 年开展的"深圳市第十七届优秀城乡规划设计奖"评选活动中获得了"区域和总体规划类"三等奖，可谓锦上添花。

tips：

_____

_____

_____

_____

_____

留下一些你的感想吧

第十四章 案例9：北京市城乡结合部建设重大项目规划

——旧城改造的新逻辑

北京市城乡结合部建设重大项目规划储备研究项目是由北京市发展和改革委员会与北京市城乡结合部建设领导小组办公室发起并委托李伟、杨涛团队于2010年实施的北京市"十二五"重大研究课题，课题组采用投融资规划方法进行了深入研究，取得了优秀的研究成果。北京市的城乡结合部地区改造的经验和模式在全国奠定了示范性地位，成为全国三种主要的旧城改造和城乡统筹发展的模式之一。

北京城乡结合部问题的成因：区域统筹的缺位和项目统筹的局限

在我国古代，城市大多是严格围合封闭的容器，用现代系统论的观点看，就是一个边界清晰的封闭系统。《说文解字》："城，以盛民也。"因此，中国古代城市可以认为不存在城乡结合部地区。假如把关厢和城厢看作城乡结合部地区的话，一般也不成其为独立区域，也很少因为城乡结合部问题而引起关注。从北宋都城东京汴梁开始，都城规模迅速扩大到超过百万人口，加上高度发达的商业手工业，原城墙以内的城区已经不足以"盛民"，围绕关厢地区的草市开始聚集大量常住居民。到南宋都城临安时，城外常住居民区和商业区规模更加庞大。从本质上讲，今天的北京城乡结合部地区的成因、形态和问题和北宋以后的城厢地区类似，都是强劲的城市发展动力严重超出城市规划和管理边界导致的系统性混乱，进一步具体到今天的北京来说，是区域统筹缺位与项目统筹局限造成的后果。

区域统筹是将城乡结合部问题由一堆杂乱无章、看似不相关或互相掣肘、互成死局的"俘虏困境"问题构建成为一个良性运行系统的关键。简单地说，就是将一大堆老大难问题首先变得整体可行。北京城乡结合部环绕中心城区，仅以一道绿隔范围计算，就有 26 个乡镇，问题严重的 226 个"挂账村"① 也有大部分在城乡结合部地区。众所周知，我国农村实行村民自治制度，尤其是改革开放以来，村集体的作用也大大削弱，村与村之间、村民之间很大程度上恢复成了一盘散沙状态，统筹向来困难。如果没有行政上的有力统筹，则城乡结合部问题可能永远是"一堆"问题而非"一个"或"一组"问题，那就很难制订出一个相对简便易行的解决方案。北京城乡结合部原本位于城市规划边界以外，由于客观上城市产业迅速发展并溢出边界以外，以及城乡结合部地区人民主观上自发的强烈发展愿望，就开始了突破城市规划的控制而自发发展，甚至呈现野蛮生长的态势。最初主要是以村为单位，村村点火，户户冒烟。由于一个村的资源很少，基本上成点状资源，村内统筹空间极小，就造成了贫富不均、必要的基础设施和公共服务严重缺乏等问题。为了提高统筹高度，部分乡镇开始试行由村级统筹变乡级统筹，统筹空间过小的问题稍有缓解，但统筹高度、力度仍明显不够。北京市城乡结合部建设领导小组办公室就是在这样的背景下成立的。

项目统筹即项目内部统筹，这方面一般要比区域统筹做得稍好，起码不至于缺位，因为只要立项，一个项目的主体、边界、体量、性质等

---

① 北京市治理管理中针对发生过刑事案件、消防安全事故等的行政村，在市公安系统进行了登记，俗称"挂账村"。

基本要素就已经被明确了。但项目统筹的本质主要是经济行为，在统筹的内容和范围上都是有限的。在内容上，荣邦瑞明团队只对投入产出比和工程进度负责，不会去关心社会、民生、公平、环境等问题；在范围上，对超出项目边界哪怕一厘米的问题都不会管。比如一个典型的例子是丰台区卢沟桥乡五里店村，被京港澳高速及京港澳辅路分割成三缕，村庄规划就几乎再没法做了。十几年来，这个村就靠路吃路，围绕京港澳高速过生活，导致京港澳高速辅路成了村内大街，交通拥堵，村容惨不忍睹。该乡还有一个村，被五环路与永定河夹在堤下公路排水沟里，路过的车辆行人几乎都发现不了这里还有一个村庄。但这里不是一个世外桃源，而是环境既封闭又脏乱差的边角地。项目统筹虽然应当有清晰边界，但项目统筹必须与区域统筹保持有效接口，这是项目设计阶段就应当考虑好的问题。

北京城乡结合部面临的复杂政策环境综述

北京城乡结合部面积广大，人口众多，情况十分复杂。针对城乡结合部问题，北京市、区、各部门出台了大量政策，经过分门别类整理，大致是十一类政策，可以认为分别代表十一个方面的问题。这些政策在解决了一些问题的同时，整体上又使得城乡结合部发展面临的政策环境更加复杂。

第一，规划政策：统筹高度不够造成系统性混乱。北京的城市规划编制难，执行更难，主要是因为北京城市规划涉及中央和国家的因素很多，统筹层面停留在市级是远远不够的。而北京规划政策的主要问题就在于此。2011年北京市就根据《城乡规划法》出台了《北京市城乡规划条例》，属于拥有地方立法权的城市中较早出台这方面条例的城市。条例除了结合北京市特殊的发展背景和首都定位针对性地提出了一些保护措施以外，其非常有特点的内容就是针对绿隔的规定。将保护绿隔上升到地方立法即条例的高度，效力不可谓不高，但城乡结合部虽然与绿隔大体重合，但城乡结合部问题是城市整体系统性问题，而并非绿隔制度本身的问题。同样，城市规划的执行也是一项系统工程，规划执行和城管执法也是要讲求系统方法的，单纯依靠加大力度往往并不能达成很好的效果。比如，尽管《城乡规划法》和《北京市城乡规划条例》将违建控制的执法权赋予了更了解基层情况的乡镇一级政府，为治理违建工作奠定了法制基础，但是由于大规模运动式城乡结合部改造操之过急，市、区及基层政府对于控违拆违的工作很难做到事无巨细提前部署，发现问题往往只能事后围堵，这样当然很难保证在全市范围内所有地方都得到强有力执行。加上城乡结合部改造是以"挂账村"为重点，在流动人口扩散和当地农民的经济利益驱动下，重点村的改造结果仅仅是将违建推向重点村以外，新一批"挂账村"又将快速形成。

第二，绿隔政策：早期执行放口子太多，无法保全绿隔完整性，造成后果严重的系统性破坏。这是一项比较特殊的政策，目前这类政策只有北京有，因为只有北京规划了两道绿化隔离带，所以在国内基本上没有什么现成的经验可以借鉴。绿隔正好处在城乡结合部位置，所以涉及大量的村庄改造，需要大量的资金。绿隔地区即城乡结合部在20世纪80年代末、亚运会之前正式开始改造，当时的北京市财政是没什么钱的。本着"省钱"的良好初衷，制定了大量用"给政策"代替"给钱"的政策。所谓"给政策"，实际就是放口子，本质上就是豁免或赋予特权的。比如允许在绿隔里开发别墅，用卖优质地的钱换取社会投资人进行城乡结合部改造的资金。具体交换条件是投资人负责花钱把村拆了以后盖商品房，商品房就作为拆迁投入的回报。由于监管不到位，那时候的一些不良投资人进来之后却先把房子盖了，很多都是别墅、好房子，在当时也值不少钱。卖完了房再去拆村，这样投资人的现金账算得好了，但造成的问题太大了：一是占用绿化用地，不符合规划；二是拆迁一拖再拖，或者拆成个半拉子工程。这种放口子并且失控的做法对城市规划的系统性破坏是很严重的。北京市一看不行，赶紧出新政策纠正，1994 年出台了 7 号文，规定了一些用地比例，但是过于机械，"一刀切"的政策往往不好操作，推不下去。2000 年出台 12 号文，不允许自由开发了，只允许在绿隔地区发展绿色产业。给村里批一部分绿色产业用地，让村里继续发展产业，但必须是绿色产业，比如生态园、采摘园。随后是 20 号文，允许村集体自行开发建设商品房上市出售（此前是只准社会投资人开发），农村自住房屋与上市出售商品房的比例限制在约 1:0.5。课题组调研时了解到当时通州的一个村，就是这种模式。但是这个村赶了个晚集，这种模式已经快走到了头，推不下去了。在这种情况下，旧宫模式出现了，再往后就是后来 50 个重点村工程，接下来是朝阳六乡模式，即从村级统筹到镇级统筹。以上就是绿隔政策，它是一个完全独立于北京市各种政策以外的、以解决一个专项问题为目的的政策。说它独立，表现在如果政策不考虑全面性，它就主要解决一个特定时点上的问题，直接采取相应的措施，至于为什么总会出现问题，不去触碰问题根源。因为那个时代是国家政策变化最快的一个时代，所以要么不适应，要么迅速适应，两者都不符合系统缓慢生长的规律，但相比之下，迅速适应属于两害相权取其轻的次优选择。而迅速适应的实现方式，往往是"一刀切"，比如 2004 年"8·31 大限"以后所有建设用地必须"招拍挂"，原来村集体甚至村民自己开发建设就不能再进行了。这自然也会引起一系列的负面反应，这是后话，暂不详述。

第三，项目立项政策：缺乏项目统筹。项目立项审批的本质是与区域统筹相匹配的项目统筹，但北京市的项目立项和大多数地方一样，缺乏整体统筹的意识和方法。北京市发改委除了和全国一样的基本流程外，也有比较特殊的财政资金支持方式：一是全投，就是所有的项目资金都由财政来出；二是资本金出资，就是财政只足额提供项目资本金，其余资金去银行贷款，由未来项目收益偿还；三是补贴，主要是针对项目运营管理的缺口作合理补偿；四是贴息。这四种方式具体如何把握，并没有项目统筹的思想，没有整体统筹，就不能保证"好钢用在刀刃上"。北京市城乡结合部项目的立项在发展中有些新的尝试，一是与规划研究的衔接，审批的前提是规划的严格支撑；二是具体项目实施方案的落地，对于前置条件，如集体经济组织改制、参与主体、资金来源、土地开发模式、安置补偿方案等都要进行详细的征求意见和研讨，保障项目的落地性；三是随着这两年集体土地试点工作的启动，将审批权限逐渐下放，加快立项审批流程。这些新的尝试表现出的立项政策发展方向是细化和下放，与项目统筹不力的问题显然是南辕北辙的。

第四，土地政策：执行较好而改革滞后，反而加剧城乡二元矛盾。我国现行土地制度是造成城乡二元差异和矛盾的根源性制度之一，只要城乡二元制度存在，这一基本矛盾始终是城乡结合部建设面临核心问题。北京市与综合改革配套改革试验区城市相比，北京的改革总是倾向稳健甚至相对滞后的。北京的土地政策就是如此，总体上与全国土地基本制度保持一致，并且执行较好，并没有特别解决这一根源性问题。由土地的城乡二元差异衍生出一系列制度矛盾，使旧有城乡二元导致的城乡差距在一定程度上进一步扩大。

第五，征地拆迁政策：走在全国前沿，尤其关注对原住民的利益保护，但因缺乏统筹推动了地价过快上涨。最典型的就是 2004 年的 148号文①，还有其他相关拆迁政策也都很有特殊性。148 文关于征地补偿办法提出了这么几条原则：第一条原则是征地和转居环节的"逢征必转"原则。什么叫逢征必转？就是只要征地就要相应地对失地农民进行转居，起初一般是以村集体为单位，按征地面积占全村耕地面积的比例，对村民做同比例的转居。这样问题就来了，一个村的地没有全征，那么转谁不转谁？转多少是由市里决定，但具体转谁市里不干涉，全由村集体内部自主决定。于是就出现了很多有意思的事情，比如有的村把

---

① 《北京市建设征地补偿安置办法》（北京市人民政府令第 148 号），2004 年 5 月 21 日公布，2004 年 7 月 1 日起施行。

转居费用的钱就留在集体了，有的村盘算着孩子将来转居是不需要费用的，那就只报岁数大的，优先报 50 岁以上的所谓"超转人员"，超转人员转居费用标准高，多报超转人员就能得更多的转居费用。由于征地往往是一步一步征的，慢慢就会发现每一批转居都主要是 50 岁以上的，因为刚转完一批 50 岁以上的，到下一批的时候又有一批够 50 岁了。所以转的总是超转人员，市里为此多付了很多费用。还有一些所谓公平问题，比如集体按年龄往下排定下来 50 个转居名额，最后几名和未入选的一些人年龄可能也就相差一个月、几个月，未入选的就愤懑不满，找村领导闹。还有抓阄的，这就更不靠谱了，常常打架打成一锅粥，一打打半年，打完了费用上涨了，原来给的费用不够用了，然后又向上级申请，一申请又两年，等审批下来情况又变化了。所以，北京的转居政策，本意是为老百姓好，是很好的政策，是很多外地老百姓想要而没有的政策，但因为实际操作中的"一刀切"及其他问题，落实起来也保不准发生意外的事情。

第二条原则是拆迁补偿中的实物补偿原则。和全国现行的以货币补偿为主的方式截然不同，北京市长期以来坚持的是实物补偿，就是补房不补钱，后来也补一些钱，但不论明补暗补至今仍是以补房为主。因为农民知道要钱没用，钱到手能买到多少房、能不能买到房都很不确定，所以老百姓也坚持要房，动辄要多少套房，或者钱房一起要。北京的村庄拆迁和商业性开发多少都有些关联，市里主张宜宽不宜严，虽然老百姓漫天要价，但也是能给就给。于是，前面各村都互相攀比，前面的村得了个好价钱，后面的村要价就只能比前面的高，不能比前面的低。开始是相邻各村攀比，到后来就是相邻各个乡镇攀比，最后甚至是跨区攀比，比如丰台区某乡拆迁时要价参考就是海淀区的唐家岭。经这一次次攀比下来，拆迁费用芝麻开花节节高，地价房价一路疯涨，今天北京高得吓人的地价房价和这不无关系。举个例子，拆唐家岭的时候正在推"50 个重点村工程"，给的政策非常好，叫作"双 50"，即每人给 50 平方米的住宅，用来解决居住改善问题；再给 50 平方米的商铺，用来解决收入来源问题。这么好的政策唐家岭的老百姓当然搬得欢天喜地。但到了 50 个重点村以后的其他地方的时候，村民提出的条件就认准要赶上按唐家岭的政策。补偿条件看起来前后要的只是追平，实际上因为房价几乎是隔两年就翻一番，补偿标准实际也是一路翻番的，房价涨了十倍的话，补偿标准就至少也是涨十倍。

第六，环境整治政策：治标不治本。城市环境很重要，但城乡结合部地区的环境问题是其整体发展问题带来的衍生问题，因此环境整治政策本应在整个城乡结合部改造体系中处于从属位置。而各区的环境整治政策通常会因为"面子"上过不去而投入较多资源。比如朝阳区之所以要整治环境，主要动因是市容环境和施工环境太差，导致道路泥泞，污水横流，当时流传两句话："开得起好车，上不了好路"，"喝得起好酒，喝不了好水"。这样的政策动因，无论多大的执行力度，也是治标不治本的。

第七，流动人口管理政策：连治标的效果也未达成。当时课题组去调研的村子全部是人口倒挂，就是外来人口超过本村人口。人口倒挂最严重的是昌平区东小口镇的贺村，本村居民一个都没有了，全部是外地人。贺村的村民都已经上了自建回迁楼，但村并没拆，而是把原来的宅子房屋租给了外地人，主要是收破烂的。于是贺村整个就变成一个破烂村，人口倒挂比例已经是到了极限。唐家岭当时人口倒挂现象也非常严重，但好在本村所有村民还住在村里当房东，本地人、外地人比例大约1:10。各家各户是大量的六七层楼，虽然形式上像是公寓式的集中管理，但政府的流动人口管理跟不上，登记制度不完善，谁也不知道住在这里的都是些什么人。城中村的流动人口是一个"伪熟人社会"，表面看大家互相也认识，但实际上互相很难真正了解。这就难免有很多不稳定因素。

第八，公共服务政策：针对城乡结合部流动人口的公共服务严重缺位。流动人口这么多，公共服务怎么做？流动人口也有孩子，孩子也得上学，人生病了也得看病，这都需要公共服务。在村里，所谓公共服务就是"六小"：小旅馆、小饭店、小作坊、小浴室、小娱乐（歌厅、舞厅等）、小休闲（茶社、美容美发厅、足疗等），消防隐患很多，食品卫生没有保障，文化消费"三俗"泛滥，但生意非常火，因为没有像样的公共服务，他们只能选择这些。

第九，维稳政策："十个指头按跳蚤"按不住。没有维稳就没有重点村的这件事。当时226个挂账村是按两个标准选出来的：一个是发生过刑事案件，比如出过杀人案；一个是发生过安全事故，比如煤气中毒。这226个挂账村都是出过大事的。后来又"优中选优"，从226个挂账村中又选出50个重点村，从政策就能看到结果："跳蚤"只能是被撵到别的村去，连"按"都"按"不完了。

第十，就业社保政策：鼓励就业失败，直接放弃了一代人。转居政策的前身叫"转工"，就是给失地农民安排非农业工作，这种做法带有强烈的计划经济色彩，靠行政强制安排的工作是维持不了太长久的。转工政策执行一段时间以后，变成鼓励农民工自主就业，鼓励企事业单位招聘失地农民。这些政策落实得都不太好，原因说到底，是北京拆迁政策太好了，农民虽然没有新的劳动技能，素质也没有提高，但只凭拆迁也已经全都有钱有房，成了有产阶级，不用干活也能每天喝酒吃肉，生活问题完全解决了，也就完全失去了奋斗的动力。能开着自己的豪车去当滴滴专车、出租车跑的，已经算是很勤劳的了。不管是政府、街道、居委会还是谁来规劝他们就业都没用，因为他们比干部有钱。多年经验表明，要想着把失地农民素质提高多少以让他们适应城市生活，在本代人是不现实的，即使提高，机会也主要是在下一代。

第十一，集体经济产权制度改革政策：因受制于土地制度而推行缓慢。前面提到早期绿隔政策执行时村里和房地产开发企业合作有很多问题，为什么当时会出现这样那样的问题呢？有一个根本的原因，就是村集体原本是基于宗族关系的自治社会，后来是土地集体所有制的农业互助合作组织，并没有形成现代企业管理制度。我国从 20 世纪 90 年代开始推行集体经济体制改革政策，北京市推行还要晚一些，2003 年 13 号文①开始提出深入乡村集体经济体制改革，加强资源管理。其后，远郊区改革推进得都不错，而近郊就是城乡结合部地区推行得反而不好，原因是这个政策主要针对产业，而土地不作为资产和产业的重点进行规划。而城乡结合部地区的产业恰恰是相对最难搞的，村办产业怎样也竞争不过城市的现代化企业，而仅有的比较值钱的土地又已经被征得差不多了，即使剩得还有点地，集体土地怎样参与城市开发建设还远没有破题，所以这项政策在城乡结合部地区推行得一直特别慢。

全国各地城乡结合部改造的三种基本逻辑

全国各城市几乎都有城乡结合部问题，各地也都做了不少工作，积累了很多经验。我们对照全国各地城乡结合部地区改造经验，梳理出来了包括北京在内的三种基本逻辑，以供北京借鉴。

第一种逻辑也是我们认为最治本的一种逻辑，就是通过改革赋予城乡统一的发展权，它不仅仅是一种着眼于房屋、户籍等具体事物改造的"物理"逻辑，还是一种发展和改革的"事理"和"人理"逻辑。体现这种逻辑最典型的是重庆的户籍改革和地票交易，允许农村的建设用地腾退，按一定系数折合成土地指标，使这个指标可以交易，同时自发完成农民向市民的转变。在户籍改革和地票制度下，农村建设用地腾出来之后变成农田了，原土地使用权的主人通过地票交易使一块市区内部或边缘的新地获得了开发指标，地票主人的发展权问题也解决了。成都更加激进，可以直接对集体建设用地进行买卖。但原来宅基地上是一栋民

---

① 《中共北京市委北京市人民政府关于进一步深化乡村集体经济体制改革加强等体资产管理的通知》（京发［2003］13 号）。

房，卖了还是民房，只不过换一家人来住而已，不管谁来住，住在一样的房子里就都一样，并没有实现增长。其他地方的土地增减挂钩是这种逻辑，本质上都是赋予城乡居民同等的发展权，但前提是城乡居民（主要是农村居民）必须流动起来，这种发展权才能实现。

第二种逻辑是广州和深圳的"三旧（旧城、旧村、旧厂）"改造，它们的逻辑可以称作城市再开发的逻辑或者是一、二级联动的逻辑。它和第一种逻辑的差异是什么呢？城市再开发的逻辑的重点是着眼于"区域"的功能改进，不是不重视人，而是不希望人离开自己的土地才实现发展权。还是同样这块地，还是原来的主人，通过一、二级联动模式的改造对这块地的基础设施、公共服务配套及产业作了改进，就实现了经济增长，是一种"属地化"的改造。

前两种逻辑都是很好的逻辑，对比着看，我们认为重庆地票模式好在它使有限的资源集中到了价值更高的地方，符合市场经济的资源配置效率优先的原则，也符合重庆和成都这样市区郊区农村发展水平差异很大的区情实际；而广州和深圳的城市再开发逻辑好处在于区域发展更均衡，没有把原业主从自己的祖地故土上赶走，就地实现了发展，也比较符合珠三角这片广袤的区域基础设施和发展水平普遍比较高的区情实际。

第三种逻辑是北京和上海的发展逻辑，是以户籍为核心的改造逻辑。这种改造逻辑再具体就是两个关注点：第一个关注点是消灭农业户口。北京市有农转居的政策，上海市有不给农村新生儿上户口的政策，都是致力于降低农业户口比例。第二个关注点是原住民的搬迁上楼和生活改善。北京和上海的逻辑是最初级的逻辑，还是将公共服务和福利保障与户口绑定、使户口身份化的做法，但是这好歹比其他很多地方要好一点，比如东北某省，农村拆迁改造时连农转居都不管，只管把农民的地腾出来就行了。再早些时候全国基本上都是这个思维，对农民利益是很忽视的。即使是有了新农合以后，新农合也远比不上城镇医保的保障水平。

三种逻辑都各有优劣，北京城乡结合部地区发展要对全国经验进行综合借鉴：一是要以区域统筹为基本方法，以项目统筹为抓手，统一城乡发展权；二是要充分尊重各区域相关主体意愿诉求，调动各方主体参与和配合开发的积极性，尽可能在原地进行城市再开发；三是以转居为基本手段积极促进人的城镇化，并注重保持在城乡居民之间进行公平合理的公共服务与福利再分配。

北京城乡结合部改造思路框架

在审视北京城乡结合部复杂现状和政策环境的基础上，分析了各种逻辑的偏重、优点和缺陷，从复杂政策中抽取合理部分，并跳出部门思维，以新的思维建立新的工作主线。我们认为，全国经验对北京城乡结合部地区发展的借鉴启示是："一个根本逻辑，五项具体改造措施"。

"一个根本逻辑"是，坚持自下而上和自上而下相结合的区域统筹和项目统筹。

"五项具体改造措施"是"调、拆、建、转、管"。

自下而上和自上而下相结合的区域统筹和项目统筹

通过调研我们已经看到，城乡结合部的各村各类问题外表看起来差不多，实际内涵却大不一样。所以采用"一刀切"的方式是不行的。早期改造政策实际上都是"一刀切"的方式。说客气些就是对历史遗留问题和现实复杂性的一种妥协，说得尖锐一些，这其实是一种懒政思维。当然，有些时候妥协是无奈的选择。那么，对城乡结合部的这些问题究竟有没有更好的方法呢？我们想是有的，那就是自下而上与自上而下相结合。

比如，政府自上而下的政策要想避免"一刀切"的弊端，那就建立在仔细了解各村情况的基础上。对各村采取不同的政策，要先甄别各村不同的发展动机。有些村原本有发展动机，政府考虑的时候就可以暂时跨过去，对这些村采取"无为而治"的政策，如果管太多，对其发展反而是个干扰，对政府来说也增加了无谓的高昂成本；但是有的村没有发展动机，或者现实困难很大，政府不帮助他们，不采取一定的"有为"政策，靠他们自己的力量永远也跨不过去，这些村是政策帮扶的重点。

北京市城乡接合部改造的工作原来一直缺乏统筹，项目统筹和区域统筹都没有，怎么干靠拍脑袋，征哪块地看区里面修哪条路，什么时候实施则坐等上面拨的项目资金到位。我们课题组提出从项目统筹开始加强统筹，让各区发改委组织各乡镇书记或镇长开会，各自报告三到五年打算做的重点项目。就这样，涉及城乡结合部的几个区通过这种会准备了一大批项目。然后我们对这些项目进行了梳理，发现一个特点：乡镇想干的项目和市、区里规划的项目很不一样，差异特别大：基层想干的项目不一定是上级想干的，上级想干的项目也不一定能满足基层的需求。所以，本课题首要的重点就是要了解上下各级发展需求之间关系。现实中，政府各部门之间的沟通很有限，主要限于一二把手领导与领导之间的沟通，一把手之间的沟通效率很高，但毕竟领导的特点是抓大放小，一般不太关注技术层面上的"小事"，但实际操作中技术操作层面的东西信息量非常大，必须做好、做专业，并且只凭中基层干部和公务员都远远不够，经常需要有专业机构辅助甚至主导。

调研时我们还惊讶地发现，自下而上这个做法很多乡镇干部竟然很抵触，一了解原因，原来是因为过去乡镇都报过项目，只是报了都白报，上面只反馈说"刷下来了"，也没有给充分的理由解释为什么被刷下来了，下次再报仍然不知道怎样报才可能不被刷下去，于是就再也没有报项目的积极性了。其实上面倒也不是和基层对着干，上面有上面的考虑，比如要作平衡，但是这些平衡缺乏系统的考虑，缺乏真正的区域统筹和项目统筹。我们提出还是要通过区域统筹和项目统筹来解决这个下级不信任上级、基层没有积极性的问题。

所谓区域统筹和项目统筹，就是在区域层面所有项目有一个统一的逻辑。这个统一的逻辑只有统管全区域的上级政府才可能有，不要指望基层有这种统一逻辑，因为：第一，基层看到的是点，看不到面，一个项目基层自我感觉很好，很有亮点，放在全区域看就未必合适；第二，看得见"分"，看不见"统"，就像庙里和尚分饭，每个和尚只能看到自己碗里有多少饭，不知道别人碗里有多少；第三，基层更关心的是本位利益。

所以，区域统筹做好做不好，关键看上级的逻辑对不对、好不好、清晰不清晰。北京市政府、区政府的水平不可谓不高，和全国相比肯定是佼佼者，但为什么区域统筹和项目统筹做得不好呢？因为北京基层的"上面"太多了、"上面的逻辑"太多了！而不是没有逻辑。以唐家岭为例来说明北京的这个问题。唐家岭过去就老被占地，本项目调研过的永丰产业园，是属于中关村国家自主创新示范区的；其他被占的地，有的属于海军，有的属于某省驻京办，面对他们来占地的事，村和乡镇没有决策权，甚至不敢讨价还价。

再如朝阳金盏乡，北京市按照市里定的产业规划和空间布局，把金融后台服务园区放在了位于使馆区和首都机场之间的金盏乡，金盏乡的干部一堆的牢骚："我这么好的地方你们给我个金融后台服务园区，这算什么产业！不就是放机器的地方吗？来一堆人不说，还没有税收，干嘛就光让我出力？这些产业应该统统搬到外面去！"这句话讲得有道理，确实如此。像贵州这样的地方干大数据中心、后台服务中心是合适的，因为地便宜、电便宜、人工也便宜，不需要什么高科技的人才。事实上，贵州搞大数据中心，直接原因正是北京没有做下去。北京规划了四个大数据中心——黑山扈、台湖、金盏、稻香湖，除了黑山扈，其余的三个地方都没有做，在北京周边都没找到合适的地方。北京市副市长陈刚调到贵阳当书记，于是就把这个项目带到贵阳做成了。

五项改造措施：调、拆、建、转、管

北京城乡接合部这么多问题、这么多政策、这么多在国家政策制度改革中产生的新情况，决定着北京必须走政策集成的道路。政策围绕一个什么样的思路集成呢？这就是本项目的重要起因，最直接的是解决50个重点村的改造工程从项目立项、资金来源、推进步骤等方面有效推进的问题，这正是我们团队已经形成的投融资规划方法的用武之地。

课题组当时在北京深入调研了9个村，通过9个村的案例研究将北京市城乡接合部50个重点村改造政策集成为一个总的目标——"实现安居乐业一体化"，五项核心工作内容（流程）——"调、拆、建、转、管"。

"调"就是调整城市规划，给予规划资源。

"拆"是拆除不合法建筑，拆除不符合经济发展的物业和建筑。

"建"是建安置房、回迁房，建设高标准城市。

"转"有两层意思：一是局部产业形态转型，二是整建制转居。前面提到148号文的按比例转居政策导致抓阄、转老人不转小孩等现象，吸取以前的教训，将"逢征必转"完善为"整建制转居"，就是不管征多少地、征不征地，规划定下来拆迁的村就全体村民一次性全部转居。从节约资金的角度讲，村里的地也许会转一半留一半，但是村民必须全部一次性全部转居。

"管"是要加强城市管理模式向城乡结合部地区的推广，及早介入，充分考虑后续工作。

政策集成以后也有一些问题不好解决：第一个问题，这50个村拆了以后，里面原有的那么多流动人口何去何从？如果说建租赁房，等他们再回来租，而建设过程就要两三年，两三年后这些流动人口在其他地方早就安定下来了，肯定不会再回来，除非是已经和村里联姻结亲的。并且等改造完以后，房租肯定涨了。比如 2017 年 11·18 大兴西红门火灾事故以后，很多人拎着行李箱夜里出来找房，周边的房租一夜涨了 1 000 元钱，甚至有翻番的。也许应急会住上一段，但长此以往大部分人肯定是要走的。

第二个问题，唐家岭拆了，它旁边还有两个没有改造的村，立刻就变成了新的"唐家岭"，从唐家岭迁出的人全部搬那个村里面去了，生活方式没有任何变化，这说明这种低成本生活方式是有着强劲的需求和惯性的，拆迁并不能消灭这个庞大的群体。以后再改造这两个村的时候这个"调、拆、建、转、管"的过程还得再来一遍，政府和相关主体总是在反复支付这种成本。于是，北京市近年推出朝阳六乡的试点，从村级统筹开始向乡镇统筹的思路转变。

国土资源部正在推行全国 600 多座城市划定开发边界工作，这项举措对限制城市发展规模、避免无序扩张有着重要意义。但同时也要注意，产业发展有其自身规律，乡村同样也在并迫切需要发展，产业发展并不一定局限于城乡边界发展，产业大量向城市边界之外溢如果不能及时加以引导的话，就会演变成为各种非法用地。也就是说，作为一种介于城市和乡村之间的过渡形态，城乡结合部问题将是长期问题。如果引导合理，应当能发展成为产业与生态密切交融、人与自然和谐相处，非城非乡又亦城亦乡的具有独特魅力的区域。因此，城乡结合部问题不能只单纯采用城市建设管理部门建设和管理城市的工作方法，而需要城乡统筹考虑，城建乡建相结合。要促进城乡统筹发展，城乡居民平等的发展权是城乡结合部地区发展的根本目的，具有城乡融合特征的创新型项目是城乡结合部地区发展的抓手，打破城乡边界的政策是城乡结合部地区发展的保障，城乡融合型产业经济是城乡结合部地区发展的活力源泉。创新解决城乡结合部地区发展问题，将让城市繁荣与乡村振兴相辅相成，相得益彰！

tips：

留下一些你的感想吧

第十五章　案例10：某国有投资公司投融资规划

——国企转型要量力而行

投资公司主要的经营业务是完成各类项目的投资工作，并以此获得经营利润。因此，这类企业日常经营工作的重点就是开展各类投资、融资、管理工作，而项目投融资、管理是一项系统性工作，关系到公司的日常经营发展，因此投融资规划的主要目标就是解决企业的经营发展问题。

某国有投资公司是一个大型国企旗下的一级投资子公司，该公司专门从事各类基础设施领域的投资业务。2015 年，该公司面临一次重要的发展转型，调任该公司的领导是荣邦瑞明的老客户，他深知投融资规划的价值，也期盼运用科学的理论工具指导公司转型后的发展，从而获得更好的效果。因此该领导一到任便找到我们，希望基于公司的五年发展规划做一个同期的投融资规划，通过盘整公司的现有资源，摸清家底，找出未来五年公司的经营潜力、经营空间和经营方向，并提出一套完整的投融资解决方案。

万事开头难，认知现实摸清家底

某国有投资公司是 20 世纪 80 年代成立的，成立之初是一项大型基础设施的项目公司，2011年该公司完成改制，成为一家名义上以投资为主营业务的投资公司，但并未开展实质的投资工作，仍然以完成集团下达的投资经营工作为主，并持有大量资产。截至2015年，集团正式批准该公司转型发展，允许该公司自行决定经营业务与投资方向，自行扩展业务范围与业务渠道，给予了较大的经营自主决策权。

该公司要逐步向市场化经营方向转变，首当其冲就是要认知自我摸清家底。荣邦瑞明团队进驻项目后，收集了该公司过去几年的财务报表，了解其经营状况，通过初步摸查，我们对该公司的现状有了最直观的认知。从账面上看，该公司有三类资产占比较大，第一类是有价证券，该公司在二级证券市场上持有大量股票，在2015年底市值超过10亿元；第二类是股权投资权益，该公司以控股方式投资了三家中小企业，有的公司投资效益显著，账面价值已经翻倍，但也有亏损的，账面价值出现了缩水；第三类是经营性资产，该公司持有若干经营性物业，以租金方式获得收入，持有的经营性物业时间都很长，在过去十多年房地产行业发展的大背景下，这些经营性物业都产生了大幅度的增值。

综合评价过后，我们初步判断该公司处于向专业性投资公司转型初期，资产规模有限，资产结构简单，长期以来经营业务单一，收支平稳，负债很少，总资产负债率不到10%，2016年前各项经营财务指标几乎没有什么变化。万事开头难，较为单薄的家底是无法规避的现实，但较低的资产负债率，为其未来的转型发展与投融资业务的快速推动保留了巨大的空间。

认清市场形势，制订可行目标

发展是要循序渐进的，该公司将最初的5年定义为向专业性投资公司转型的起步期，在该阶段公司有哪些优劣势呢？我们对它的发展现状做了 SWOT 分析。首先在优势方面，俗话说大树底下好乘凉，借助集团公司的强大实力，该公司信用状况好，评级高，受金融机构追捧，其自身也具有基础设施投资领域的背景、资源、团队、合作方等。同时劣势也相对突出，就是现有经营规模较小，业务单一，融资渠道单一，缺乏现金流。在机会方面，彼时 PPP 模式刚刚推广，基础设施项目投资机会呈现井喷之势，该公司转型伊始便站上了市场的风口。面临的风险方面，PPP 的热潮同样会促使更多的民营资本通过 PPP 模式闯入基建领域，打破了地方性国企和央企的垄断，该公司注定会面临激烈的市场竞争。

基于这四个方面的分析，我们认为该公司在未来几年的发展中，若要立于不败之地，要坚持两个发展理念，一是通过持续经营形成一个合理稳定的经营现金流。二是迅速做大做强资产大幅提升自身融资的支撑能力。在这一理念下，我们为该公司初步制订了一个五年累计 150 亿元的投资目标，每年保持 20%～40% 的业绩增长，我们认为这一目标是符合该公司发展现状并且能力所及的。

应该如何去做呢？这就需要从投融资策略的角度加以设计。

发挥自身优势，设计投融资策略

在投融资策略设计上，我们重点从对投资项目的评判标准，投资方式策略、融资方式策略、风险控制措施四个方面入手，分别解决如何选择项目，怎样开展投资，如何开拓融资渠道，怎样识别与控制风险的问题，为该公司的投资融业务开展指明具体方向。

第一，我们制定了一套投资项目的评判标准，分别从区域评价与项目评价两大维度入手，其中区域评价主要包括经济人口情况、政策环境、政府财政收支、政府信用与履约等，以上指标能够客观评价项目所在区域的经济增长是否稳定，三产结构是否合理，地区人口是否呈现增加趋势，各级支持政策是否到位，财政收支是否稳定，地方政府有无违约记录，支付能力是否充足等情况，有利于企业对项目区域做出判断和整体认知；项目评价主要包括项目类型、投资规模、回报机制、财务指标等，以上指标能够客观反映项目自身的真实状况，实现投资的科学决策。基于决策指标设计了对投资项目评价的定量标准，用于指导该企业筛选投资项目。同时我们研究国家重大的发展战略，寻找区域投资机会，包括"一带一路"、京津冀一体化、依托黄金水道推动长江经济带发展等国家战略。

第二，通过设计投资方式和出资比例，在增加资产规模的同时有效控制该公司的资产负债率。我们提出的原则是：控股战略意义大、经营条件好的项目，提高资产质量；参股投资规模大，综合效益好的项目，增加资产规模。

第三，根据资本市场情况和自身资源情况，建议该公司采用多种融资方式筹集资金。如信用类融资、担保类融资、资产证券化、基金等。我们认为该公司的融资规模取决于外部资源和自身资源对融资的支撑力度。争取集团的注资、借款、融资支持等措施，同时盘活公司现有资产，充分利用未来经营增加的资产与权益，解决资金筹集问题。我们提出了具体三点策略，一是在项目建设期，可以通过委托贷款、银行贷款等方式筹集自有资金和非自有资金，在项目建成后，可以利用建成项目的资产、投资收益等进行融资，盘活存量资源；二是适时发起成立产业基金，以基金对项目进行股权投资，作为项目资本金的补充来源；三是降低融资成本，遵循内源性融资和债务融资优先原则，适当降低融资期限，增加企业信用和议价能力，开拓市场渠道。最终我们为该公司提出未来五年企业的理想融资结构。该理想融资结构秉承的设计原则是：在风险可控的前提下降低平均资本成本；近期本着匹配项目周期的原则，以使用中长期融资为主；中远期随着公司经营扩大，抗风险能力增强，适度增加低成本的短期融资，提高资金的灵活性。

表 15 – 1 理想融资结构示意表

百分比（%）	2016 年	2017 年	2018 年	2019 年	2020 年
来源					
资本市场工具	0 ~ 10	0 ~ 10	0 ~ 10	0 ~ 15	0 ~ 15
中长期银行贷款	80 ~ 90	80 ~ 90	75 ~ 85	70 ~ 80	60 ~ 80
短期银行贷款	0 ~ 10	0 ~ 10	0 ~ 10	10 ~ 20	15 ~ 25
息率类别					
固定利率	5 ~ 10	5 ~ 10	10 ~ 15	10 ~ 15	15 ~ 20
浮动利率	85 ~ 95	85 ~ 95	80 ~ 90	80 ~ 90	75 ~ 85
还款期类别					
两年以内	0 ~ 10	0 ~ 10	0 ~ 10	5 ~ 15	5 ~ 15
2 ~ 5 年	0 ~ 10	0 ~ 10	0 ~ 10	5 ~ 20	5 ~ 20
5 年以上	80 ~ 90	80 ~ 90	75 ~ 85	70 ~ 80	60 ~ 80

第四，我们向该公司强调了识别与应对风险的必要性，分别从政策风险、经济风险、金融风险、管理风险等方面对常见风险进行了分析，提出了应对措施。

表 15 – 2 项目风险与一般应对措施

风险种类	风险因素	风险分配	应对措施
政策风险	政策法规变化	政府承担	合同中约定赔偿责任
	运营管理标准提高	政府承担	相应增加的成本由政府承担，企业负责实施
经济风险	通货膨胀	共同承担	控制成本、加强管理，制定调价机制
	劳动力成本上浮	共同承担	制定调价机制
	市场环境变化	企业承担	控制成本、加强管理
	价格波动	共同承担	合同中约定小范围波动企业自行承担，大范围波动约定额外补贴或收益分享
	分包商经营不善	企业承担	严格对分包商的资格审查，造成损失须进行赔偿
金融风险	利率浮动	共同承担	合同中规定贴息机制

续表

风险种类	风险因素	风险分配	应对措施
管理风险	工作决策失误	企业承担	完善决策程序，充分做好研究论证
	合作方违约	企业承担	向违约方追索
	分包或供应方违约	企业承担	严格进行资格审查
	工程进度延误	企业承担	加强管理提高效率
	质量达不到合同要求	企业承担	严格按照合同及规范施工，健全质量管理体制
不可抗力风险	自然灾害、战争等	共同承担	购买财产保险，用于灾害后项目设施的修复，免予承担违约责任

细化实施路径，落实投融资规划

制定投融资规划为该公司的经营发展提供了具体的指导，这是一次有益的探索，对投融资规划的发展和丰富，对于开拓投融资规划的边界都具有十分重要的意义。

投融资规划指明了具体的实施路径，基于前面的分析和结论，我们提出以下三点结论。

第一，在控制负债率的前提下完成投融资。我们模拟出一个落地方案，可以为每年的投资计划提供参考。在合理安排每年投资、出资比例的情况下，建议该公司在起步期投资项目的整体控股比例、出资比例应该控制在80%左右，这样既能够比较好地实现公司资产较快的增长，同时也能控制资产的负债率水平。在2020年以前可以保持资产负债率在70%以下，理想情况下可以控制在66%。这样既能够完成投资任务，也能够有效地控制债务水平。同时，基于每个项目的投资额和类型，来选择每年投资项目的数量；根据每个项目周期的长短和资金回流的快慢，来决定投资时序与节奏。

第二，将150亿元的投资计划任务分解到具体行业领域上。当时，我们研究了 2003 年至 2013 年全国基础性公共服务和资产性投资的情况。得出的结论是，过去十年，在公用事业、交通运输、生态环保和保障住房四个行业上，投资额保持稳定并名列前茅。基于这几个行业的情况，我们对该公司 150 亿元的投资计划任务做了一个分解。例如，建议重点投资交通运输行业项目，计划投资占比 60% ~ 70%，其他任务额度重点投到生态环保和公用事业领域。

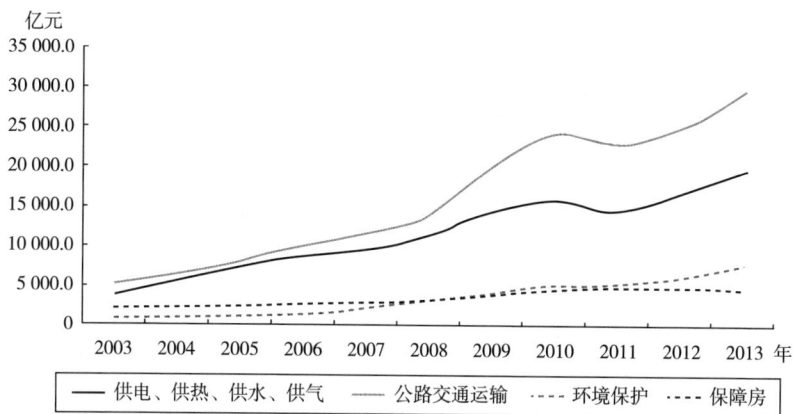

图 15 - 1　2003—2013 年我国基础设施与公共服务设施领域固定资产投资情况

第三，明确股权投资的领域方向。我们对 2006 年到 2014 年 A 股市场上主要行业的上市公司做了一个数据研判，分析这些上市公司的报表、负债、收益、权益、净利率、毛利率等，从盈利和杠杆两个维度对主要行业做一个判断。当时的判断认为，石油石化、煤炭、有色、钢铁、农林牧渔、房地产属于最困难的行业。以传媒、电子、休闲服务、医药生物、环保工程及服务、动物保健、风电设备、光伏设备等为代表的新兴行业表现较为亮丽。我们认为该公司在股权投资领域的选择上，应尽量规避石油石化、煤炭、有色、钢铁、农林牧渔、房地产等传统行业，重点关注生态环保、物流、生物医药等行业。其中物流行业是公司传统的优势领域，应该发挥自身资源进行深耕，生态环保、生物医药行业属于公司具有一定发展基础和资源，且发展前景较好的新兴行业，应作为投资重点方向。

表 15 - 3　　　　　2006—2014 年各行业上市公司数据比较

特征描述	行业名称	杠杆率	负债同比	净利率	净利润同比
盈利改善	汽车	升	升	升	升
	轻工制造	升	升	升	升
	传媒	升	升	升	升
	综合	升	升	升	升
	基础化工	升	升	升	升
	电力设备	降	升	升	升
	家电	降	升	升	升
	纺织服装	降	升	升	升
	通信	降	升	升	升
盈利尚未改善	电力及公共事业	降	升	升	降
	国防军工	升	升	降	升
	机械	升	升	降	降
盈利改善	建筑	降	降	升	升
	商贸零售	降	降	升	升
	建材	降	降	升	升
	医药	降	降	升	升
	交通运输	降	降	升	升
	计算机	降	降	升	升
盈利恶化	农林牧渔	降	降	降	降
	电子元器件	降	降	降	降
	餐饮旅游	降	降	降	降
	食品饮料	降	降	降	降
	石油石化	降	降	降	降
	煤炭	升	降	降	降
	有色金属	升	降	降	降
	钢铁	升	降	降	降
	房地产	升	降	降	降

启示与建议

本案例是投融资规划方法应用于企业发展战略的重要探索，通过这个案例我们可以总结出三点重要启示。

第一个启示：投融资规划方法应用于企业发展战略是完全可行的，并可以推广到一切信用主体的投融资活动。在相关行业领域，很多人一直对投融资规划方法有某种误解，认为投融资规划方法主要是"玩"土地的，就是必须以土地为核心来解决区域发展问题。这个案例很好地用事实纠正了这一认识的偏差。区域投融资规划是一套系统性的方法论，我们将其广泛地应用于各类实践，我们认为这一方法论具有勃勃生机，它不只适用于指导一个区域的整体发展与投资建设，也可以适用于指导一个投资型企业的经营发展。从投融资规划方法来看，企业和区域本质上是相同的，都是合法、有效、独立的信用主体。也可以反过来说，只要是合法、有效、独立的信用主体，其投融资活动都可以用投融资规划方法来指导。

第二个启示：企业和区域也存在重要的不同，投融资规划具体方法需要作出适当灵活调整。

第一个不同是资产结构不同。以本案例中的国有投资公司为例，其主要资产是有价证券、股权投资权益、经营性资产三类，种类相对较少，资产流动性较强；而一般政府掌握的资产种类要多得多，比如土地、城市基础设施、公共服务设施、国有企业资产、办公楼物业、水利设施等，固定资产比例较大，资产流动性偏弱。一般来说，企业资产种类较少，虽然易于盘整，但实施投融资规划的统筹空间小，风险也相对集中，且资产流动性强，需要进行动态考虑，投融资规划方案的编制难度并不低。

第二个不同是行为方式不同。企业是盈利性主体，可以说逐利是其天性，社会责任只是兼顾，即使是社会责任感相对较强的国有企业也大体是如此；而政府是非营利性主体，政治上的考虑和社会责任永远超过对营利性的追逐。由于这点不同，企业就可以毫无顾忌地在合法合规的前提下选择适合自己禀赋和风险偏好的行业重点发展。在本案例中，咨询团队就为企业提出了重点行业投资方向，最大限度地规避风险，提高投资效益。

第三个启示：国企改革、平台公司转型亟须投融资规划。

国企改革是一场持久攻坚战，在不同阶段有不同的改革重点。如果说20世纪90年代的国企改制重点是产权改革和建立现代企业制度，那么当前阶段的重点任务就是经营权的改革。同时，地方政府融资平台也已经被推上了改革日程，中央要求其必须尽快向市场化运营的国有企业转型，否则将面临着更多的限制甚至被清理。我国是以公有制为经济基础的社会主义国家，国有企业拥有海量资产，并且由于历史和现实的原因，资产情况极其复杂，国企改革仍是一项艰巨而漫长的任务。本案例中的国有企业具有一定的典型性，其通过投融资规划较好地完成了现阶段的改革和转型任务，表明投融资规划是助推国企改革的有效工具，它使改革从"摸着石头过河"式的探索试验变成了有着科学理论指导的系统工程。

基于以上启示，我们认为，投融资规划方法用于指导企业经营发展是一个很好的方法，要继续不断在实践中完善投融资规划方法在指导企业经营发展中的应用，还要做好以下工作：

第一，加强对无形资产、资源和财产权的研究。本案例实现了投融资规划方法抛弃土地这一重要价值载体以后在企业中的应用，但是所盘整资产资源仍以有形资产和资源为主，对知识产权、文化、市场机会权等新资产缺乏有效的评估手段。在互联网和知识经济时代，以互联网科技公司为代表的许多新型公司都是轻资产运营，传统意义上的有形资产非常少，而流量、用户、机会等无形财产对公司经营和融资起的作用越来越大，公司估值和融资方式发生了极大的变化。投融资规划方法要在企业发展中发挥越来越重要的作用，就必须加强对流量、用户等无形资产和无形资源及非物权的广义财产权的研究。

第二，加强对产业的研究。企业活动主要是微观经济活动，但随着企业规模越来越大，很多产业园区运营商、城市运营商等或具备部分运营商性质的企业以及产业高度多元化的超大企业，其业务已经进入了中观领域。投融资规划前一个阶段以来的研究和实践，在政府方面主要限于一级开发以前的环节，在企业方面主要限于一个行业内的微观经营，今后要加强对中观层面产业的研究，包括产业间关系、各产业特点、产业项目如何估值、如何科学编制招商地图等。

第三，针对国企改革和平台公司转型继续不断开展投融资规划业务，在实践中不断完善其作为改革助推器的作用。运用投融资规划方法，准确把握转型期的企业资源和经营状况，对企业文化禀性、擅长领域等进行分析，在此基础上对战略和业务方向作出判断，对企业管理、市场运作及融资策略提出可行性建议。

荣邦瑞明作为投融资规划方法论实践的先行者，也是不断促进投融资规划方法提升、进化的践行者，我们希望投融资规划对更多主体和对象发挥作用。

tips：

_____

_____

_____

_____

_____

留下一些你的感想吧

展望篇

在全球视野下，有没有类似投融资规划的用来解决城市开发建设问题的方法论或者工具呢？如果有的话，有哪些内容是我国政府以及参与城市建设的社会资本可以参考借鉴的？用投融资规划方法指导城市建设，具体的应用和发展方向是什么？本篇篇幅不大，却是针对这些问题的畅想和回答。

第十六章　美国的资本改善
计划方法借鉴

美国的资本改善计划（CIP）概况

资本改善计划（Capital Improvement Program，CIP）（以下简称 CIP），是政府投资项目的全面计划，全面系统、长短结合，提高了政府公益性项目的管理计划水平。

美国多个州、郡、市的政府预算管理部门，通过制订跨年度的资本改善计划，统筹项目资金的借、用、还和中长期发展规划，有效地控制了债务风险，保证了资金来源和投资绩效。

CIP 的内容包括政府购买有形资产（办公楼、设备等）、基础设施建设、教育、住房项目建设以及大型维修支出等。CIP 需要编制的款项包括项目总投资、建设内容、融资方式、还款来源、建设和还款进度等。

并且，进入 CIP 的项目将列入财政资本预算。以马里兰州乔治王子郡为例，在 2015 年第一季度编制的六年资本改善计划（2016—2021年），合计金额 30 亿美元，其中 2016 年计划投资金额 5 230 万美元，主要用于教育局、公共工程等项目。

CIP 的资金来源主要是负债，以及一些地方政府专项收入和联邦补助等。CIP 融资主要通过发行一般责任债券或项目收益债券进行。并且，CIP 需要明确每个项目的资金来源和融资方案。

CIP 的计划期限一般为 5～7 年，每年滚动编制，并且与中长期发展规划、资本项目建设、财政收支相互联系，成为一项综合性计划。CIP 与地方中长期利益一致，先确保续建项目的完工，再基于当地财力和融资能力新设项目，有效控制了债务规模，也兼顾了现状与未来。因此，CIP 也具有了中长期性、前瞻性等典型特征。

CIP 的这些特点不仅有利于美国的州、郡、市政府在放眼未来前景之时，又立足于当期建设，还有利于当地政府的科学理财，以及有效防范地方政府债务风险。在防范机制方面，第一，信息及时、有效地披露，从外部约束项目决策，从而优化了政府投资规模和方向。第二，比较论证所有项目融资需要后，选择最优方案，从而有助于控制融资规模，降低融资成本。第三，项目只有进入 CIP 之后才有债务融资的资格，从而保证了债务的专用性。第四，借助完善的信息披露制度，CIP 在资本市场上直接融资，从而有利于投资者全面了解和评估当地政府财政。

美国 CIP 的特点

美国的 CIP 有几个特点：

第一个特点是与其政治经济特征相适应的计划周期。计划周期一般为 4～10 年。至少 4 年是因为美国的政治周期是 4 年，总统、州长、议员任期都是 4 年。至多 10 年则是服从市场经济周期，超出一个经济周期的事情就不太好预测了，所以展望中远期的计划也大致只做到 10 年。

第二个特点是有着健全的法律体系作为保障。美国联邦政府的预算管理从预算编制、预算执行到预算监督的全过程，都可以找到相应的法律依据，并且严格依法开展预算管理各项工作。从总统向国会提交预算请求到总统收到国会预算决议的各个程序和各个环节，法律上都有明确的规定。预算编制的内容按项目功能分类，每一类别按不同情况进一步细分后的预算编制，也有明确的法律规定。法律还为预算变化预留了足够的弹性，从总体方案的确立到每一项目的细微处的变动，都可以找到相关的法律依据，即使新遇到的问题，也会在解决的过程中形成法律，从而做到在变化中仍然有法可依。

第三个特点是预算编制组织工作十分成熟和高效。美国联邦预算从编制到国会通过历时长达近 1 年半，在政府编制预算及议会审议预算各具体阶段，相关管理主体都要对预算内容进行充分的研究论证和沟通协商，并通过具体制度安排，为各相关利益主体提供表达预算诉求的机会。如议会审议政府提交的预算草案时，可举行听证会，要求部门首长说明有关情况，接受询问和质询，各部门首长也可为本部门预算安排进行辩护。预算通过后，除涉及国家安全和秘密的内容外，美国行政管理和预算局（Office of Management and Budget，简称 OMB）要及时公开汇总版本，各部门要及时公开本部门预算。通过这些具体的制度程序设计和相关主体的参与，促进和保障了预算收支安排的科学合理。

第四个特点是预算编制和实施全程高度阳光化。美国法律要求政府从预算方案到预算审计的整个过程中的信息全部公开。美国于 1976 年通过了《政府阳光法案》，依据该法，公众可以观察预算会议的进程，取得会议的文件和信息。合议制行政机关举行的每次会议，包括其中的每一部分（包括每个人的会议发言）都必须公开，听任公众观察，并为方便公众观察积极散发或张贴公开会议的指导手册。

参与预算过程的机构，包括行政部门和国会，都有责任向公众提供预算信息，每年的预算草案都要及时向社会公开。美国总统预算办公室在网站上提供往年财政预算案的情况，从 1996 年以来所有财政预算案的信息都可以在网上查阅。

预算信息结构清晰，信息发布渠道多样，确保尽可能多的公众能方便地获取。为使普通公众能够看懂专业性的预算报告，美国政府预算报告采用了联合国的分类方法，按照政府职能对预算科目进行分类。美国政府每年都将所有与联邦政府预算和财务报告有关的正式文件，不论是提交总统的还是提交国会的，均通过互联网、新闻媒体、出版物等渠道向社会公布。美国政府（包括联邦政府、州政府及地方政府）的预算信息都能通过相关网站与相关的出版物获得。各级预算不仅对国会、议会公开，同时也对社会公众公开。

美国 CIP 的编制和执行流程

美国 CIP 大体分成编制、联审和执行三个阶段。

第一个阶段是编制。编制流程又分为两个环节：第一个环节叫总统预算，又叫准备预算，第二个环节叫国会预算。

第二个阶段是联审。我国的投融资规划、PPP 项目也有联审制度，主要是各个部门提意见，平衡各个部门的利益关系，讨论上哪个项目，不上哪个项目之类的事。一般这个过程都是比较耗时耗力的。

第三个阶段是预算执行。在具体实施上，CIP 分为五个步骤。

第一步，美国的州、郡、市政府成立 CIP 委员会，编制现有资产清单，评估地方财务能力，审查在建项目状态。

第二步，CIP 委员会向相关政府有关部门公开征集项目，提交的项目申请应详细说明理由、成本、对预算的净效应以及实施计划。

第三步，建立标准逐一审核，确定项目优先顺序。

第四步，制定 CIP 融资计划，确定最优项目融资方案。

第五步，CIP 委员会负责监督各部门执行，每年向选民介绍情况，必要时对 CIP 方案进行修订。

资本改善计划对中国的借鉴价值和启发

当前我国地方政府大量建设资金集中分布在财政、发改、水利、交通、能源等部门，各自融资、各自支出、资金沉淀等问题突出，中长期规划与年度财政预算脱节。例如，国家确定的大量不同领域的投资的实际开工率和资金到位率较低，也就是规划和建设之间缺少一个统筹兼顾的环节，那么这个环节就是"中长期投融资规划"。对于中长期投融资规划虽然与投融资规划的边界和工作中心略有不同，但是基本的方法论和工作的内核是相同的。

在当前我国稳增长的基调下，基础设施建设仍然有适当扩大规模的需要，并且"十三五"期间也有大批量的重点项目作为支撑，以此为契机，建议各级地方政府编制中长期投融资规划来统筹中长期经济社会发展规划，处理好项目建设和资金安排之间的关系。

在具体实施上，先以基础设施投资需求较大地方开展试点，由当地主要行政领导负责，主管投资的发改部门牵头，建立跨部门的协调机制。编制中长期投融资规划统筹中长期经济社会发展总体规划与中长期财政规划之间的关系，根据规划目标来选择规划期的建设项目，并且根据政府当前财力和债务控制要求，测算建设资金规模、明确资金来源。根据财政可承受能力，做好重大项目建设周期与不同融资工具之间的合理搭配与整体平衡。

tips：

_____

_____

_____

_____

_____

留下一些你的感想吧

第十七章　投融资规划与 PPP

PPP 热潮中隐藏的问题

我国地方政府的债务率严重超标。中央政府主动通过一系列的文件和政策，堵住了政府直接融资的闸门，并且通过国发 43 号文①和 60 号文②，明确了未来政府主要依靠政府和社会资本合作（Public–Private Partnership，PPP）解决城镇化的建设和运营管理资金问题。但是 PPP 需要跨年度的预算平衡，不同于过去收付实现制的财政制度，对政府的债务管理提出了更高的要求，也对投资人提出了更高的要求。

现在各级政府都对 PPP 抱有极高的热情，似乎 PPP 成了救命稻草，对此深感忧虑，荣邦瑞明认为在下面几个深层次问题没有解决之前，新型城镇化转型存在巨大风险，城市破产的概率也许比过去由城投公司主导的时代还要高。

第一个问题是复杂问题简单化。最近我在研究底线思维问题，规范操作是 PPP 中起码的底线思维。地方政府对规范操作这个问题并未引起充分重视，把 PPP 项目当作过去的招商引资项目来操作，没有规范的操作流程，没有专业中介机构的介入，导致没有科学的决策依据，甚

---

① 《国务院关于加强地方政府性债务管理的意见》（国发 [2014] 43 号）。
② 《国务院关于创新重点领域投融资机制鼓励社会投资的指导意见（国发 [2014] 60 号）。

至没有底线，把复杂问题简单化倾向比较明显。

第二个问题是寅吃卯粮问题依然突出。官员只管任内事，就项目解决项目问题，只要能够融到资金，使用什么样的办法都行，管他以后怎么办，急功近利思想明显。

第三个问题是忽视系统性的风险。如果一个城市有一两个小 PPP 项目，一般来说不需要有太多的担心，但是现在动辄几十个项目，投资数额达几百亿元，系统性风险极大提升。一般来说 PPP 是项目融资模式，是用未来 20～30 年的收益支撑现在的投资，但究竟未来的财政能力到底是什么样子，没有人关心。在接触了很多做 PPP 项目的政府后，这些忧虑更深了，这个政府对未来财政能力没有科学的预测，投资人也很少实质关心政府长期偿债能力，没有人对政府长期发展及信用能力进行系统性研究。

这些制约 PPP 发展的根本问题没有解决，PPP 就只能是虚热，绕了一圈后，还要回到原点。目前的 PPP 包括两大类：一类是政府和社会资本就单体项目展开合作称为标准化 PPP 项目；另一类是政府和社会资本就综合开发项目展开合作，其中又可细分为区域综合开发和公共设施捆绑土地，即非标准化 PPP 项目。近期国家发改委和财政部的文件局限在标准化 PPP 项目上，这是对中央政策的一种狭隘化理解。由于政府缺乏资金，较之单体的公共设施 PPP 项目，公共设施捆绑土地的 PPP 项目将呈上升趋势，在中小城市尤为明显。在国发〔2014〕60 号文以及发改委的文件中，也提倡为准经营性和非经营性 PPP 项目配置土地资源，弥补项目自身收益的不足。如果公共设施捆绑了土地，以土地开发收益代替传统的政府补贴方式，而土地开发规模能够占到一定比例，其操作模式很大程度上就与区域综合开发项目无异了。

城市开发是一个复杂的系统工程，城市综合开发和单体项目，属于整体和局部的关系。先说城市综合开发这个整体，也就是非标准化 PPP 项目。对这类项目深有感触。在工作中，经常遇到这样的问题，政府大手笔地拿出一大块区域，抛出一系列的优惠条件，然后满腔热情地盼望着投资人的到来；而在资本市场上，不乏怀揣着巨额资金寻找项目的投资人。但是现实的情况通常是，两者对接的成功率却很低。究其原因，区域开发由于其自身的复杂性，虽然潜在投资机会看似很多，但真正成熟的项目却十分稀缺，有些项目盘子太大，有些缺乏双赢的合作模式，有些难以撬动政策性资金和债务资金，有些缺少足够的土地指标以至于先天不足，这些问题导致投资人无所适从，对未来风险难以判断，最后的结果就是放弃项目。

投融资规划方法对 PPP 的指导作用

首先，投融资规划通过梳理投资项目，盘整城市可利用的资源，对城市或区域开发涉及的土地一级开发、基础设施、公共设施等各类项目的投入产出资金进行统筹规划，从总体上为投资人树立区域发展的信心；其次，设计政府和投资人的合作模式，界定双方的责任和分工，并合理分配双方的风险和收益，使项目具有清晰的盈利模式，投资人可以对未来的风险和收益产生清晰的预期，并通过一些商业模式合理化解风险；最后，在很多项目中，由于项目范围太大、有些地块设置了抵押权或者土地指标难以获取等原因，还需要在整个区域中选择并包装出一块启动区先行开发。这样，投资人对区域发展和未来的现金流有了信心，项目又是清晰而具体的，自然会心动进而行动，转化为切切实实的投资行为。因此，对区域综合开发 PPP 项目，投融资规划可以说是必不可少，非常有利于引入投资人共同推进区域规划的落地。

财政承受能力论证需要政府对城市未来的收入和支出、资产和负债有一个全盘的了解，这不是单体项目的现金流分析所能够做到的。那么，就需要在城市规划完成后、建设开始前，对城市或区域的全部投资项目进行资金的统筹规划，这些项目包括土地一级开发、基础设施和公共服务设施，分析它们各自的投资额是多少，未来能产生多少收益，如何排定建设时序才能最大化提升城市价值；除财政资金外，有多少资金缺口，如何根据项目的特点合理地进行结构化融资，财政资金、市政债、银行贷款、基础设施投资基金、PPP模式如何匹配使用；政府和社会资本各自的投资内容是什么。投融资规划正是通过对上述问题的解决，清晰地告诉政府，城市未来的现金流是怎样的，有哪些项目、多少项目适宜采用PPP模式，未来是否有足够的偿付能力，大大降低了未来的债务风险和政府违约风险。另外，投融资规划可以视作一个平台，为社会资本介入单体的PPP项目提供了接口和合作条件。因此，投融资规划完全可以作为实施PPP项目的一个必要前期工作。

城市建设需要政府和社会资本精诚合作，投融资规划的核心作用即是为政府在区域开发中更好作为并使社会资本在其中起到决定性作用提供了一种方法论，并大大解决了区域发展的信用和信心。

因此，PPP模式大力推广的背景下，更应拾起投融资规划，运用于更广泛的领域，助力城镇化建设。实践上，投融资规划在区域、片区、特色小镇、全域旅游开发等方面的运用也越来越多。

tips：

_____

_____

_____

_____

_____

留下一些你的感想吧

第十八章　投融资规划的应用领域展望

中长期财政规划和我国的行政管理体制及财政体制结合得非常紧密，将投融资规划方法应用到中长期财政规划的编制，重点方向是避免当前财政规划中的"虎头蛇尾"问题。"虎头蛇尾"的意思就是规划有入口无出口，所以规划内容常常落实不到实际工作中去。通过投融资规划，可以把财政规划与政府各部门的实际需求结合起来，找到出口。

中长期财政规划方面的应用

第一个出口是项目规划处置研究。发改系统是有自己的项目储备库的。以北京市为例，北京市发改委项目库分 A、B、C、D 四个库。A 库是条件成熟、预算具备、马上要干的项目。B 库是条件成熟、没有预算的项目。C 库是上期没做完的项目。D 库是只有一个项目建议、处在非常原始的概念状态的项目。ABCD 库划分对于地方政府的项目管理是很重要的一环。黄山那个案例就涉及这些。黄山城投老总谈黄山市投融资规划项目需求时说："找你们做这个投融资规划，一个主要的目的就是要把项目库帮我们整理出来。"为什么一定要整理这个项目库呢？以黄山为例，城投公司主导项目建设，但城投公司毕竟不是政府，地方怎样发展基本上是政府主要领导做主。每任领导的发展理念都有所不同，比如这任领导来了说要搞生态宜居城市，那个领导来了说要搞智慧城市，又一个领导来了要搞海绵城市，各种各样的理念和概念充斥在顶层设计里。其实顶层设计最后还是要靠项目落地支撑的，顶层设计理念并不是体现在所有项目上，而是往往集中体现在少数关键性、标志性项目上的，大部分项目尤其是满足最基本的公共需求的项目上，不管顶层什么理念，干不干、怎么干都影响不大。所以不能上面理念一有变化，项目就东一榔头西一棒槌，最后什么项目也干不成。执行层的需求就是咨询公司把项目库整理出来之后，80%的基本项目工作就有着落了。然后不管城市发展理念怎么变，都有实实在在的项目作基本支撑，无非是在少数项目上作调整，在项目库基础上作不同的综合、组合、拼接和包装而已。打个比方，快过年了我准备米、面、油、菜、肉这些食材，这相当于项目储备。今儿来个客人爱吃饺子，我能用这堆材料能给客人包饺子，明个来个客人爱吃面条，那就能擀面条。这些口味偏好相当于不同的发展理念。东西还是这些东西，做法变一变就成了不同的饭菜。项目大致还是这些项目，组合、顺序和设计变一变，就体现了不同的发展理念。当然，并不是要一味地迎合、鼓励领导理念多变，即使是严格遵循和实施国家和中央的发展战略，也一样可以通过不同的项目组合来达到目标。

第二个出口是土地开发利用计划，就是针对土地储备和出让工作的计划。深圳坪山新区就是个很典型的例子。产业的落地是要有空间作载体的，所以当时我们做的坪山新区投融资规划最后交付的时候政府就重点询问：我们这个规划最后的出口到底在什么地方呢？整个新区范围内哪些地块的条件能够马上形成供地？哪些地块通过简单处理就能够形成供地？哪些需要通过整备形成供地？哪些需要通过城市更新形成供地？这些必须要说得清清楚楚，实际工作才能开展。投融资规划具体到这样一个程度，就解决了一系列极为现实的问题——政府招商引资引进的项目到底有没有空间来落地，能不能解决人员编制的问题，能不能解决未来高级人才入住的问题。

土地开发利用计划能解决的问题具体说是三个：第一个问题是安排好土地基金收入。虽然现在不鼓励土地财政了，但土地基金收入在大多数地方仍然不可避免地仍然是地方财政很大的一块，取得这一块收入的节奏——就是不同阶段分别有多少，也是要说清楚的。第二个问题按照不同的利用难度，安排好在不同的阶段能够形成什么样的供地。第三个问题是安排好供地的分类用途，各类供地分别解决的是产业落地问题、人口入住的问题、人员安置问题、商业配套问题还是公共服务问题，通过投融资规划都能说得很清楚。

现在因为国家土地制度改革又出现了一些新情况，使现在的土地开发利用计划增加了一些富有弹性的因素，就是集体土地开始参与到城市开发建设中来。过去集体土地要进入城市开发建设只能通过征地来进行，这一制度规定过死，导致供地主体和渠道完全垄断，被诟病已久。目前正在改革的方式就增加了弹性。弹性体现在两个方面：一方面，集体建设用地参与城镇建设的方式有了两种选择，可以经过征地收储程序也可以不经过；另一方面，这种新的方式仍然有一定的不可控性，所以它更需要精细化的测算，否则就很难判断一个区域未来到底能提供多大面积的土地和承载多少人员的安置。

第三个出口是融资计划。我国未来的财税体制改革方向是专项债和项目融资这两种路径。投融资规划在对财政本身投资能力的测算基础上，建议政府做好三件事解决融资问题：第一件事是发专项债，包括通过哪些路径去发债，发债的可能性是多少，发债的规模有多大，未来还款怎么还，实现债务的"借、用、还"一体化。第二件事是项目融资，基本上就是现在都在做的 PPP。我们基于项目规划储备研究，在融资计划里会对项目进行识别，并说明哪些项目能够利用 PPP 解决，同时结合财政支出能力判断本级政府到底有没有能力自己解决这个问题，就是区域信用能否足以承担此支付责任。第三件事是评估出一般预算中的可支配财力。大多数地方尤其是不发达地区的财政是所谓的吃饭财政，主要是人吃马喂，能用于发展的可支配财力都是有限的。吃饭是个比喻，就是指公共管理开支、公务员的工资、医疗教育投入等雷打不动的支出，这部分开支是十分重要的，用于这些开支的钱是无论如何也不能乱动的，动了就要出事。那么一般财政预算中有多少钱可以用于发展，也就是说政府到底有多少可以有效利用的可支配财力，就必须准确地测算出来。知道自己的可支配财力有多少，才有可能设计出合适的杠杆去撬动更大的城市发展机会。

第四个出口是平台公司的转型和新业务的嫁接。现有的城投公司被政策强令改制转型，否则将被迫面临解散。城投公司转型的第一步是资产重新清理、估值，第二步才是重组整合。很多地方不止一个平台公司，有的地方名义只有一个平台公司，但是之外还有很多有融资平台性质公司，并且彼此之间的产权关系和业务关系很乱。比如河北某新区刚成立五六年时候，其辖下的平台公司就有20多家了。后来政府一狠心，下令合并成3家。剩下该砍的砍，该注销的注销。主体少了，办事效率反而会更高。重组整合完毕之后，第三步就是接入新业务。至于接入什么新业务、如何接入，倒不是投融资规划的重点或难点，转型成功了，新业务自然就进来了，接下来就是项目融资，开始干正事。

第五个出口是招商引资。招商引资的本质是政府和企业寻求建立起一种合作关系，建立这种关系的难点在于双方信息和地位的不对称，只有双方找到一个恰当的均衡点的时候合作才有可能达成。按照谈判实力的对比来分，通常的招商引资大体不超过两种场景：第一种是强势企业、弱势政府，第二类是强势政府、弱势企业。所谓的强势企业是什么呢？比如恒大、万达、比亚迪、中青旅、华谊、阿里巴巴在和大多数地方政府合作的过程中就是典型的强势企业。现在国内的这种强势企业非常多。这些强势企业到各地方投资的时候是"选"资源的，选到了理想的资源才会入驻。比如某电影集团打算在某地投资一个影视基地项目，标准是离市区近、风景好、周边有山有水，基本上是要最好的地块，至于选到的地是不是符合现行规划他不管，政府要根据他的要求去调规划。这种针对强势企业的招商，常常导致政府的被动，会强烈地干扰规划。但为了换来一定的发展利益，政府不得不有所牺牲，有所取舍。政府能做的就是评估这块优质资源的价值与换来的发展利益（包括长期的税收、对整个的区域带动效应）是否划算，这叫资源对价。

再举一个强势政府、弱势企业的例子。某市某区有一块地，当时好几个企业都想进。虽然这几家企业也都不弱，但因为是多个企业都想进，这就变成了一个政府选商的态势，也就是强势政府、弱势企业。我们帮该政府做的事是：第一是做资源定价，定到多少合适，用于在和各企业分别谈判的时候政府能够有一个谈判的基准，做到心中有数。第二是指导政府如何选商。不同的投资人给出的方案很不一样，同一块地，有的方案是商业地产，有的是科技园区，定位性质完全不同，无法直接比较。我们就协助做一些方案的比较。第三是设计实现路径。设计实现路径时主要考虑把基础设施建设和土地出让协同起来，和项目建设协同起来，和招商引资协同起来。基础设施配套和招商引资协同起来，这是很重要的一件事情。因为招商引资充满了不确定性，经常超出计划和预期，很多大项目都是突然来的，一旦定下来可能就要调规划，基础设施配套当然也全要变。比如这边规划没做完，政府和莫斯科大学签下了合作协议，马上相应的需求就来了，很多原来定好的事情都要围着大学改。当时莫斯科大学看中的那块地，谁都没有想到，他们的选地标准和一般的很不同，所以完全无法预料。即使是不大的项目，其不确定性对整体规划也有相应的影响。比如说突然有一个村要做旧改，改造成一个文创村落。这个项目一启动，配套也要立刻跟上。

在区域整体开发 PPP 项目中的应用

区域整体开发 PPP 项目要比单体 PPP 项目复杂很多，并且越来越复杂。政府对这类项目的绩效考核不仅看重结果，也十分看重过程，因为它是一个系统工程，过程中的失控会导致最终结果的失控。要让项目管理更合理、更科学，不能仅仅依赖实施方案和 PPP 协议，应该运用投融资规划方法指导合作实施、合作方案及整体开始方案设计。投融资规划在区域整体开发 PPP 项目管理中的作用是全面的，其中最主要的是两个目标管理：

第一，政府的目标管理。又分三个方面：第一个方面，保证区域整体开发计划末期达到政府和社会资本合作的最初的主要诉求。第二个方面，要尽量满足政府在绩效考核方面对开发过程必要的计划性。比如各时间节点上的投资指标是否完成、建好的项目是否如期投产。第三个方面，政府财政支付能力，怎么样使用最经济。举一个很简单的例子正常来讲，土地成熟度越高越值钱，那么，在政府支付能力不足的情况下，是先支付资金占用费，延期支付服务费，还是提前卖地还钱？

第二，企业的目标管理。包括：一是投资峰值管理。通过投融规划合理的安排，有效地控制企业的投资峰值，降低企业的融资余额。简单地说就是通过有效的滚动尽量少用银行的钱，把自己的钱、政府的钱及股东的钱用充分，降低杠杆率。二是资源产出率的管理。所谓资源产出率是什么意思呢？比如一个区域除一级开发项目以外还有二级开发项目，二级开发项目就是要考虑资源产出率问题，就是结合招商策略评估一块产业用地体量规模和价值，估算这个二级开发项目预计能够产生多少产值。三是准确把握招商进度等更多因素的影响。如果能做得更细，对土地指标、融资、集团投资、人口聚集、招商引资进度和节奏等更多方面的影响，企业就能对项目有更准确的把握。

与其他管理工具结合的应用

这里主要说说 GIS。我们已经开发了 GIS 1.0 应用于项目管理的体系。GIS 是一种通用的基础工具，结合先进的理念其应用范围可以相当广泛。

首先是有力推动城市治理的精细化，成为现代化城市治理体系的技术基础。国内对 GIS 的应用停留在很浅的层面，主要用来做了展示，追求漂亮、酷炫，其真正的功能反而没有人关注。GIS 中文名叫"地理信息系统"，而不叫"地理展示系统"，也不叫什么地图、什么规划，information 已经表明其核心是信息，它更强大的用途是对信息的处理、加工和结论的导出。我们现在已经开发出来的 GIS 1.0 的软件，可以准确到所有的建设项目和地块的开发、所有时序的安排和实时反映、决策目标的输出，有了这些应用，GIS 在过程管理中才能解决实际问题。

其次是输出结果。GIS 是一个庞大的信息团，经过处理后其输出结果可以是无穷的，企业有企业的需求，政府有政府的需求。概括地说，GIS 输出结果主要用于为政府和企业提供决策依据。具体是七个方面：一是投资计划，二是收益水平，三是融资规模，四是自有资金使用计划，五是财政支出的规模和计划，六是供地规模，七是城市建设进度，等等。这些内容在以往基本上都要通过相当的研究才能得出结论，而集成了大量研究数据和投融资方法的计算机软件则可以瞬间导出结果。

tips：

_____

_____

_____

_____

_____

留下一些你的感想吧

第十九章 时序是片区项目政企合作 管理的核心抓手

在过去的城镇化实践中，各地政府和投资企业逐步意识到，片区开发成为城市建设运营转型升级的重要抓手，并成功实施了一些堪称标杆的片区开发项目。在这些标杆项目的示范作用下，一批批投资企业纷纷把片区综合开发运营作为重点发展方向，以城市运营商自居或以此为转型升级的目标定位。

企业投资更普遍、更主流的方向是单体项目，而对一个区域进行整体性、系统性开发则是近年在特定的政策环境下才开始"流行"起来的。与单体项目相比，片区综合开发运营项目落地的复杂性和实施难度更高，其难点主要在找到片区开发真正的规律性并形成可行的模式。因而，城市运营商在投资片区综合开发项目的过程中，都在不断学习、探索可行的模式。探索的主要内容围绕这几个核心问题展开：如何破除过去的单体项目开发运营思维、如何设计片区综合开发逐级增值的价值链、增值链上每一个环节如何最大程度地创造价值、各环节产生的公共价值需要附着在何种具体的公共产品之上、如何推动项目落地实施，等等。破解这些问题的关键和真正切入点就是时序。时序，是片区综合开发项目中政企合作管理之核心的核心！

一、片区综合开发项目是个复杂的项目群

"单体项目"和"片区综合开发项目"是一对相对应的概念，因此，为了理解片区综合开发项目的复杂性，这里先谈谈单体项目的简单性。

单体项目是一个简单系统，就是基本上不存在未知性及不确定性、用已有的方法论和方法能够很好地运作的系统。单体项目的突出特点是：（1）项目的目标和实现目标的载体（比如工程、设施、设备）是具体而清晰的，通常可以用完整的技术指标加以精确描述。（2）项目的事权边界、建设内容和组织模式是清晰、明确的，其组织过程是单向的，运作流程各环节之间的关系是线性的。（3）项目的盈利模式是清晰的，即使是总体亏损项目，亏损的额度也很容易框算。

由于单体项目的上述特点，在单体项目中，企业和政府之间的职责边界和分工也是明确和相对固定的：企业负责项目的专业化运作，政府行业主管部门作为主责部门，通常为项目实施机构，负责项目监管，财政部门负责付费，专业部门按需参与。单体项目最终是以项目交付为目标，相对容易界定盈利模式，企业操作起来也比较容易。

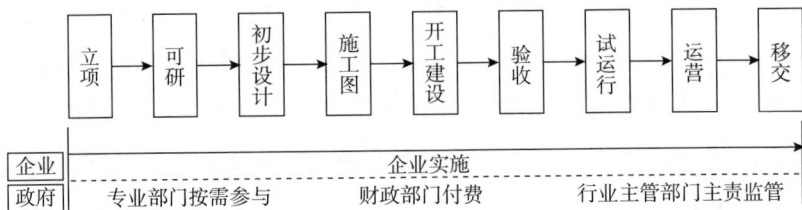

图 19-1　单体项目线性运作流程

而片区综合开发项目则包含了大量子项目，成为一个充满复杂性和不确定性的复杂系统，这是它与单体项目的本质区别。在政府和社会资本合作模式下，企业和政府之间的关系比在单体项目中复杂得多，且充

满了弹性和不确定性。一个片区，从前期的战略规划、产业规划、城市规划、基础设施、公共服务、项目投资到后期的产业落地等，有很多事项和子项目，是一个非常复杂的项目群。因此，政府和企业的合作需要多个维度的协商、合作、边界厘清和利益平衡，整个过程不是一个简单的单向过程，而是一个循环往复的过程。

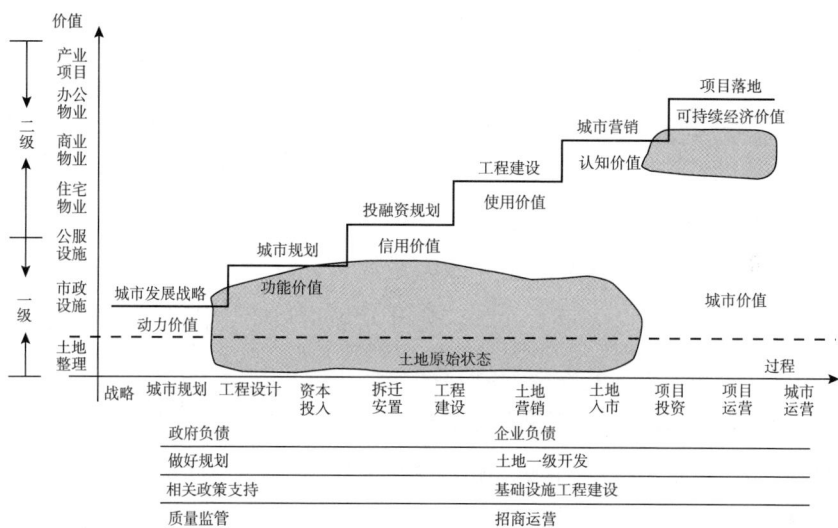

注释：企业和政府分别能做什么要围绕各自的核心能力去规划，因而在每个价值创造链条上，不同的企业参与边界及获得的回报是不同的。

图19-2 片区综合开发项目开发过程

片区综合开发项目包含了很多子项目，比如各种级别的道路、学校、医院、场站、绿地、广场等的建设运营，是个复杂的项目群。企业需要做的工作包括一揽子的基础设施及公共服务设施项目的投资、建设和运营，在每个具体项目上，与政府之间的分工与单体项目类似。但既然是系统，就不是单个项目的简单相加通常有三方面的工作是企业在片区综合开发项目上特有的：

第一个方面是规划的编制或者优化工作。投资企业通常要在规划编制的早期阶段就开始介入，将自身的经验和运营理念融入到规划成果中去。

第二个方面是投资计划的制定和动态管理工作。片区综合开发项目中，投资企业通常需要对项目总体进度计划、年度投进度进行统筹安排，并根据实际投资进展情况进行动态的修正，从而用较少的投入最快地提升区域价值。

第三个方面是产业的导入工作。片区综合开发项目中，除了基建、公建等常规项目建设工作外，最重要、最核心的便是产业导入工作，这也是地方政府愿意引进具有招商运营能力和产业资源企业的最重要原因，希望借助企业的力量能够吸引和孵化出更多的优质产业，保证区域的经济发展质量提升和可持续发展。

这三个方面的工作交给企业做，是片区开发项目与单体项目最主要的区别，这些区别也决定了片区综合开发项目投资金额更大、开发成本更高、控制风险的需求更强烈等特点。

这三个方面的工作内容决定了片区综合开发要交付的成果是一个系统整体，而不是一件产品或一项工程。

在交付的目标上，片区综合开发项目最终交付的成果是一个整体价值得到显著提升的城市复杂系统，这样一个目标同样需要用若干指标和机制加以衡量和描述，考核起来也要比单体项目复杂得多。

要做好片区综合开发项目，投资企业和政府都需要真正破除单体项目思维，建立起系统性项目管理的概念：整体并不等于各局部之和；某一个子项目成功或最优并不等于整体项目的成功；每一个子项目的现金流之和并不等于整体项目的现金流；每一个子项目的投入产出之和并不等于整体项目的投入产出。

要做好片区综合开发项目，需要建立起合作思维，政府和企业都要站在区域价值整体提升的整合视角来看待片区开发，作体方单纯强调政府主导或企业主导都是缺乏合作思维的表现。

二、系统视角下片区综合开发项目实施的时序

片区综合开发项目至少涉及两个主体——政府和投资企业，他们对项目的诉求和优先关注点都是不同的，对项目实施时序的认知视角当然也是不同的，往往使项目决策变成一个低效而无聊的对抗过程。而一个项目，不管多少主体参与，都只能有一个时序，否则就会发生内耗和错乱。比如在淮南山南新区开发中，淮南市政府和中铁四局共同制订了"三年成形象，五年成规模，十年基本建成"的基本目标，但是在"三年成形象"这个近期目标上理解就很不一样，政府主张要先把路网修起来，"要想富，先修路"，先建成新区框架，再慢慢往里面"填肉"；而企业则主张按地段依次开发，成熟一块，再开发另一块，一步一个脚印，每一步都看得见效果和效益。

政府视角中的优先关注点是形象和效益。政府通常希望短时间内出形象、见效益，而相对较少关注项目的现金流。从小到约 3 平方公里、大到甚至 30 ~ 40 平方公里的片区综合开发项目，政府对投资企业的要求几乎都是一样的：项目要快速推动，路网等基础设施要尽快修完，公服等项目要尽快建成。这些要求背后是计划经济时期形成的惯性思维逻辑，在这种逻辑下，政府自然相对较少关注项目的现金流。

投资企业视角中的优先关注点是收益实现。而对于投资企业来说，企业是真金白银的投入，企业存在的价值是要实现收益，因此要求项目的现金流要快速回正、项目要实施滚动开发、效益要最大化，同时开发过程中要控制投入风险。因此投资企业拿到一个片区综合开发项目时，通常的做法是选择先期启动地块，先干一小块地，这个地块出让后，钱回来后再干后面的地块，边干边去试探市场，先期不要大规模投入，投资企业认为这样最保险、利润率最大化，而不是利润总量最大化。

以上两种视角导致在片区综合开发项目中政企双方常常产生矛盾，

政府希望快速投入，抢占区域发展先机；企业希望边干边卖地，边试探市场，常常导致的后果是政府觉得企业不给力，企业则觉得被政府绑架。

那么如何跳出对抗，建立合理一致的时序？这就要建立第三种视角——系统视角。

系统视角下政企双方共同的优先关注点是城市价值提升。片区综合开发项目的目标是城市价值系统提升。在片区综合开发项目中，从科学的角度找到城市发展规律，进而找到一条即符合企业目标也满足政府竞争和速度要求的路径。只有这样，片区综合开发项目的合同才能真正落地，否则所谓合同仅仅是几张纸而已，永远不会变成真正的合作行动。

在片区综合开发项目中，政府和企业怎么做才能符合城市发展规律，怎么做城市总体价值才能最大化呢？我们基于城市价值提升这个总体目标，提出两个需要双方同时关注的点：第一点，以高水平规划提升城市价值。多数片区开发项目，都需投资企业在符合城市总体规划的前提下，制定项目的战略规划、产业规划、空间规划等。片区规划，要对接上位规划，要对接城市发展大战略，立足城市经营，布局项目空间。通过规划指引区域内各类要素资源（如区位、交通、产业优势等）实现科学配置，形成区域的竞争优势，带动提升城市整体价值。第二点，以土地价值提升城市价值。结合规划中各类基础设施、公共设施等项目的规划情况，结合区域实际情况，分析确定项目建设对城市土地价值的提升程度。片区综合开发项目不是单个地块的开发，简单地说是通过时序对各个地块进行系统组合，实现城市价值最大化。

如果将政企双方同时关注的城市价值提升转换为一个具体的抓手的话，就是一个先做什么、后做什么的时序问题，进一步讲就是围绕区域的城市价值怎么样提升，制定一套项目整体开发时序。有了这样一个时序，政府和企业的合作才有一个深度合作的关系抓手，双方合作才可能顺畅。

三、用系统方法营造综合集成研讨环境解决复杂系统的时序问题

政企双方不同的认知视角代表了不同的利益诉求，要使双方达成一致，使共同的投资决策行为形成良性互动的反馈链，进而制定科学合理的项目开发时序，就必须跳出双方博弈系统，引进专家视角，形成具备更高统筹层级的简单系统。这就需要形成一个综合集成研讨环境，协调好几类主体的关系，在形成更高层面共同认知的基础上，建立畅通、及时的信息反馈机制，辅助项目作出正确决策（见下图）。

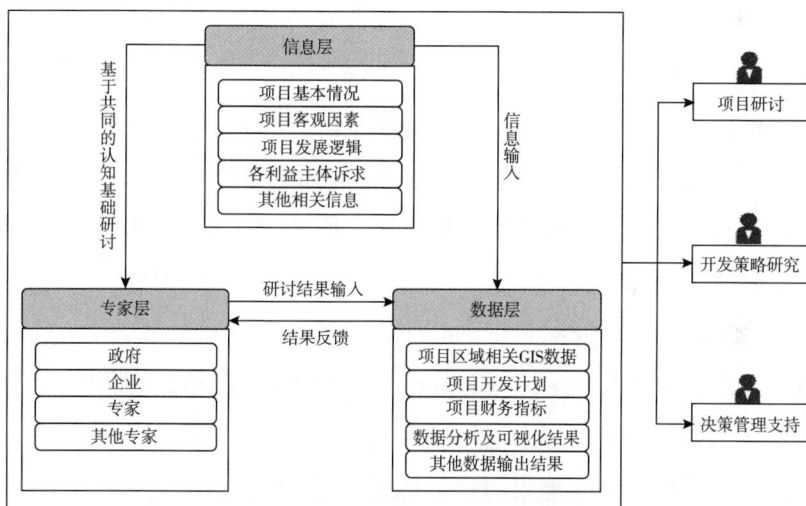

图 19 - 3　综合集成研讨环境示意

所谓综合集成研讨环境，可以看作一个由信息层、专家层、数据层三者共同构成的一个虚拟的工作空间。信息层包含了项目涉及到的各种信息、资料；专家层则基于对信息层的认知基础上，结合自身的经验及互相之间的交流，形成针对项目的一些意见；数据层则通过技术手段，对信息层和专家层的相关信息进行转换输入，进行数据分析并得出相关

结论。

在综合集成研讨环境中，通常围绕着城市价值如何最大限度地提升这个目标对时序安排问题展开研讨，有三类要素需要考虑：

第一类：客观因素。由区域现状、地理区位、交通、政策、规划、经济基础、资源环境、产业发展基础及优势等众多客观因素构成，这些决定了项目发展的现实基础和条件。

第二类：发展逻辑。即区域发展的逻辑，提升城市价值的关键发展要素是什么，如 TOD、SOD 或 AOD 等。根据我们的研究，在基础设施优先发展的前提下，整体城市价值一定会得到提升；城市政府采用公共服务设施适度优先的开发战略，城市价值也能得到大幅度提升。此外，政府通过预先的规划理性预期引导，也能实现价值的提升，如上海宣布开发浦东后，浦东开发投资吸引力显著提高。

第三类：约束条件。约束条件体现了政府和企业的不同诉求。对于企业而言，关注投资高峰期、投资峰值、内部收益率、现金流平衡等因素；对于政府而言，则有项目前期投资上限要求，希望实现项目整体平衡、政府财政收支平衡。

以往片区综合开发项目中，时序由政府、企业和专家三方组成专家小组，在投资企业和政府之间建立的分工和合作机制的基础上，结合项目的客观要素和发展逻辑，进行综合研讨，产生一套项目开发时序，包括征地拆迁时序、路网建设时序、服务设施建设时序、土地出让时序、产业导入时序等。将这些开发时序输入财务评价模型，得到一系列的基于财务指标的结论，如投资高峰期、投资高峰、内部收益率等。将这些财务指标与政企双方期望的约束条件对比，符合约束条件，则双方同意采用这样的开发时序进行项目开发；不符合，则继续进行研讨，对开发时序进行分析和调整，再次输入财务评价模型，如此循环往复，直到试验得到使双方目标都能够实现的开发时序（见图 19-4）。

可是，这么多的子项目，涉及这么多方主体，要产生一套至少满足

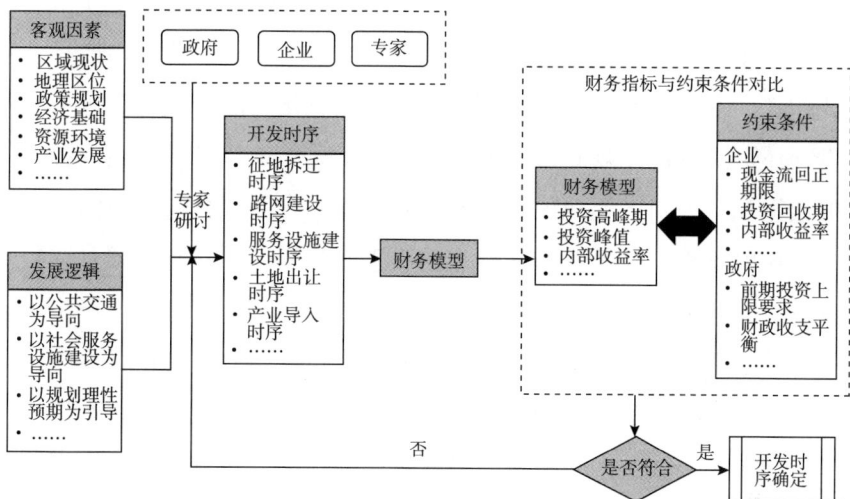

图 19-4　片区综合开发项目时序研讨过程

政企双方要求的时序，就必须要有一个共同的认知平台，这个平台的作用是快速处理和优化大量的、定性的决策信息，输出为简单、准确的定量结果，并实时反馈给决策主体，进一步修正、验证，大量、快速反复这个反馈过程直至最终得到最佳决策。这个过程，用传统的专家会议法也是可以做到的，但周期可能会长到不现实，比如需要数年、数十年。这就需要一个基于 GIS、土地、规划、投融资等的综合集成研讨环境，利用技术手段和工具提高前期项目沟通效率，达成快速科学决策的目的。

四、用技术手段来辅助时序决策

片区综合开发项目中，时序本身是一个不断优化的过程，为节约沟通成本，提高沟通效率，辅助政府和企业现场决策，荣邦瑞明[①]和信余

---

① 全称为北京荣邦瑞明投资管理有限责任公司，是一家专注于城市发展建设领域的投融资管理与顾问服务的咨询公司。（如果前文已出现过，并有注释，此条注释可免）

科技①开发了一套基于投融资规划和 GIS 技术的片区综合开发项目管理辅助决策软件,是片区综合开发系统性解决方案的工具化软件产品。利用此软件,不仅辅助政企双方实现双方均同意认可的开发时序进行项目开发,还可实现前期规划多种方案的比较研究、项目空间范围内各类信息的数据化、项目各类开发计划编制和模拟、合同执行过程中的投融资和财务风险管理、政策和市场变化的敏感性分析、项目影响要素的数据挖掘及经验总结等多种目标。

该软件在辅助决策中,具体的流程工作可分为六部分:

(1)数据准备。基于 GIS 技术要求,采集、矫正、补足项目所在区域现状、公基建、城市规划、经营性用地开发、产业导入等数据,对进行基础信息设置。

(2)实地调研。对项目所在地区的政策和相关必要数据进行调研,并针对城市建设管理体制进行访谈,补充残缺数据。

(3)平台搭建。根据调研形成的城市建设管理体制,结合采集的数据标准,搭建数据平台和软件可视化平台,并利用 GIS 技术进行链接,为下一步数据分析搭建基础。

(4)项目开发策略研究。结合项目所在区域城市发展目标、城市发展规律等,分析当地未来经济和社会走向和路径,同时参考案例研究及经验,从人口集聚、产业集聚、土地开发及城市经营角度制定项目开发策略,最大限度提升城市价值。

(5)开发时序安排。根据开发策略对项目建设、土地出让、产业发展等时序进行科学合理安排,输出满足政企双方目标和约束条件的项目建设计划、投融资方案、土地开发计划、产业导入计划等计划和相关的财务指标结果。对于相关的财务结果,一方面形成数据报表,一方面形成可视化的图片结果,如投资强度图、投入产出强度图、土地价值

---

① 全称为北京信余科技有限公司,是一家专注于城市发展建设领域的投融资管理与顾问服务工具化技术开发的科技公司。

图等。

（6）决策管理支持。根据上述已经完成的初步决策支持结果，在项目开发实施过程中，还可根据实际需要，针对项目实际开发情况和投资企业财务状况，对项目管理进行动态调整和计划调整。

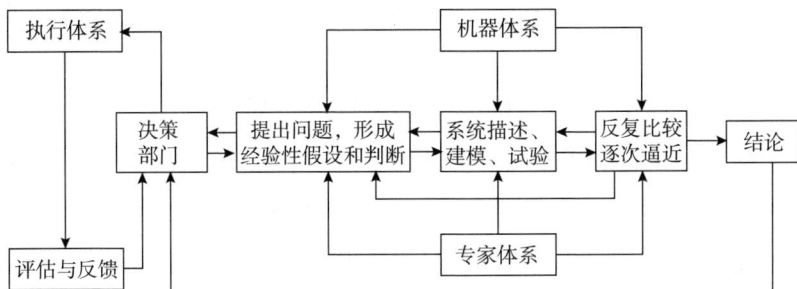

图 19 - 5   技术辅助决策中的人机交互原理示意图

在这样一个利用技术手段辅助决策的过程中，实际上开发时序一方面作为软件的输入变量，财务结果作为输出结果；另一方面根据财务输出结果，优化开发时序。开发时序不同，输出结果也不同，通过比较不同时序下的输出结果与设定的约束条件，最终辅助决策研究出一套科学合理的经双方同意的项目开发时序。在决策制定过程中，通过软件工具和人机结合的决策机制，实现定性分析和定量分析结合、理论和现实结合、政府跟市场结合、科学分析和专家智慧经验结合，为政企双方进行合理的开发决策提供决策支持的工具，缩短决策流程，促进合作双方顺利沟通，促进项目实施落地。

五、结语

在片区综合开发项目中，很多投资企业和政府签署完项目开发合同后，一执行起来就产生各种各样的矛盾，实际上是缺少项目管理的抓手。与单体项目的线性工期、单一目标等特点相比，片区综合开发项目是一个复杂的项目群，项目的过程管理实际上需要制定合理的时序策略。

　　传统的时序研讨工作往往需要投入大量的时间和精力，将参与时序研讨的政府、企业和专家三方聚集起来也非常有难度，对于沟通结果采用传统的财务评价模型往往也无法现场辅助决策，整个的项目时序研讨工作沟通起来效率低、成本高。这就需要一个综合集成研讨环境，能够现场反馈结果，现场辅助决策。

　　基于上述的要求，荣邦瑞明和信余科技开发了一套基于投融资规划和 GIS 技术的片区综合开发项目管理辅助决策软件，用技术手段来辅助时序的决策。这种创新性的尝试，在充分考虑政企双方投资要求的同时，大大提高了项目沟通效率和沟通效果，为后续项目合作管理也提供了依据，对提高项目开发的效率和管理辅助起到了十分积极的作用。

tips：

_____

_____

_____

_____

_____

留下一些你的感想吧

投融资规划相关文章

（2011年以来）

1. 城市融资存在三个误区

一方面要偿还 2009—2010 年的贷款，另一方面还要继续投入续建项目和新项目，存量债务和增量投资的双重压顶，让地方政府普遍感觉融资压力很大。就此问题，本报记者专访了多年从事城市投融资服务与研究的原大岳咨询有限公司城市业务总监、北京荣邦瑞明投资管理有限公司合伙人李伟。

中国房地产报：目前中国城市融资存在的问题主要有哪些？

李伟：应该说，目前城市投融资总体上存在三个观念误区。

误区一，招商融资的理念存在问题，重短期轻长期，在城市开发融资上急功近利，过分重视短期融资的成绩，缺乏对城市总体开发融资的统筹与计划，轻视对城市长期发展融资路径的谋划。

误区二，项目谋划存在误区。城市融资往往按照部门职责划分为独立的项目，导致无法从区域整体的开发角度进行项目包装和谋划。同时，因单独项目投资与土地收益分配主体的不同，也无法为项目建立"借用还"的循环体系。

误区三，对城投公司的作用认识存在误区。国务院 19 号文件（《国务院关于加强地方政府融资平台公司管理有关问题的通知》）出台后，国家对地方平台公司进行整顿和清理，各界对城投公司都存在误解。很多城市的领导认为城投公司的负债影响了城市的融资和建设，于是有历史开发建设经验和能力的城投公司，因历史原因负有债务，而被弃之不用，转为设置新平台。但新平台因无信用记录、无经验等问题仍然作用有限，于是便进一步加剧了城市的融资困境。

以上的误区，从根本上说明不少城市开发缺乏对科学发展观的真正认识、理解和践行。

中国房地产报：据你了解，地方债务给地方城市带来的压力到底有多大？

李伟：国家审计署今年8月公布的调查报告显示，截至2010年底，我国省市县三级地方政府性债务余额为10.7万亿元。其中，政府负有偿还责任的为6.7万亿元。但地方债务的绝对数字大小不是关键问题，关键在于这些债务对应了什么样的权益，有没有偿还能力，是优质资产还是劣质资产，是稳定、可期的收益还是虚假不实的"收入"。

实际上，地方政府掌握着地方的土地、财税收入及其他公共项目的收费权，而大部分的平台负债都是用于地方城市功能提升和投资环境改善，这些投资应与土地价值提升、财税收入及其他收费的周期相匹配。中国经济正处在黄金增长期，中国的城镇化至少还需要20到30年的时间，因此只要地方政府的投资不过分超前，在一定周期内收入和负债是完全可以匹配的。

此外，地方债务带来的压力大小取决于上级政府处理地方债务的态度。目前的地方债务是通过短期借贷来负担长期投资，现在的问题是长期投资在短期无法产生足够的收入来偿还短期债务，而目前金融政策不允许倒贷和贷款展期，这是导致该问题的主要原因。

由于城建项目特有的投资回报周期长、收益率低的特点，国内尚未建立与之相适应的中长期投融资模式。而银行信贷资金往往是短期融资，以此作为主要融资方式，既不能保证足够的资金，也增加了银行体系的风险。

中国房地产报：从11月15日到25日，短短10天，沪粤浙深四地试点均顺利完成了自行发债。你认为，自行发债可否作为地方的一个长

期融资渠道？

李伟：目前地方自行发债试点和财政部代地方发债基本没有区别。地方还没有权力自主确定发债规模、发债项目、发债用途，无法有针对性地解决融资难题。

但本次试点是对将地方政府作为信用主体进行自主发债的一次有益尝试，可让地方政府熟悉发行程序，等未来条件成熟时，再过渡到自主发债。相对于城市基础设施项目投资规模大、周期长、收益率低、收益稳定等特点来说，市政债比较符合其融资需求，而且也可为证券市场提供一种优良的金融工具。

我国地方自主发债还需很长的路要走。目前我国地方政府债务收支并未纳入预算管理，各个部门及各项目主体各自为政，监管困难。要想打造适宜地方债发行的环境，需要编制地方债务预算，纳入地方预算管理，并建立起政府资金运用的公告、审计制度，使得金融市场和一般的债券购买者可监督资金的使用。只有以上的制度建立起来了，地方债券的信用制度才能建立起来，并逐步成为重要的融资渠道。

中国房地产报：地方政府面临着多重压力，如何找到切实可行的融资路径？

李伟：由于受二级市场影响，土地流拍或地价下跌，都影响到地方财政的可持续性。地方政府一方面要归还2009—2010年的贷款，另一方面要继续投入续建项目和新项目，压力自然很大。对存量债务问题，可通过发债、出售资产等方式进行缓解或清偿，但对增量投资的可持续性问题，需要调整过去基于信贷方式的融资模式，应探索更多元化的融资模式与渠道。

首先应进一步开放城市开发与基础设施建设领域的市场化，通过大范围的推广土地一级开发市场化、基础设施市场化来引入市场资金，引入外部资金来共担投资风险、共同开发。

此外，应鼓励和支持城市开发类的PE和专业化的投资顾问机构的发展，以广泛吸引各类社会资本和个人资金投入城市开发领域，活跃区域金融环境，使项目投资除了土地出让之外增加退出方式，从而降低受土地市场景气程度的影响。

中国房地产报：我们看到，在中国高速发展的城市化进程中，存在着过度"房地产化"、城市定位雷同化等弊病。在城市解决投融资压力的同时，应怎样避免上述城市化弊病的发生？

李伟：城市定位雷同化说明城市开发过于看重概念，缺少对开发实施环节的关注。规划是城市开发建设的总蓝图，但规划编制最主要的依据是法规和标准，实施中何种开发模式更具可行性，什么样的项目最符合区域与市场定位，不是规划首要考虑的问题，所以难免会出现一味追求定位高端、遍地"金融中心"的情况。

要避免以上情况，应在规划敲定之前，结合区域特色和市场情况进行规划前的定位和产业发展研究，为区域选择最适宜的独特定位，并最终落实到规划编制中。

规划编制后，还应编制面向规划实施的投融资规划，为区域的开发选定合理的开发模式，并为开发模式设计合理的开发时序和开发计划，在此基础上为项目合理安排现金流、融资方案等，从而保证规划落地，实现区域定位落地。

中国房地产报：现在地方政府在城市基础设施建设上多采用 BT 模式，甚至保障房也采取 BT 模式来融资建设。在 BT 模式中，投资方应怎样规避风险？地方政府又应怎样避免被资本绑架？

李伟：BT 模式，即建设—转让，是地方政府利用社会资金来进行非经营性的基础设施项目建设的一种融资模式。项目建设期间全部由投资人负责投融资，进行项目的投资、建设、管理。项目建成、竣工验收合格后，资产交付地方政府，政府根据回购协议向投资人分期支付资金或以土地等资产抵资。

BT 模式对地方政府而言，可解决着急开工但短期资金不匹配的难题，相当于政府项目的短期融资；对投资人而言，在获得施工利润的同时，也可赚取资本收益。

投资人参与地方政府 BT 项目，经常面临的问题是，项目方案未定、手续不全时被要求开工，从而因方案变化导致的成本无法准确估算，因手续不全和政府配合不力等导致工期拖延。此外，还经常面临地方政府不能按时支付回购款项的问题。针对以上风险，建议投资人在参与 BT 项目投资时，应尽可能签订约定详尽的投资协议，同时要求项目手续齐全才能开工。确因时间仓促的，应在协议中明确免责内容以及额外增加成本的可能补偿方式。对回购的风险，应要求地方政府提供足值充分的抵押/质押担保。

对区域开发与基础设施招商项目，地方政府应加强区域发展统筹，对区域发展中的各种项目，充分发挥政府作用，严格界定政企投资边界。该政府干的绝不推卸责任，该市场干的一定不抢，从而充分发挥市场竞争机制，选择最合适的投资人。

（原载于中国房地产报，责任编辑：王晓易，2011 - 12 - 06，15：18：19）

2. 城镇化过程中政府应当做好投资机会孵化

核心提示：几年前我们提出重视城市整体项目管理问题的看法不被政府所重视，现在随着经济环境和资本供给的趋紧，政府逐渐开始重视这个问题。城市整体管理最重要的就是防止系统性风险的发生，重视单个项目风险与城市系统性风险的关系，重视全局性的管理工具。

说起项目管理，似乎是一个很具象的事情，尽管在实践中，人们已经把"项目"的概念泛化，很多工作在划清楚边界以后都可以被界定成一个"项目"；但是在城镇化的投资管理体系中，对概念的理解还没有发育到这种程度，这与我们的政府投资管理体制从工程项目立项审批为核心延续而来的历史有关系。

在政府的经济职能改革过程中，人们常喜欢引用"政府的归政府，市场的归市场"的说法来表达对改革目标的期望，这在一个制度基础稳定、功能发育完善的城市中，似乎是一个不错的选择；但是对于走在城镇化道路上的当下中国城镇来说，却不是一步能迈过去的事情。把城市投资、建设、运营、管理这样一个永续的业务或事业转变成一系列盈利模式清楚、有清晰的范围和时间边界的投资、建设、运营的项目，这似乎是目前政府利用好社会资本、推动新型城镇化建设需要很好解决的核心问题。

市场预期火热与投资机会迷惑说明了什么

　　最近一年多的时间里，"养老"这个词的热度突至空前高度，全社会似乎都感受到了其中蕴藏的市场前景，各种投资人都瞪大了眼睛在其中寻找投资机会，生怕慢人一步，甚至政府也对市场资本的进入表达了前所未有的好感，不断出台各种支持政策。而另一方面，各方深入其中之后，又都心有不甘的在表达遗憾，感觉好难做，投了马上就面临亏损，止步不前，颇有点冰火两重天的味道。这说明了什么呢？

　　养老本身带有一定的社会公共服务性质，而且是一个大规模向社会资本开放时间较晚的领域。与之服务属性相似的，还有教育、医疗、水、电、气、热等市政服务类型的领域，这几个领域都更早的走过引入市场资本的道路，也有很多成功经验和失败教训。

　　这几个领域有一个共同的特点，就是提供的服务产品是面向老百姓的，优劣与否最终需要接受消费者是否乐于付费、付得起费的检验。教育、医疗走得比较早，在起步的策略上也是比较激进和彻底的；走的路子也很直接，或者社会资本直接投资新办，或者政府把一些原有的公立机构从产权上彻底转让给了社会资本，这与当时批判国有资本低下效率有很大关系；走的路子很接近一般国企改革，结果问题来得也很快，还没有习惯于高价格的公众，很快就有点承受不住市场化带来的涨价潮，批评声不断，而进入这些领域的社会资本大部分也以亏损退出告终。现在提到医疗、教育等领域的市场化，学者们普遍评价为不算成功，实际上更有些往回倒退的情况。限于篇幅细节就不在这里赘述了。

　　市政公用行业要好一些，水务、环保、城市交通等领域也都走过对社会资本开放的道路，这些行业的市场化探索起源于20世纪90年代中后期，一直延续至今。这些领域起步的策略与教育医疗不同，最初引进的是外资，借鉴国外项目融资的经验，走的是政企合作路线（Public

Private Partnership，PPP)，从单个项目入手，采用了影子价格的机制，通过政府竞购或补贴的方式，在社会资本提供服务和公众价格感受之间，建立起了一道缓冲带，有效地抑制了社会资本逐利带来的涨价冲动，为长期改革留下了探索的时间和空间。所以这些领域的资本开放不那么激烈，却逐渐培养起了一个市场，一大群逐渐成熟起来的投资人，政府也从中积累了很多管理经验。

从这个对比过程我们可以看到，在城镇化和放开社会资本投资的双管齐下的过程中，"政府的归政府，市场的归市场"这种说法，在具体的项目和投资机会面前，是一个伪命题。任何一个市场都需要一个发育的过程，需要有足够丰富的有经验的投资人群体，在这个意义上，政府的作用可以是决定性的。一流的政府应当成为一个平台型政府，在这个平台上，能够孕育出城镇化过程的投资机会，培育社会资本投资的市场。

城市建设领域项目与资本的鸿沟

我们常做的工作之一，就是站在市场角度帮助政府谋划项目，这听起来有点怪，但理解了我们上面谈的过程，也就能够明白了。在做这些工作的过程中，我们还经常听到一种说法，一方面面对着城镇化的巨大增量空间，需要大量资本的投入，另一方面却是市场上资金充裕却找不到好项目。换言之，城镇化与资本之间存在着一道鸿沟。

从经济学家的角度来看，产生这种现象的原因，一言以蔽之，即信息不对称。可是这种信息不对称存在由来已久，为什么到现在还没有明显好转呢？我们从政府的城市建设管理技术和管理职能两个角度来谈一谈。

先说说政府管理城市建设投资的技术方法。城镇化投资中，政府最需要和最希望社会资本参与的，是那些原本属于政府投资的领域，前两年被各界广泛关注的国 36 条中就提到过很多。这些项目最常用的管理工具就是可研报告，但是这些可研报告的目标很单一，就是可批，批了以后可以跟上级政府要钱，或者在本级政府的财政盘子中划一块资源出来，自然地，在项目管理层面，很好与上级政府和市场对接确实是两种截然不同的思路。所以市场投资人拿到政府做的可研报告，对其中的市场"可行性"是基本不信的，他们关心的是在哪级政府立的项、有没有规划条件支持等，只把它看成是一个政府自己做给自己"可批"的文件。

在向更大的层面回溯一下，可研报告更前端的城市管理工具是城市规划。城市规划也越来越具有与可研报告相似的功能，即争取指标。应该说这些年城市规划管理的理念和技术已经有了很大的提高，许多地方政府和优秀的规划单位将环境、资源、社会管理等领域的很多新理念融入城市规划之中，但唯有市场和投资机会这个整合性、创新弹性最强的复杂领域，不归规划部门对接，自然规划也就变得离市场更远。在房地产燥热的时代，编制出的规划至少意味着有了一些房地产投资机会，但是在房地产逐渐向理性回归、许多三四线城市的城镇化过程需要回到本源寻找动力的当下，不少地方编制出的城市规划连房地产投资机会也无法产生了。

从技术手段再往上回溯到政府的管理职能，可以看得更清楚。在过去十年政府主导城市化的过程中，围绕城市建设项目的投资管理，政府基本形成了"4＋1＋N"的管理架构；4 指的是规划、国土、发改、财政四个综合部门，权力最大；1 指的是城市投融资平台，是投融资主体；N 是众多专业管理部门和专项管理部门。这个架构就是给政府行使投资职能搭建的，核心部门的职能里没有哪个是主要围绕市场对接设计的，真正被领导抓来去与市场对接工作的恐怕就是招商部门了，可惜与市场条件相关的关键事项招商部门说了都不算。

从上面我们不难看出来，在政府的传统管理手段中，天然的不大可能产生出有价值的投资机会。现在投融资平台受到制约了，政府又想起市场资本来了。但是管理架构和思维模式的调整不是一蹴而就的，可能需要一个比较长时间的过程。虽然我们也看到像深圳等一些政府职能改革走得比较早的城市，开始重视规划之前进行独立的城市发展研究了；过去投融资平台很强的城市，也开始谋求投融资平台向市场化转型，甚至引入社会资本进行改造，但是项目和资本的巨大鸿沟本质上是存在的。

用投融资规划建立系统性项目管理平台

在投融资规划方法刚刚诞生的时候，我们总结概念时，用了一个形象的比喻，叫作架起城市规划与城市建设的桥梁。后来投融资规划方法在全国得到很好的发展，在实践运用中我们也做了很多孵化投资机会的探索。总结它的作用时，我们认识到除了早期的定位，它还架起了"政府和市场的桥梁"以及"项目和资本的桥梁"。也就是站在城市发展全局角度讲项目管理时，可以以投融资规划为基础谈谈如何建立一个系统性的项目管理平台。

最近两三年，随着地方政府融资规模扩张，债务风险问题得到广泛的关注。这些债务有的是政府需要直接承担偿还责任的，有的需要政府提供担保，有的则是引入社会资本合作时在特定条件下需要进行支持的或有债务。政府融资行为的一个特点，就是习惯于"十个瓶子九个盖儿，那里需要往哪儿盖"，不出事儿则罢了，一个地方出了问题就可能广受牵连。

某个城市在债券市场上晚还款五分钟，就把这个城市折腾的一周得不到消停，每天都要面对各级政府、金融监管机构的审查、质询，正常工作秩序全部被打乱，甚至这个城市的未来融资利率也被提高十几个百分点。因此，项目之间的联系越来越强，项目之间的系统性越来越受到关注。城市融资的系统性风险问题逐渐暴露出来，地方政府也开始被动地关注项目之间的关系问题。

在这样的大背景下，投融资规划这个把城市所有项目的系统性联系起来的工具开始受到地方政府的青睐，甚至有的地方政府请我们编制基于城市资产负债表、损益表和现金流量表的投融资规划。这些城市政府之所以提出这样的要求，一是基于现实融资压力，二是基于项目管理的需要，三是从对城市未来负责的考虑。

正是从这几点出发，投融资规划实际上承担了城市开发中项目管理的全局性工具的角色。在这个平台上，可以为每个独立项目划清楚边界，设计好单个项目的价值和风险与全局的关系，看清楚局部价值风险与系统性价值风险的关系。这样，每个项目就可以在自己的边界内用传统的项目管理手段进行管理了，如九大项目管理内容体系等；而作为全局管理者的政府，也可以事先做好筹划，不必"瓶子盖儿"不够用时临时抱佛脚了。

几年前我们提出重视城市整体项目管理问题的看法不被政府所重视，现在随着经济环境和资本供给的趋紧，政府逐渐开始重视这个问题。城市整体管理最重要的就是防止系统性风险的发生，重视单个项目风险与城市系统性风险的关系，重视全局性的管理工具。

（原载于中国房地产总裁战略家，2013 - 07 - 29，作者李伟，22：59：49）

3. 未来城镇化发展将走
"政企合作"模式

　　新型城镇化是一项长期国家战略，在起步伊始就成为各界关注、研究和实践的热点问题，"新"在哪里是大家最关心的问题。1月9日，北京荣邦瑞明投资管理有限责任公司与北京大学经济学院金融系、中国系统工程学会、中国区域科学学会、社科文献出版社联合宣布：将组织汇聚国内新型城镇化领域的顶尖专家组成编委会，编写首部新型城镇化蓝皮书——《新型城镇化发展报告》。

　　据介绍，目前城镇化领域的研究有"三多"：一是宏观研究比较多，主要从货币、财政、宏观经济管理体制等角度进行分析；二是比较和借鉴研究比较多，借鉴其他发达国家的经验，提出可资借鉴的城市化发展规律；三是专项研究比较多，每个学者都从自身专业的角度研究问题，例如金融视角、区域经济视角、人口视角等。

　　对应着此"三多"，该蓝皮书顾问和编委会代表分析出：城镇化领域的研究有"三少"：一是中观层面研究比较少，中观研究不足由于经费较少、资料难以搜集整理等原因所致；二是国内自身案例的比较借鉴研究则略显不足，学术界对自身形成的经验和做法要么缺乏重视，要么没有形成规范的、与实证相结合的研究方法体系；三是系统性研究比较少，由于城镇化研究不同于城市研究，复杂性、动态性、开放性较强，因此系统化研究难度比较大。本选题的研究正是从上述所说的"三少"

入手，填补国内在城镇化领域的研究空白。

将进入政企合作十年

新型城镇化的核心是人的城镇化，因为城镇化从根本上是服务于人的，但是从理念转化为行动，还需要更加具有操作性的探索。

北京荣邦瑞明投资管理有限责任公司董事长李伟表示，未来城镇化发展将走"政企合作"的模式，这个模式是在两年前提出的，也就是在国发19号文之后我们就开始研究的，在一年以后，基本上把思路确定出来了。我们总结了过去二十年城镇化发展的经验和教训，总结为两个阶段，市场主导的十年，政府主导的十年，我们推断，中国将进入政企合作的十年。

李伟分析，新型城镇化围绕人的城镇化来进行，如何操作，各家有各家的打法，我们提出了城市消费者的概念。企业要想发展得好，一定要抓准自己的消费者，围绕自己的核心消费者做好定位，围绕这些消费者开发产品也好，做好营销也好，建设渠道也好，都是围绕核心消费者进行的，这叫精确定位。之所以提出这样的概念，在于我们的政府一直在服务于自己的城市户籍人口，对外来人口不能说是缺乏关注，但是难以形成城市的共识，因此我们认为，必须加强对城市消费者的认知研究，围绕新型城镇化，执政理念必须调整，城市政府要找准自己的消费群体，这就是城市消费者的概念。我们用城市消费的概念解析空城、鬼城乃至于美国底特律破产事件的时候，可以清晰地看到，城市也像人这样一个有机体一样，是有自身的生老病死规律的，哪些城市是病了，哪些城市病得不轻，是没有希望的，这个可以通过城市消费者进行刻画和衡量。只有理解了城市生老病死规律模式才是本质的，他所指模式本质的含义就是没有哪个模式是通用的，任何模式一定是因地制宜的，要有自身的文化特征，要有自身的基因，要有自己的传承。希望地方政府改变过去简单粗暴的思维方式，真正推动中国经济管理科学和社会科学的发展，让经济管理和社会科学真的成为中国经济和社会发展中的重要力量，推动中国理论和实践的重大创新。

同时，我们也给政府转型提一个建议——平台型政府。最近这几年平台型企业比较流行，平台型企业正在取代传统的企业形式，这是现代科技带来的转变。众包时代企业的发展方式，城市的发展方式都要根据时代的特点做些调整。在党的十八届三中全会中虽仍然使用服务型政府的概念，但是提出"推进政府购买公共服务，凡属事务性管理服务，原则上要引入竞争机制，通过合同委托等方式，向社会购买"，这应该是一个进步，但是还不如平台型政府更有味道，相信在实际操作过程中，平台型政府的理念将更加深入人心。

为地方政府顶层设计提供方法论

地方政府是我国经济的中观主体，是城市、乡镇的管理者，现在正绞尽脑汁思考的问题就是"新型城镇化是什么""新型城镇化模式是什么"。只有把这些问题搞清楚了，才能弄明白自身到底在未来发展中如何定位。

李伟表示，在如何做好人的城镇化的问题上，党的十八届三中全会也没有给出很好的解决方案。城市消费者概念的提出，并在此基础上给出了城市生老病死的客观规律，这对于判断一个城市发展过程有非常好的意义，新型城镇化蓝皮书，就准备在这个问题的基础上，进行深入研究，争取为地方政府找到一个可以与产业、学术和城市居民对话的平台。

同时，围绕着使市场在资源配置中起决定性作用和更好地发挥政府作用，我们开出了"政企合作"的药方。推进国家治理体制和治理能力的现代化，站在基层政府的角度来看，本质上就是要处理好政府和市场的关系问题，政企合作总结了国内外承担发展职能的政府如何通过公私合营这样一种模式，也就是政企合作这样的方法，推动政府在改革大的方针的指引下，如何通过规范的合同、协议等形式，回避改革过程中可能出现的问题。

另外，关于顶层设计和摸着石头过河，我们在政企合作模式中设计的五个阶段的模型，和六个阶段的价值提升计划为地方政府进行顶层设计提供了方法论。五阶段模型为：规划阶段，合作关系确立阶段，投融资规划阶段，项目管理阶段，城市营销阶段；六阶段增值逻辑：规划增值（预期价值），策划增值（进一步通过微观改进增值），投融资规划增值（信用价值），一级开发（投入）增值，营销增值（认知价值），各类二级项目投入增值。这个是站在地方政府层面进行顶层设计的路线图。但是每个项目，每个区域涉及的问题不一样，因此路线图都会作调整，这是个比较一般的路线图。

（2014 年 1 月 13 日 10：12，来源：中国联合商报，CUBN 记者 李正强北京报道）

4. 投融资规划助力 PPP

随着国发43号文和国发60号文的出台，PPP热进一步升温，呈过热状态。虽然中央一再强调规范，但实际操作过程差强人意，PPP热背后孕育着巨大的风险。所谓成也PPP，败也PPP。

PPP 背后深层次问题要解决

前段时间，国内外热炒中国城市破产论，理由是中国地方政府的债务率严重超标。中央政府主动通过一系列的文件和政策，堵住了政府直接融资的闸门，并且通过国发 43 号文和 60 号文，明确了未来政府主要依靠政企合作（PPP）解决城镇化的建设和运营管理资金问题。但是政企合作需要跨年度的预算平衡，不同于过去收付实现制的财政制度，对政府的债务管理提出了更高的要求，也对投资人提出了更高的要求。

对于中国地方政府是否会破产，我们进行了专题研究，我们从研究底特律破产案件开始，研究了不同城市的破产案例，从中得到很多的启示。我们总结国外城市破产有两种类型：一类是现金流入不敷出导致的，这类破产一般来说是可以救助的；另一类是城市被其消费者抛弃产生的衰落，这是难以救助或不可救助的。我们认为作为中心城区的底特律，是被消费者抛弃的城市，这个城区本来是有自己很好的消费者的，在城市管理的过程中，城市核心消费者得不到足够的重视，或者受到不公正的待遇，这些城市消费者往往也会面对其他区域的诱惑，主动抛弃了这个城市，这是其破产的根本原因。在此基础上，我们提出一个城市一定要搞清楚自己城市的核心消费者是哪些类型，要围绕这方面做好工作，让城市消费者不断聚集、不断调整，维持一个城市核心消费者的稳定发展是一个城市可持续的关键。我们看到中国很多资源型城市，面对着资源即将枯竭，又没有对城市消费者进行深入研究和对城市发展进行战略调整，这种状况非常危险，很容易使这些城市走向衰落，最终导致不可逆转的破产。

现在各级政府都对政企合作抱有极高的热情，似乎 PPP 成了救命稻草，对此我们深感忧虑，我们认为在这样几个深层次问题没有解决之前，新型城镇化转型存在巨大风险，城市破产的概率比过去由城投公司主导的时代也许还要高。

一是复杂问题简单化倾向。最近我在研究底线思维问题，规范操作是政企合作中起码的底线思维。地方政府对规范操作这个问题并未引起充分重视，把政企合作项目当作过去的招商引资项目来操作，没有规范的操作流程，没有专业中介机构的介入，导致没有科学的决策依据，甚至没有底线，把复杂问题简单化倾向比较明显。

二是寅吃卯粮问题依然突出。官员只管任内事，就项目解决项目问题，只要能够融到资金，使用什么样的办法都行，管他以后怎么办，急功近利思想明显。

三是忽视系统性的风险。如果一个城市有一两个小项目的 PPP，一般来说不需要有太多的担心，但是现在动辄几十个几百个项目，投资数额达几百亿元到上千亿元，系统性风险系数极大提升。PPP 一般来说是项目融资模式，是用未来收益支撑的现在投资，这个未来收益应该是几十年的收益，但究竟未来的财政能力到底是什么样子，没有人关心。在接触了很多找我们做 PPP 项目的政府后，我们的忧虑更深重了，政府对未来财政能力没有科学的预测，投资人也很少实质关心政府长期偿债能力，没有人对政府长期发展及信用能力进行系统性研究。

这些问题没有解决，PPP 只能是虚热，因为制约 PPP 发展的根本问题还没有得到解决，绕了一段弯子后，还要回到原点。

投融资规划让 PPP 更好发挥作用

对政企合作 PPP 的研究和实践，我们已经深耕多年，更早追溯到荣邦瑞明总经理陈民先生 21 世纪初对北京地铁四号线的 PPP 实践；城镇化领域的 PPP 的最早实践是荣邦瑞明副总经理彭松先生 2006 年做的长阳项目。长阳客户希望我们帮助其研究城市规划落地问题，重点是帮助其算算账，看看能不能平衡。客户的目标是规避城镇化中已经存在的问题，尽量让城镇化少留遗憾。

我们在充分研究当年城镇化中存在问题的基础上，提出城镇规划落实是所有城市规划存在的共性问题，这是城市建设的管理体制所决定的。在规划和建设之间缺少了投融资的规划或策划环节，使得规划落实问题没有人真正考虑，因此我们当年提出一种方法论——投融资规划。

投融资规划的理论和方法分别在《投融资规划——架起城市规划和建设的桥梁》和《政企合作——新型城镇化模式的本质》中都有详细阐述，这里不赘述。这里重点谈谈投融资规划方法的作用。

通俗地说，投融资规划方法架起了三个桥梁：一是架起城市规划和城市建设的桥梁，二是架起政府和市场的桥梁，三是架起项目和资本的桥梁。只要把这三个桥梁架设得好，规划落地问题似乎也就不成问题了。可是仅仅从桥梁出发，我们感觉对这个问题的研究还是不够透彻，我们还是要深入挖掘，规划落地的主要客户群体是谁，他们关心什么问题？

我们通过深入的剖析，找到了影响规划落地有四个最重要的主体：一是政府，负责城市基础设施和公共服务的建设和管理；二是房地产开发商，负责投资居住、商业和旅游地产等项目，为城市发展提供经营和居住的空间；三是生产性和服务性企业的投资人，为城市和乡村贡献产品和服务，为城市里的人提供就业等；四是原土地所有者，这是土地原住民，有城市土地上的居民，也有农用地和农村建设用地的提供者，这些土地是城市建设用地的根本来源。这四类主体必须协同起来，一个城市美好的规划才能成为现实。

研究表明，这四类主体需要解决好这样两个问题才能真正把规划落实问题搞定。无论是政府还是投资人，对这个城市规划描述的前景要有信心，这是其一；这个区域要给投资者带来信用支持，也就是未来要有好的现金流，这是其二。这些现金流要支持政府完成基础设施和公共服务设施的投资，并且能够支持正常运营的支出；这些现金流还能够为企业的投资形成稳定的回报，既能够满足还本付息需要，还要有适当的利润率水平；在这个过程中，还要有解决原住民问题的现金流支持，不仅要为原住民解决一次性补偿、安置、资产交易费用，还要为其考虑长期生存和发展的现金流保障。

投融资规划方法表面上解决的是规划落地、项目对接以及政府和市场衔接问题。但要解决好这些问题，还需要充分考虑这些问题背后更深层次矛盾的解决，这个深层次的东西就是信用和信心的问题。

我们把投融资规划方法总结成 123 模式，即一个方法，两个信，三个桥。投融资规划方法是在 2006 年推出的，当时城市舆论的主导方向是政府在城镇化过程中的大包大揽。但是，我们和长阳镇政府不为形势所迷惑，形成一个看起来超前实际上是抓住了问题本质的共识：城镇化一定是政府和市场跳的双人舞，政府的独角戏肯定是唱不下去的。"长阳模式"之所以能够成功，本质上体现了党的十八届三中全会精神，即让市场在资源配置中起决定性作用，而在这个过程中，让政府发挥了更好的作用。

投融资规划方法表面上是为城市政府服务的，实际上是站在市场主体的角度，为市场主体真正能够愿意与政府一起合作（PPP）进行了很好的规划和设计。

（原载于人民网房产频道，作者李伟 2014 年 12 月 4 日。原标题：金台房评：投融资规划助力 PPP）

5. PPP 项目应统筹规划
投融资规划落实成关键

2014 年 12 月下旬，湖南省及四川省等公布一系列 PPP 项目。湖南省财政厅向社会重点推出 30 个 PPP 示范项目，总投资额 583 亿元。湖南省的意见称，PPP 模式适用于价格调整机制灵活，市场化程度较高、投资规模较大、有长期稳定需求的使用者付费模式项目。故选择为城市供水供暖供气、污水垃圾处理、保障性住房以及医疗养老服务等。

四川省在首次举行的 PPP 项目签约和推介会上，推介发布 264 个约 2 534 亿元投资额的项目。四川省的 PPP 项目则涉及供水、环保、道路、交通等基建。

此外，河北、江苏、湖北等多省份也纷纷下发《关于推广政府和社会资本合作模式的实施意见》。

2014 年 12 月 4 日，国家发布了《关于开展政府和社会资本合作的指导意见》和《政府和社会资本合作模式操作指南（试行）》，分别从政策层面和实际操作上对政府和社会资本的合作予以指导。

有分析认为，这标志着被寄予化解政府性债务厚望、担负城镇化融资重任的 PPP 模式走上了有章可循之路。

对此，北京荣邦瑞明投资管理有限责任公司总经理、荣邦瑞明城市中国研究院副院长陈民对《中国联合商报》记者分析表示，对存量债务而言，政府可以将过去利用短期债务融资建成或正在建设中的项目，设计成长期经营或政府付费采购服务的项目，转让或由社会资本续建，利用所得的资金偿还短期债务，平缓财政的现金流压力，来达到化解债务的目的。对于未来的项目，地方政府应该在做好整体投融资统筹规划的基础上，控制债务和 PPP 项目的安排，防止再次出现过度负债的情况。

PPP 模式升温

据相关机构粗略统计，目前，我国已经完成 8 000 多个 PPP 项目。有分析认为，2014 年 PPP 一直在升温，因为这是第一次由国家主导推动，料想 2015 年将成为我国践行 PPP 模式真正意义上的元年，PPP 将在我国全面铺开，涉及资金巨大，必须在规范性、竞争性、透明度上做好才能实现投融资体制的改变。

在新型城镇化背景下，PPP 模式与 BT、BOT 模式相比，BT、BOT 模式通常用于边界清楚、内容比较单一的基础设施项目。PPP 模式应当可以涵盖更广泛的城镇化投资领域、适用于更多类型、模式更复杂的城镇化项目。政府带有一定经营性质的项目都可以采用 PPP 模式，包括市政基础设施、公共服务项目、产业园区、新城开发、旧城改造等。

陈民认为，政府应当承担项目的规划、政策制定、项目监管以及必要的财政补贴，甚至承担部分建设，社会资本负责项目的投融资、建设管理、运营服务及风险管理。

投融资规划创始人、北京荣邦瑞明投资管理有限公司董事长此前表示，未来的城镇化，市场化将是不可逆转的趋势。近期国务院、发改委和财政部连续发文在基础设施和公共服务领域推广 PPP 模式。这包括两种情况，一种是政府和社会资本就单体项目展开合作，我们称为标准化 PPP 项目；另一种是政府和社会资本就综合开发项目展开合作，其中又可细分为区域综合开发和公共设施捆绑土地，我们称为非标准化

PPP项目。近期发改委和财政部的文件局限在标准化PPP项目上，这是对国家层面的一种狭隘化理解。我们判断，由于政府缺乏资金，较之单体的公共设施PPP项目，公共设施捆绑土地的PPP项目将呈上升趋势，在中小城市尤为明显。在国发〔2014〕60号文以及发改委的文件中，也提倡为准经营性和非经营性PPP项目配置土地资源，弥补项目自身收益的不足。如果公共设施捆绑了土地，以土地开发收益代替传统的政府补贴方式，而土地开发规模能够占到一定比例，其操作模式很大程度上就与区域综合开发项目无异了。

投融资规划落实成关键

"PPP就是个筐，什么都往里装。"目前，PPP模式成为很多地方一哄而上热推的融资模式，这也引起业界的担忧。在政府旧的融资方式向PPP模式的转型过程中，政府又将如何把关？又如何防止公私资利益暗送呢？

陈民认为，旧的融资方式的特征是地方政府透过平台自行融资，自主支配，缺少风险管理的对手方和外部监管，所有的信用压力都集中在政府财政身上，因此在政绩冲动下容易造成地方债务风险积累。PPP模式下，政府多了一个投融资角度的对手方，由市场来评判项目的风险和融资可行性，在这种情况下，政府的管理工作更加复杂化，对项目信用和政府自身信用需要进行双重管理。因此，在这种情况下，政府一方面需要谨慎的设计PPP模式和选择投资人，另一方面对自身投融资工作的系统性管理变得更加重要。要防止公私利益暗送，最重要的工作就是要加强监管信息的透明度，建立行业的数据基准，提高管理和外部监管的可操作性。

据了解，英国、法国、澳大利亚、马来西亚等国家在PPP方面都曾经有很多成功的实践，并披露了大量的案例信息。有成功也有失败，如曼谷地铁、英法隧道等项目也曾经因为模式设计不合理、项目运营状况不佳等原因导致项目停滞和重组。

对此，陈民分析认为，从这些成功和失败的经验来看，有几个共性的值得我国地方政府借鉴的方面，一是应当重视前期的研究分析和方案设计工作，在方案设计阶段应该多花一些精力，不要盲目的大干快上，以保证后续实施的顺畅；二是模式设计要符合城市的发展状况和项目的实际情况，每一个成功的案例都有其特定的发展环境、行业特征和项目条件，盲目移植的风险很大；三是在当前的 PPP 热潮下，要对全部城市建设项目有一个全局的投融资的规划，并做好财政承受能力评估，选择合适的项目采用 PPP 模式，毕竟并不是所有的项目都适合采用 PPP 模式，PPP 只是传统由政府主导的供给模式的补充而非替代。根据亚行的数据，即使在 PPP 应用最为成熟的英国，采用 PPP 模式的项目投资最多时也才达到公共产品和服务支出的 22%。

陈民进一步表示，在政府与社会资本合作过程中，因为合作的项目多为收益低且长期性，这对社会资本来说都存在风险。政府的风险管理机制也应当分成几个层面来管理：

从风险管理机制角度而言，政府应当着重做好几方面工作：一是前期要做好全局的投融资规划，在全局可行的前提下，设计单个项目的PPP 模式，避免系统性的风险；二是从政府管理模式上要做出调整，要强化部门之间的协作，不能够再按照条块化的方式进行管理；三是要设计好监管机制，对项目和政府自身的财政状况做好定期评估，及时发现潜在的问题。

从信用方面，政府应当在谨慎原则下建立跨年度的预算平衡安排，防止 PPP 项目的过度膨胀；同时，政府应当把自身的信用管理作为法治建设的重要内容，弱化人治带来的项目风险。

陈民强调，新型城镇化的目标要实现，规划落实是一件至关重要的事情，城市是一个整体，规划落实也应当从整体上进行统筹设计，这也就是为什么在做好城市规划之后，政府还应当为落实城市规划编制投融资规划的原因，只有以资金为抓手设计好发展路径，城市才能够有更好的发展信用，单个项目通过政企合作引入社会资本才有一个好的信用环境。

（原载于中国投资咨询网，2015－01－05 作者陈民）

6. 与王守清教授等商榷
投融资规划的定位

　　随着我国各级政府深入推进投融资体制改革，政府和社会资本合作（PPP）模式越来越成为国家战略层面的工作，其在城镇化的实践进程中，投融资规划方法的战略地位也越来越凸显，被视为城镇开发建设总体设计层面的重要方法论。但是就目前情况来看，很多城市政府、企业家以及专家学者，对投融资规划的战略定位的理解还不是很清晰。例如在国家推动"多规合一"的试点中，虽然投融资规划每个成功的案例都在一定层面上实现了"多规合一"，但由于传统思维和习惯势力的影响，投融资规划方法一直没能广泛而深入地参与到各地"多规合一"的探索实践当中。王守清、蔡建明等站在学术角度对投融资规划进行了系统研究，个人觉得这是一件非常有意义的事情，因此借助人民网这样的平台，与几位教授商榷投融资规划战略定位等一系列问题，以期进一步引起社会各界的对这个问题的重视，在更大范围内和最大限度上达成共识，以推动有关学科的进步和城镇化实践领域的科学发展。本篇重点讨论投融资规划方法的定位。

投融资规划提出的背景

　　我们关注到，蔡建明、王守清教授等在《城镇化背景下的投融资规划框架研究》中指出，"投融资规划作为较新的概念和方法，在（城市）开发过程和规划体系中的地位和定位一直比较模糊"，文章对既往研究成果的梳理中，提出"李伟等较早地认识到投融资规划的重要性，从系统工程的角度对此进行了研究，并应用到实践中，取得了重要的成果"。同时，文章提出"城镇化中新城新区整体开发 PPP 模式将是 PPP 应用的热点领域"，并基于 PPP 模式展开了投融资规划整体方法论设计及实证研究。

我理解几位教授的落脚点是新城新区整体开发的 PPP 模式，而支撑这个模式的基础是系统化的方法——投融资规划。教授们的积极思考和有建树的认识对推动我国新型城镇化建设将是大有裨益的，能够从区域整体发展的角度考虑 PPP 问题，这一定程度上体现了学者的责任心，也能够感觉到几位学者对中国新型城镇化所存在问题有着自己的洞见和忧思。

这不禁让我回想起过往近十年间，我和我所带领的荣邦瑞明团队坚守着对投融资规划方法的研究和推广工作，从当年我们作为少数派的"孤独呐喊"到获得一些地方政府的高度认同，到大量政企合作城镇化项目的应用，最后得到中央有关部委在政策文件中的推广，历经了艰辛的过程。时至今日，我的团队在单体项目和区域综合开发 PPP 方面都有了较为成熟的经验和人力资本积累，但仍在不断提升着对投融资规划理论和实践的认识。我感觉到自己也已不再孤独，因为除了地方政府的支持，很显然我们的观点也逐渐引起了学术界的共鸣。

曾几何时，虽然为中国城镇化所存在问题而心急，但是团队每个成员坚信我们在做着有益于国家和民族未来的事情，乐于为此付出心血和汗水。由于得不到国家相关部门经费的支持，我们很多好的想法都直接进入实践领域，没有足够的时间和精力进行总结、提升和推介。如今我个人感觉，与专家学者系统讨论投融资规划的理论和方法问题的时机相对成熟了。

推广投融资规划的新使命

蔡建明、王守清等教授的文章在肯定我们的理论实践探索的同时，也提到，"李伟等提出的'规划设计—资金统筹—城镇建设'的三阶段模式，没有充分挖掘投融资规划的意义和价值，难以充分发挥投融资规划对城市规划设计的有效指导和效益调控"。

事实上，我当初提出的"三阶段模型"，主导思想是期望引起社会各界尤其是规划和建设对投融资问题的关注，也就是希望有关方面在"城市规划落地"这个问题上走出误区，从单纯的技术层面讨论，转向对实施起到重要作用的投融资问题的研究中来。经过我们近十年的研究和推动，中央政府以"推动政府与社会资本合作PPP"作为新型城镇化重要的抓手而对规划落地的重点问题指明了方向，这也宣告着我们的"三阶段模型"已经完成了它的历史使命。我们认为，这是一个非常重要的历史使命，因我们的不懈推广，最终大量的省市都接受了投融资规划的概念，都接受了规划落地要做好投融资工作的理念，这也是目前PPP作为解决城镇化问题一呼百应的重要舆论基础。

在这个过程中，荣邦瑞明团队积累了大量的案例，创造了"长阳模式"，沉淀下一批实践层面的客户和朋友。我们也一直期望能够与体制内规划、公共管理、金融等领域学者合作，进一步深化投融资规划的理论和实务研究，提升系统的分析能力和应用能力。我们深信这是非常必要的，一定有大量的工作要做，这也是我们加在自己肩上的新使命。

看到蔡建明、王守清等教授主动提出新型城镇化背景下的投融资规划框架，深感欣慰。在这里，我们也愿意与大家一起分享一下对投融资规划及新区整体开发PPP方面的实践和理论思考，以及所积累的经验和教训，供大家借鉴。希望通过我们的努力，能够与业界专家一道共同推进中国新型城镇化的进步，使城镇化实践有眼界，有理论基础，更接地气，跟上时代的脉搏。

关于投融资规划的总体定位问题

蔡建明、王守清等教授的文章建议，"将投融资规划作为（总规中）专项规划的重要组成部分，放在控规之前，这样有利于根据投融资的成果对控规的控制指标进行优化调整"。对于这一观点，我觉得是有一定的道理的，但个人理解还有一些值得商榷之处。

对于"规划"概念的使用，往往是包含有规划和设计内涵的"泛规划"意义。而在实践中，我们认为，也需要把投融资规划分成三个阶段来认知和应用。一是整体投融资规划阶段，对应城市总规编制阶段，重点解决指标及可行性等问题，至少要解决起步区的可行性问题；二是实施方案的设计阶段，对应着控规编制阶段，重点解决开发时序的设计问题，解决价值提升问题；三是 PPP 模式设计阶段，具体解决项目层面融资和社会资本进入方式等问题。其中第一阶段的投融资规划向城市总规层面渗透，第三阶段向实施层面渗透，通过一三两个阶段的渗透，使得"规划设计—资金统筹—城镇建设"三段论中的"资金统筹"得以真正发挥作用。因此我们说，投融资规划的三阶段与早年我们提出的"三阶段模型"也是相呼应的。

具体来看，在第一阶段——整体投融资规划阶段，需要坚持投融资规划与总规同步启动，互相补充，互相矫正。我们在山东省滕州市就进行了非常好的试验，山东滕州高铁新区的领导思路比较开阔，真正站在实施的角度抓总规的定型问题，因此同时开展了包括投融资规划在内的七八个专项规划，深规院是总规和控规的编制单位，我的团队与其实现了很好的合作，取得了不错的效果。当总规一稳定，初步的投融资规划相应出炉，很快取得了投资人的青睐，短时间内就促使新区政府与城市整体运营商取得了一致意见，挖掘到区域发展的第一桶金。

在第二阶段——实施方案的设计阶段，实际工作中与控规编制协同进行，互为补充和矫正，这阶段的核心目标旨在提升区域价值，研究优化开发时序等问题，或者说按照城市发展的规律实现城市价值的设计。现实情况是很多政府因为资金问题捉襟见肘，拿项目换投资，不顾投资建设的时序，使得城市发展过程严重背离发展规律，城市自身价值被严重低估，造成参与城市的大多数投资建设者的利益得不到保障，城市居民的诉求更是被严重忽视。这里特别要强调的是，对于很多城市而言，需要尊重自身所处的城镇化发展阶段及城镇化的客观规律。

在第三阶段——PPP 模式设计阶段，解决的是项目和资本的对接问题。虽然通过前面两个阶段的工作，夯实了政企合作的整体信用基础和宏观机制，但是就每个具体项目，还需要在项目层面进行深度设计，就像一个单体房地产项目，既要有小区的修建性详细规划，又要有单体建筑的初步设计、施工图设计。投融资问题也是如此，需要在项目层面做具体的投融资模式设计。投融资规划第三阶段的工作在实践中往往与一个具体项目的 PPP 实施方案融合编制。

现实问题是复杂的，因此理论上的概括一般旨在引领人们观念的更新，而在实际工作中，为了使投融资规划方法论体系能够在实践中得到应用，我们的处理往往要比理论上的表述复杂得多。真心感谢蔡建明、王守清等教授在新型城镇化背景下，对投融资规划战略定位进行梳理和研究的建议。希望我们的商榷和讨论开启投融资规划理论和实践的热潮，进而推动新型城镇化的科学有序发展，真正从根本上解决城镇化中的政府风险问题，解决政府治理能力现代化建设问题。

（原载于人民网（北京），2015 – 06 – 18，作者李伟原标题：城镇化观察：与王守清教授等商榷投融资规划的定位）

7. 区域增信既要见树木又要见森林

最近在国新办举行的新闻发布会上，国家发改委副主任张勇解读《关于深化投融资体制改革的意见》时说："……还不能把PPP变成一种新的投资整体方式。"这话点中了要害。最近PPP有点火，火得让社会认为政府投融资体制中只有PPP。在做PPP项目地过程中也有"只见树木，不见森林"的危险现象：只看项目信用，不问区域信用这个根本。有网友在"大头针PPP问答平台"上适时提出了下面这个问题，于是大家从这个问题开始展开了深入的讨论。

中西部的县级政府，本身财力有限，加上上级转移支付，财政盘子依旧不大，一个总投数亿元的项目，政府承诺将每年购买服务需支付的资金纳入财政预算、财政兜底支付，投资人依然望而却步。本质是对县级财力不够放心，县级地方政府信用水平低下，是否有解决方案？通过什么可以增信？

——网友"梦见PPP超体"在"大头针PPP问答平台"上的提问。

县级区域的增信，财政增信是基础，区域增信是重点

汤明旺认为，县级区域增信基本的原则是需要体现短期长期结合，短期长期各有侧重；财政增信是基础，区域增信是重点。

在短期内，可以突出财政增信。比如目前PPP政策约束趋紧，财

政部正在征求意见的《PPP项目财政管理办法》出台后，规定地方政府不履行PPP合同将被强制扣款，这就是用非常规措施确保PPP信用链不致断裂。财政增信实质上更具有"政府承诺"的特点，与"信用"相关。

长期来看，应主要强调区域增信。区域增信远远高于"政府承诺"，因为其有更实际的城市建设、公共服务，尤其是产业发展的支撑，更具有"区域实力"的特点，与"信心"有关。

汤明旺进一步阐述，区域实力是根本，政府信用是基础，无信不立。换句话说，短期财政承诺会影响投资人参与区域发展的意愿，也会降低地方政府融资的难度，最近网上疯传国开行提请对个别区域暂停融资，就是因为该地财政信用表现不佳。

综合长期与短期的增信，对地方政府而言，无论是PPP还有其他行为，都是地方信用的塑造过程。而对于当期融资难度大及投资吸引力低的部分地方来说，当前及今后的各种行为属于地方信用重塑的范畴。

"梦见PPP超体"表示认同汤明旺的看法。他说，政府信用有非常大的提升空间，在整体水平很低的时候，一些局部优化都能够大幅度提升政府信用水平。中央对地方在PPP履约方面的监控以及相应行为纳入官员政绩评估体系，也应该能在很大程度上实现信用提升。但最根本的还是法制体系。法制体系不健全，临时性措施都只能是雕虫小技，所起作用有限。

作者点评：长阳模式的成功在于区域增信

作者认为，这个问题表面是为财政增信，本质可能是为区域增信。先从长阳镇讲起。这个镇当年在北京属于比较落后的区域。

2005年，北京市房山区长阳镇编制了镇域总体规划。在编制这个规划前，镇长和书记有点犯难：当年镇域财政收入不足两千万元，可这十多平方公里的城市建设用地如果全部开发完，包括征地拆迁、道路、医院学校、公园、广场等的建设，至少要投入几百亿元，这对长阳镇来说几乎是不可能完成的任务。

当时的镇党委书记吴会杰（现常务区长）找到我，说："我们的情况就是这样一堆一块，你帮我们看看，我们能够用自己镇域的资源和力量，建设一个美好的乡镇吗？"我说："有什么特别的要求吗？"镇长李军（现市国土局副局长）补充说："我们不仅要建成，还要不留后遗症，尽量避免目前能够看到的城市病，包括断头路、城中村、城边村等。"我说："您二位的想法非常好，可是巧妇难为无米之炊。您要想建成又不留下后遗症，一是吃肉不能吐骨头，要把周边老百姓安置好，二是基础设施和公共设施要先行。这都需要大把的钱！您镇里的那点钱即使公务员一分工资不发，都用于工程建设，也是杯水车薪。"后来我们讨论的结果是：一定要有大的资本愿意进来与镇里一起开发这个区域，适当超前地投入，提升城市区域开发水平。

两位领导又说，也不是没有开发商不愿意干，但是结果只能是好处都给开发商，责任就全是政府的了（作者注：当时还没有规范的 PPP 模式，开发商愿意拿工程换土地，也就是投入一点工程建设的投资，政府给他协议出让土地。这在当时政策上不允许，但是很多地方还在打擦边球干着）。如何实现政府不吃亏？那就要在和开发商谈判中有足够的实力，就要把自己现有的资源充分整合和利用，形成实实在在的谈判硬实力和算得出账来的信用（好的预期）。这里的本质问题，就是外界对你这个区域发展的信用如何评估的问题，即如何增信——注意，这里要增加的不是财政的信用，而是区域的信用。

时间到 2006 年，我们就做了一个投融资规划来达成这个目的。这样，中国历史上第一个投融资规划诞生了。此后，我们写了一篇学术论文，第一次在《系统工程理论与实践上》上提出了投融资规划的概念。

这些工作为长阳镇的发展奠定了非常好的基础。那时候，没有哪个城市（更别提乡镇了）能把自己的区域发展的实施性规划做得这样好。我们当时的理论就是：城市规划和城市建设之间缺乏一个环节，需要补足这个环节，城市管理就顺了，可以大大提高城市的信用，增强投资人对区域开发的信心，形成了有一定影响力的"长阳模式"。这些大致在《投融资规划——架起城市规划和建设的桥梁》《政企合作——新型城镇化模式的本质》等书中都有说明。

讲这样一件往事，是想说明：区域发展的信用和信心问题，不是财政的增信问题，是区域的增信问题；财政增信是技术手段，区域增信是复合手段；一个区域发展，如果不为区域增信，仅仅给财政增信，早晚都是病。

振兴东北的希望也在于区域增信

再讲另外一件事。前两天，我在东北做项目时的一个老领导——目前在一个大基金公司当区域老总——说到项目遇到的问题，问我怎么解决。我说，东北的问题，不是财务和金融等技术手段能够解决的，要靠区域整体增信。东北人口外流的趋势，经济整体下滑的趋势如果没有一个遏制的效应，靠技术手段增信，那是骗鬼。遏制这一趋势的重要举措没有别的，只有为区域增信。

讨论至此，主题已正式转向了区域增信这个更有意义的层次，更多高见开始出现。

彭松做过很多东北的项目，他接着如何振兴东北的话茬，讲了一个东北项目的实例，来进一步说明振兴东北的关键在于区域增信这个观点。

"2012 年我在东北做过的一个项目，那是一个省会城市下辖区的项目，这个区在市里属于比较落后的区。当时区长刚上任，面对每年几十亿元的财政收入和上百亿元的投融资任务，不知道该怎么办，就请我们给做做咨询。

"我们当时给这个区做了一个投融资规划，解决了以下几个方面的问题：

第一，摸清了家底。不盘不知道，一盘吓一跳，原来这个区有大量的土地资源和可经营性资产分散在各个委办局下属的公司里，还有一些土地跟投资人签了框架协议但却一直在闲置，还有一些土地被上级政府拿去抵押贷款了，这些都是可以利用的资产。

第二，盘活了资产。这些资产在当时的状态下产生不了任何收益，但是如果设计好了，就可以产生大量的收益，带来大量的资金，因此我们就制订了一套资产盘活和融资方案，解决了这个问题。

第三，设计了路径。一个区域的开发投资，不能只是拍脑袋决定，而是要有一个系统的实施方案，每年该干什么，怎么干，需要进行系统的设计。

第四，理顺了机制。政府内部的行政管理体制和运行机制与市场对接的时候难免会有一些不顺畅的地方，比如社会资本的回报如何能够从财政支付到投资人，投资人的利益如何能够从体制机制上得到有效的保障，这些也需要理顺，这样才能提高政府的履约能力，提升投资人的信心。

在做好这些工作的同时，我们又帮助区政府向上级政府争取了一些有针对性的支持政策，比如土地出让收入市级留成部分全额返还、加大转移支付比例和市政基础设施专项资金倾斜等，这样就大大提高了政府的支付能力。

其实，在当前的政策环境下，对于一级政府来说，只要经过正规的采购程序，签订合法的合作协议，将政府支付纳入财政预算，一般来说很少会出现政府违约的事情。投资人之所以还不放心，那就是对政府履约能力乃至执政能力的不放心。所以我们认为，所谓的增信不能只是从金融手段来出发，而更多的是从区域整体角度出发，全面提高政府的履约能力，进而提升投资人的信心。"

吴晶：美国等西方国家地方债务管理的经验借鉴

前阶段，国务院组织的调研组到美国调研地方政府债务管理的经验和教训，回国后范必老师等在《财经》杂志上发表署名文章，建议中国地方政府做好投融资规划，解决长期债务系统性管理问题。中电科安PPP事业部的吴晶根据自己在世行项目咨询工作的经历和研究积累，以美国为例介绍了西方国家地方债务管理的一些思路：

"美国是一个联邦制国家，联邦政府和各州市政府在财政上具有较强的独立性，在财政收入来源方面又采用了分税制的机制，即：联邦政府主要依靠个人所得税，州政府主要依靠销售税和个人所得税，地方政府主要依靠不动产税。但实际运用时并没有严格区分开，各种执行案例较多，许多州市的情况也不太一致。这一特点造成了地方政府在债务的管理方面无须严格遵守某一特定模式，从而能较为灵活地处理地方债务事务。因此，其地方政府财政信用的增信方式上也是多元多样的。比如在墨西哥湾附近的州府城市可以将丰富的石油开采权进行抵质押增信，而在阿巴拉契亚山脉、五大湖地区和落基山附近，因其蕴藏着丰富的煤矿、铁矿等金属矿产资源，州市政府可以将其抵（质）押或者划分为不同的开采区域分别进行增信担保（说明：美国是联邦制国家，实行联邦、州和地方政府几级行政管理体制。在分工上，公共资源和印第安总部落的资源归美国联邦政府负责，各州的资源归各州自己负责。而各州自有土地内的矿产资源管理属于各州所有，其矿产资源管理也属于各州的资源管理部门负责。联邦和各州都设立对于资源管理的部门，但是二者之间并不是领导与被领导的关系，而是基于法律或契约基础上的合作关系）。因此以上所有的资源指地方政府管辖权下的公共资源，联邦政府统筹管理的公共资源除外。而在西部的加州地区和内华达州地区的洛杉矶和拉斯维加斯又具有丰富的旅游资源和赌场娱乐资源，这里的政府可以将一些旅游景区、博彩业赌场及影视基地作为质押物进行政府增信。还可以积极引入公益财团基金，对政府的增信进行投资，当然这种投资回报是较低的，目的是为了帮助政府度过危险期。无论是哪种情况的政府增信，都伴随着地方政府的破产机制。因此在美国地方政府借贷是很谨慎的，不仅要政府内部进行严格的论证讨论，还需要倾听市民的声音，因此要实际做到增信也并非易事。但途径多，毕竟为政客运筹财政来源提供了多种可能性。特别需要强调的一点，无论是哪里的政府借贷，都必须严格依据地方政府的发展纲要和计划。纲要和计划是基于城市发展专家的综合性设计，政府在城市发展计划的更改上并不随意，修改流程较为复杂，论证过程漫长而谨慎。因此可以说美国地方政府的借贷行为一般是为城市的长期发展服务的财保措施行为，政府的增信与区域的长期发展及相应的长期投融资规划紧密联系，并不能独立进行运作。当然，也不排除政府为了紧急的财政支付而增信借贷，那是非常规行为。"

总结

讨论到这里，问题已经得到了远远超出提问者期望的回答。"梦见PPP超体"对这个问题的认识显然也已由起初简单的金融财政问题，上升到一个新的层次。他评论："政府行为制度化、长期化，确实也是很基础的一个问题。其实很多时候，虽然纳入财政预算，投资人还是会考虑现任的政治周期影响、极端风险发生情况下的不确定性问题。所以，如何强化政府行为的长期性、一贯性，应该会对此助益很大！"

最后，他又对各专家的回答进行了总结："看完后感觉，区域增信确实是根本，区域内整个产业内容不充实、区域发展内驱动力问题不解决，财政增信就是短期行为，是不可持续的，是一句空话。而且，现在很多中西部县城，其实具备非常好的旅游、文化资源，政府资源盘整和政策机制优化，应该能为其释放一定的区域信用，是可以参考的发展路径。"

（原载于人民网 2016 年 8 月 1 日 07：52，作者李伟，原标题：金台房评：做 PPP 项目既要见树木又要见森林）

8. 投融资规划才是最好的
"政府承诺函"

前几日，有位基金公司的朋友造访，谈到现在的业务情况，朋友感叹道："现在的业务不好做了，公司要求必须要有收益保障，而政府又不能给进行担保或出具承诺函，公司的投审很难通过啊！"

对于很多金融机构来说，这种事情应该不是个案。自从 2014 年国发 43 号文提出"金融机构等不得违法违规向地方政府提供融资，不得要求地方政府违法违规提供担保"，各地政府就开始严控各类担保和承诺行为。更有甚者，2016 年贵州多地财政局发函，要求撤回金融机构的融资承诺函，引起了社会哗然。

其实，早在 2014 年，最高院就判定"承诺函"不符合《中华人民共和国担保法》第六条有关"保证"的规定，不能构成法律意义上的保证，依据"承诺函"要求政府承担保证责任于法无据，不予支持。很多金融机构也明白政府的"承诺函"只是一个"安慰函"，但之所以还是执着于此，其实还是传统思维在作怪，认为有政府的一纸公文就可以作为背书，就可以降低投资风险，殊不知政府既然可以出公文，就可以让它作废。

从金融机构或投资人的角度来说，降低投资风险的诉求无可厚非，毕竟投资不是做慈善，谁都不希望亏损。但如果一味的想通过政府兜底来实现预期收益，那这个机构也未免太 Low（低级）了。

真正的投资行为，应该是在较为确定的投资环境下，通过机构自身的市场运作能力，调动各方资源实现预期目标，从而实现合理回报。这里所说的"投资环境"，既包括政策环境，也包括经济环境，还包括基础设施及公共服务等配套环境。

对于地方政府来说，宏观层面的投资环境是没有办法改变的，但是对于本地区层面的投资环境还是可以有所作为的，比如通过优化投资决策流程来提高项目审批效率，通过信息公开来展现政府未来的财力，通过明确中长期项目投资计划来提升区域发展的确定性，通过安排中长期融资计划和偿债计划来化解地方债务，等等。这些做法虽然没有一条是直接指向为投资提供担保或承诺的，但实质上是地方政府对于投资人最好的承诺——一个稳定的可预期可实现的区域发展环境。

2006 年，我们在北京市长阳镇做过一个咨询项目——长阳镇镇区开发投融资规划。当时的长阳镇刚刚编制完镇区规划，按照规划蓝图，未来这里将建成一个环境优美、交通便利、配套齐全的特色小镇。但摆在眼前的问题是，前期开发需要数十亿元的投资，镇政府财政实力有限，希望通过卖地还款；对这个区域土地感兴趣的开发商不少，但都不愿意多掏钱，与政府的预期差距很大。通过调研走访，我们了解到开发商之所以不愿意多掏钱，主要是对于这个偏居北京西南五环外的乡镇未来发展信心不足，规划规划，墙上挂挂，何时能实现、能否实现都是未知数，因此都希望低价拿地，降低投资风险。基于此，我们把长阳镇投融资规划定位于城镇规划的实施方案，通过细化村庄拆迁、市政基础设施、公共服务设施的投资主体责任及融资保障机制，明确了各类规划目标的实现路径，确保城镇规划可以逐步落地。同时，通过将投融资规划和城镇规划联合报批，获得了首规委的批复，从而确立了投融资规划的法律地位，也保障了规划实施的延续性，提升了市场的信心，长阳镇一跃成为市场竞相追捧的明星镇，土地价格一路攀升，进而带动高端产业的引入，实现了地区的良性发展，创造了小城镇开发的"长阳模式"。

2007 年，我们在安徽省淮南市做了第二个投融资规划项目——淮南山南新区土地开发投融资规划。当时的背景是淮南市政府与中铁四局于 2006 年签订了合作协议，由中铁四局负责整个山南新区土地开发投资工作。但由于协议中对于双方的责任边界以及利益回报机制没有明确，导致合作过程中分歧不断，影响了项目的实施。我们介入后，与政府和投资人都进行了深入的沟通，发现问题的根源在于双方虽然已经建立了合作关系，但对于如何合作缺乏经验，没有建立合作规则，因此各自为政，难以形成合力。基于此，我们重新梳理了合作的总目标，明确了政企双方各自的责任边界，同时对双方各年度工作任务进行了分解，优化了各类事项的合作机制和流程，形成了具体的合作实施方案，并以补充协议的形式固化下来，作为双方合作的纲领性文件。此后，双方的合作渐入佳境，区域的发展也步入了快车道，时任中铁四局投资公司总经理的苏中友先生这样评价："投融资规划为投资人和政府之间搭起了一座桥梁，为双方搭建了规范化的合作平台，打消了双方的顾虑，有效推动了项目的顺利进行。"

2008 年，我们在安徽省黄山市做了第三个投融资规划项目——黄山市中心片区城市基础设施投融资规划。这个项目的委托主体是黄山城投，当时黄山市政府提出要建设现代国际旅游城市的目标："五年再造一个新黄山"，任务就落在了黄山城投身上。建设国际旅游城市不是简单说说就能成的事，它是需要充足的资金做支撑的，当时的黄山城投刚刚成立，账上除了一些土地资产之外基本上没有流动资金，刚好赶上了国际金融危机，中央政府为了救市提出了"四万亿元"的投资计划，银行信贷环境较为宽松，于是争取银行贷款特别是国开行政策性贷款就成了最佳融资渠道。但是黄山城投与多家银行接触过之后发现，虽然国家鼓励银行合理扩大信贷规模，但是银行对于风险的把控仍然很严，如果无法说清楚这些钱用在哪里、怎么用、怎么还，银行也不会轻易放贷。针对这个情况，我们首先对黄山市中心片区城市规划和发展战略进行了分析，从中梳理出需要政府重点投资的项目，进而根据项目的轻重缓急排出时序，并结合城投可以掌控的资源对资金的"借用管还"设计了一套切实可行的方案。黄山城投拿着这个方案去跟银行谈，结果国开行十分认可，将方案中包装的项目全都纳入了国开行信贷支持项目库，对于入库项目给予优先授信和信贷支持，一次性解决了项目融资问题。

上面这几个案例，政府对接的有一级开发商，有二级开发商，有金融机构，可以统称为"投资人"。通过投融资规划，政府制订了科学合理的规划实施方案，对区域发展目标的实现给出了时间表和路线图，减少了区域发展的不确定性，明确了政企合作的游戏规则，为投资人进行投资决策提供了充分的支撑。所以，对于地方政府和投资人来说，与其纠结于要不要开、怎么开承诺函，不如踏踏实实地把投融资规划做好，区域投资环境优化了，项目才能增信，这才是地方政府可以给而且应该给的最好的"承诺函"。

（本文部分发表于人民网 2017 年 7 月 12 日，作者彭松，原标题：做好投融资规划才是最好的"政府承诺函"）